AF142284

Friedrich Fabri

Briefe gegen den Materialismus

Friedrich Fabri

Briefe gegen den Materialismus

ISBN/EAN: 9783744705639

Hergestellt in Europa, USA, Kanada, Australien, Japan

Cover: Foto ©Suzi / pixelio.de

Weitere Bücher finden Sie auf **www.hansebooks.com**

Briefe

gegen den

Materialismus

von

Dr. Friedrich Fabri,

Missions = Inspektor.

Mit zwei Abhandlungen über den Ursprung und das Alter des Menschengeschlechts.

Zweite vermehrte Auflage.

Gotha.

Gustav Schloeßmann.

Druck von J. Kreuzer in Stuttgart.

Vorwort zur zweiten Auflage.

Schon vor Jahr und Tag hat der Herr Ver-
leger den Wunsch ausgesprochen, diese seit einiger Zeit
vergriffenen „Briefe gegen den Materialismus" in einer
neuen Auflage erscheinen zu lassen. So gerne der
Verfasser diesem Wunsche ohne Zögern entsprochen
hätte, so mannigfache Hindernisse stellten sich ihm in
den Weg. Seit Jahren in ein Amt gestellt, das jeg-
liche Muße zu literarischen Arbeiten ihm entzieht, hatte
er auch die hier verhandelten Fragen während der letzten Jahre nur flüchtig verfolgen können. Zudem kostete
es ihn einige Selbstüberwindung, sich aufs Neue der
materialistischen Weltanschauung gegenüber in die Lage
eines Apologeten der ersten Anfangsgründe und Grundelemente der christlichen Wahrheit zu stellen. Das Bedürfniß entschiedener Polemik wider den modernen
naturwissenschaftlichen Materialismus ist freilich heute
nicht minder vorhanden, als vor acht Jahren. Als

damals Carl Vogts „Köhlerglaube und Wissenschaft"
das Signal zu einer mehrere Jahre währenden leb=
haften literarischen Verhandlung über die materialisti=
schen Streitfragen gab, waren es auch in den Kreisen
der Naturforscher im Ganzen nur Wenige, die den
Aufstellungen Vogts und einiger Gesinnungsgenossen
ihren Beifall zollten; vielmehr erfolgten aus den ver=
schiedensten wissenschaftlichen Partheilagern zahlreiche
gegnerische Erklärungen. Schon die sittliche Frivolität
dieser neuesten Vertreter des Materialismus stieß Viele
ab. Heute ist die Lage vielfach eine andere geworden.
Theorien, von hervorragenden Fachgelehrten vertreten,
haben in den letzten Jahren sich in weitesten Kreisen
der Naturforschung Beifall erworben, welche, weil in
materialistischen Grundgedanken wurzelnd, in sich all'
jene zerstörenden Folgerungen bergen, welche zu allen
Zeiten als Anklage wider den Materialismus geltend
gemacht worden sind. Und diese Theorien müssen um
so mächtiger auf Viele der Zeitgenossen wirken, als sie
von bedeutenden Naturforschern mit Scharfsinn und
Fachgelehrsamkeit geltend gemacht, als angeblich exakte
Ergebnisse der naturwissenschaftlichen Forschung, sich
ankündigen. Sowohl Darwins Lehre von der Ent=
stehung der Arten und dem Ursprunge des Menschen,
wie Lyells geologische Theorie und seine aus dieser

gefolgerten Aufstellungen über das Alter des Menschen=
geschlechtes sind, so sehr sie auch in das Gewand
exakter Forschung sich hüllen und die Principienfragen
vorsichtig umgehen, doch naturphilosophische Speku=
lationen auf entschieden materialistischer Grundlage.
Könnte hierüber noch ein Zweifel bestehen, so würden
die zahlreichen Lobredner, welche diese Lehren während
des letzten Jahres in Deutschland verbreitet und in
populären Darstellungen wiedergegeben haben, jeden
Zweifel entfernen.

Was die Gestalt dieser zweiten Auflage betrifft,
so sind die neun „Briefe gegen den Materialismus,"
einige kleine Zusätze abgerechnet, in ihr unverändert
wiedergegeben. So sehr wir dieselben für verbesse=
rungsfähig halten, und auch durch zahlreiche kritische
Besprechungen, welche sie bei ihrem ersten Erscheinen
gefunden haben, daran erinnert wurden, so konnten
wir uns doch nicht zu einer Umarbeitung entschließen.
Denn abgesehen davon, daß es uns hiezu an Zeit
gebrach, würden die „Briefe" bei einer Umarbeitung
leicht zu einem neuen und anderen Buche geworden
sein, welches, was es an eingehender Entwicklung ge=
wonnen, an der Frische und lebendigen Unmittelbar=
keit seiner ersten Conception vielleicht wieder eingebüßt
hätte. Es ist oft schwer, nach acht Jahren denselben

Ton und Humor wiederzufinden, den ein lebhafter
Geistes-Impuls vor Jahren uns in die Feder gegeben
hat. Es gilt auch da manchmal: Sint, ut sunt,
aut non sint! Unter diesen Umständen glaubten wir
auch der zahlreichen, materialistischen Streit-Literatur,
welche dem ersten Erscheinen dieser „Briefe" unmittelbar gefolgt ist, nicht weiter gedenken zu sollen. So
werthvoll die Schriften Julius Schallers und Anderer
uns erscheinen, so würden bei der Gesammthaltung
dieser „Briefe" viele vereinzelte Citate doch nur wenig
für den Leser ausgetragen haben. Aber ohne Erweiterung und Vermehrung konnten im gegenwärtigen
Augenblicke unsere „Briefe" allerdings nicht wohl erscheinen. In welcher Richtung diese Vermehrung
ihren Stoff suchen mußte, ist bereits im Vorstehenden
ausgesprochen. So haben wir denn zwei Abhandlungen beigefügt, eine — wider Darwin und seine
Anhänger —: über den Ursprung des Menschengeschlechtes, die andere — wider Lyell und
seine Schüler —: über die Principien der
modernen Geologie und über das Alter des
Menschengeschlechtes. Beide sind, um auch die
äußere Haltung der der „Briefe" möglichst zu nähern,
in der Form von Vorlesungen, in welcher sie ursprünglich entworfen und gehalten worden, wiederge-

geben. Mögen beide von unseren Lesern als eine willkommene Bereicherung begrüßt werden. Gott, der HErr aber, Der unserer Apologie freilich nicht bedarf, sondern Sich Selbst an allen Menschen rechtfertigen wird, möge auch auf das zweite Erscheinen dieses Buches einen Segen legen!

Barmen, den 5. Juni 1864.

Der Verfasser.

Vorrede zur ersten Auflage.

Der äußere Anlaß zur Verabfassung der nach=
folgenden Reihe von Briefen ward dem Verfasser durch
eine Aufforderung des Herrn Herausgebers einer ver=
breiteten kirchlichen Zeitschrift gegeben, der vor nicht
lange ihn einlud, eine Reihe von Mittheilungen —
vielleicht in Briefform — zur Bekämpfung des Ma=
terialismus ihm zukommen zu lassen. Der Verfasser
zögerte, und hätte sehr gerne einem Anderen diese Auf=
gabe überlassen. Doch bei dem befremdlichen Schwei=
gen so Vieler in der einmal angeregten und allerdings
sehr wichtigen Tages= und Zeitfrage machte er sich
endlich doch noch an die bezeichnete Aufgabe. Es ward
ihm aber hiebei bald ersichtlich, daß es zu einer nur
einigermaßen eingehenden Erörterung eines Umfanges
bedürfe, der die geöffneten Spalten einer Zeitschrift
überschreitet, ja daß eine principielle Würdigung des
Materialismus nach Inhalt wie Form Untersuchungen

bedinge, die in ein Organ von wesentlich kirchlichem
Charakter sich überhaupt nicht völlig schicken wollen.
So geht denn das Entworfene hier als selbständige
Schrift unter das Publikum, und es seien gegenüber
deren Lesern noch einige Worte vorausgeschickt.

Herr Eduard Zeller hat unzweifelhaft Recht, wenn
er behauptet, man könne den Materialismus nicht mit
dem Offenbarungsglauben widerlegen; denn was sich
im Princip gegenseitig aufs schärfste verneint, muß
auch in den Folgerungen des Princips sich ausschlie=
ßen. Der Verfasser der nachfolgenden Briefe dürfte
von dieser sehr einfachen Wahrheit insofern einigen
Gebrauch gemacht haben, als er eben das Princip des
Materialismus selbst einer Kritik unterwarf, und dabei
zu zeigen suchte, in welche Widersprüche dasselbe ver=
wickle, oder, wie es, consequent entfaltet, zum völligen
wissenschaftlichen Obscurantismus führe. Schon diese
Fassung der gesteckten Aufgabe, die durch die beigege=
bene Kritik pantheistischer und rationalistischer An=
schauungen und durch eingehende Untersuchung des
Verhältnisses von Glauben und Wissen und von Na=
turwissenschaft und Theologie eine bedeutende Erweite=
rung erfuhr, bedingte es, jede theologische Argumenta=
tion und christliche Voraussetzung bei Seite zu lassen.
Es deucht den Verfasser überhaupt heutzutage mehr

als je nöthig, die Eine Wahrheit in verschiedenerlei
Mundart zu verkünden. Und wer der herrschenden
Philosophie des großen Haufens zu Leibe gehen will,
darf sich's nicht verdrießen lassen, will er nicht vor
leeren Bänken reden, auf dem Markte seine Stimme
laut zu erheben. Haben wir dieß vielleicht nicht
ohne einigen Nachdruck gethan, so sind wir doch weit
von der Meinung entfernt, auch nur etliche unserer
entschiedenen, bewußten Gegner mit unseren Worten
überzeugen und des Irrthums überführen zu können:
etwas zur schärferen Präcisirung des Gegensatzes beizutragen, ist das Höchste, was wir von dieser Seite
hoffen dürfen. Aber es giebt gegenwärtig noch gar
Manche, die der sensualistischen Weltbetrachtung mit
einem inneren Widerstreben zuneigen, es giebt Unzählige, die in Hörsälen und auf der Gasse materialistisch
geschult werden, und auf Treu und Glauben, ohne
jede selbständige kritische Würdigung sich aneignen, was
ihnen immer wieder als unumstößliche und sonnenklare
Wahrheit vorversichert wird. Einigen Solcher könnte
dieß Büchlein nützlich werden.

Etwas weiter gehen die Hoffnungen des Verfassers gegenüber christlichen Kreisen. Es ist ihm vielleicht gelungen, die innere Schwäche nicht nur des
reinen Materialismus, sondern auch der ihm verwand-

ten oder doch mehr und mehr zuneigenden, negativen
Strömungen der Gegenwart in ziemlich drastischen
Zügen an's Licht zu stellen. Dadurch könnte mancher
Leser, dem das Evangelium noch eine ihrer selbst un=
mittelbar gewisse Herzenssache ist, in dem Bewußtsein
gestärkt werden, daß die christliche Wahrheit denn doch
trotz alles Schreiens und Lärmens der Gegner auch in
der Gegenwart keine veraltete Position ist, vielmehr so
jugendlich lebensfrisch, daß sie gegenüber den neue=
sten Fündlein souverainen Wissens sich noch mit eini=
ger Unerschrockenheit und Freudigkeit des Geistes ver=
theidigen und rechtfertigen läßt. Man wird wohl un=
serer Polemik kaum den Vorwurf machen, daß sie
zu zaghaft sei; doch, wie wir vor Allem hoffen, auch
jenes Maaß nicht vermissen, ohne das die Kraft so
leicht roh, der Eifer überstürzend und die Schneide
schartig wird. Jedenfalls hat auch die Wahrheit ihren
Humor, wenngleich meist einen tragisch=ernsten; und
gegenüber einer blasirten Wissens=Hoffart und dem leicht=
fertigen Spiele eines Viele blendenden, frivolen Witzes
giebt es ein Recht des Sarkasmus und der Ironie,
wenigstens jener Ironie, die Angesichts aufblähender
Menschenweisheit aus dem Bewußtsein hervorspringt,
daß dieser Welt Weisheit eben Thorheit ist vor Gott!

Sollte endlich auch bei dem wieder erwachten confessionellen Eifer und Hader, dessen die Gegenwart so viel hat, die Lesung dieses Büchleins Einem oder dem Anderen es klar vor Augen stellen, mit welch' anderen und viel „kräftigeren" Irrthümern die Kirche zu kämpfen hat, als vor einigen hundert Jahren, so würde dieß dem Verfasser um so erfreulicher sein, als aus dieser Erkenntniß nothwendig die andere hervorgehen müßte, daß es unmöglich genügen kann, unsere kampfbereite, christliche Jugend lediglich im Gebrauch der alten, zwar höchst ehrwürdigen, aber in der Tragweite nimmer völlig ausreichenden, theologischen Feldschlangen einzuüben. Und es wäre uns um so willkommener, nach dieser Seite dem aufmerksamen Leser zu einiger eindringenderen Erkenntniß der wahren „Zeichen der Zeit" förderlich sein zu können, je mehr auch in Mitten der Christenheit heutzutage ein falsches Prophetenthum sich breit macht, und über einschläferndem Friedensruf des prophetischen Grundtones: Wachet! uns vergessen zu machen sucht.

Bonnland bei Würzburg, den 15. Oktober 1855.

Es liegt Alles daran, in welchem Princip der Mensch steht, denn nach diesem bildet sich sein ganzes theoretisches, wie praktisches Verhalten.

Erster Brief.

„Eine Vernunft, die sich für eine Tochter der
Sinne und Materie bekennt, sieht, das ist unsere
Religion; eine Philosophie, welche den Menschen
ihren Beruf, auf allen Vieren zu gehen, offenbart,
nährt unsere Großmuth; und ein Triumph heidnischer Gotteslästerung ist der Gipfel unsers Genies!"

Hamann.

„Das eigentlich einzige und tiefste Thema der Weltgeschichte, dem alle andern sich unterordnen, ist der Conflikt des
Unglaubens und des Glaubens" sagt einmal — Goethe.
Der große Dichter liebte es eben, klar und scharf zu denken
und das also Gedachte auch rückhaltlos auszusprechen. Sonst
sind diese Eigenschaften gerade nicht sehr weit und allgemein
verbreitete. Doch hat die Gegenwart mancherlei Anzeigen, die
eine wachsende Klarheit in der Erkenntniß jenes großen Gegensatzes verkündigen. Je entschiedener der Zeitgeist einer einseitigen Verstandes-Cultur sich zuwendet, desto mehr wird er sich
auch des principiellen Gegensatzes, in dem er zu den Grundlagen der christlichen Weltanschauung steht, bewußt. Darin
liegt ein bedeutender Fortschritt; und wenn auch viele der
Träger dieser negativen Strömung jene Goethesche Formel
noch abweisen und in vornehmer Umschreibung nur von dem
Gegensatze des Wissens und Glaubens hören wollen, so beruht
dieß doch, wie wir später deutlich zeigen werden, entweder nur
auf Accomodation oder Selbsttäuschung.

Seine neueste Gestalt hat jener alte Geist der Verneinung jeder höhern religiösen Wahrheit in einem entschiedenen und consequenten Materialismus gefunden. Länger schon vorbereitet, getragen von einem der Pflege der materiellen Interessen immer einseitiger zugewandten Zeitgeist, tritt derselbe gegenwärtig in unverhüllter und nackter Gestalt, herausfordernd, auf den Kampfplatz und erklärt nicht nur der religiösen Wahrheit, sondern den Grundlagen unseres gesammten socialsittlichen Bestandes entschiedene Fehde.

Es ist offenbar, daß es sich hiebei um nichts weniger, als um eine bedenkliche Erscheinung etwa in wissenschaftlichen Kreisen oder um einen Streit der Schulen handelt. Die hervorragenden Vertreter dieses modernen Materialismus sprechen es immer entschiedener und bündiger aus, daß sie es auf Zerstörung der Grundlagen der gesammten religiösen und sittlichen Weltordnung abgesehen haben; sie proklamiren ihre sensualistischen und atheistischen Grundsätze in kecker Zuversicht als die exakten und unumstößlichen Ergebnisse ihrer empirischen Beobachtungen und tragen eifrig Sorge, daß dieselben in möglichster Popularisirung so rasch und gründlich als möglich in alle Schichten der Gesellschaft sich verbreiten. Und diesem propagandistischen Triebe kommt, wie sie wohl wissen, bei Tausenden die volle Begierlichkeit des natürlichen Menschen auf halbem Wege entgegen, die mit Applaus die ungebundene Entfesselung der Sinnlichkeit als das lang ersehnte neue Evangelium begrüßt, und sich mit innerlichstem Behagen von den Aposteln desselben in dem Bewußtsein begründen läßt, daß die Sinnlichkeit das einzig Wesenhafte und Reale, und darum schließlich der Mensch vom Vieh nicht eben wesentlich verschieden sei.

Die Literatur, die jene Grundsätze des Materialismns mehr oder minder offen in populärer Form zu verbreiten sucht, ist bereits zahlreich genug. Wir heben hier beispielsweise die Titel zweier Schriften aus, die aus dem Neuesten dieser Art uns gerade vorliegen. Das eine ist eine kleine „nach dem Katechismus der christlichen Vernunftreligion und Uhlichs vortrefflichem Katechismus" zusammengestoppelte Schrift; betitelt: „Die Kirche der Zukunft, zum Gebrauch in der Gegenwart für Jung und Alt. Vom Verfasser des Evangeliums der Natur. Frankfurt 1855." Da heißt es u. A. im Vorworte: „Einen Theil seines Werthes dürfte man aber besonders in dem finden, was nicht darinnen steht; denn eine „Kirche der Zukunft' aufzubauen, muß viel Schutt hinweggeräumt werden! Eine Kirche der Zukunft, d. h. eine Kirche der Vernunft, der reinen schönen Menschlichkeit, des Lichtes und der Liebe wird sich aber, so gewiß ewige Gesetze das Weltall regieren, in der nächsten Zukunft aufbauen, ja ihr Grundstein ist bereits gelegt, und schon heben sich stolz und freudig die mächtigen Säulen, die ihre Kuppel tragen werden, die Naturwissenschaften. Wir aber, die Söhne und Töchter der Gegenwart, sind berufen, bei diesem erhabenen Tempelbaue muthig und rüstig die Hand anzulegen, und das geschieht, wenn wir Lehren verbreiten, wie sie dieser Katechismus enthält. Darum auf! wer Vernunft, Wahrheit, Recht und Licht liebt, und Menschenglück und Menschenwohl im Auge hat — auf! zur weitesten Verbreitung dieses Buches unter Jung und Alt! Es ist nicht nur bestimmt, den Kindern als Lehrbuch zu dienen, sondern ein Apostel der Zukunft zu werden im weiten, großen, schönen Vaterlande!" So wenig Werth dieß dürftige und kindisch eitle Gerede hat, so ist es doch mindestens charakteristisch. — Ungleich mehr Werth in seiner Art hat die Schrift: „Kirchenglaube und Erfahrung. Ergebnisse der Alterthumskunde, der Sittengeschichte, der Astronomie, Geologie und Naturgeschichte. Stuttgart 1854." Dieselbe enthält eine

nicht ohne Geschick und Kenntnisse gearbeitete Zusammenstellung
aller möglichen Einwürfe aus den bezeichneten Gebieten gegen
die Wahrheit der christlichen Weltanschauung, und ist bei ihrer
populären Fassung in ungleich höherem Grade, als die vor-
genannte, geeignet, ein Apostel des Sensualismus unter der
Menge zu werden, und Viele mit jenem Geist des Hasses
wider das Christenthum zu erfüllen, von dem der „von den
Schiefheiten und Halbheiten des älteren Rationalismus gründlich frei" gewordene Verfasser für seine Person, wenn auch in
der Form blasirter Gleichgültigkeit, erfüllt ist.

Jedenfalls ist es der Mühe werth, zu untersuchen, ob
denn wirklich jene heute tausendfach wiederholten Versicherungen, daß der christliche Glaube und die religiöse Wissenschaft durch die heutige Vervollkommnung der Naturwissenschaften gründlich und für immer widerlegt seien, Werth haben,
und welchen? Sicherlich ist es nicht überflüssig, die Principien
des Materialismus, der als die verwegene Avantgarde den
unfehlbaren und kläglichen, baldigen Fall des, wie sie sagen,
längst lebensunfähig gewordenen, religiösen und christlichen Bewußtseins uns verkündigt, etwas schärfer zu prüfen. Beides
wollen wir im Nachfolgenden versuchen. Es wird sich uns
hiebei zunächst der Ernst und die Tragweite des Kampfes, den
es hier gilt, deutlich in's Licht stellen. Denn die sensualistische
Weltanschauung ist in ihrem Princip allerdings die reine und
völlige Antithese der christlichen. Die Vermittlung des Idealen
und Realen, der Natur und des Geistes, die seit Jahrtausenden
den denkenden Menschengeist beschäftigt hat, ist durch den Sensualismus gründlich und für immer erledigt. Man braucht ja
nur die Materie zur absoluten Herrscherin zu machen, so hat
all' Fehd' sofort ein Ende, und jene tausendjährige Gedankenarbeit ist im Grunde nichts, als eine ebenso überflüssige, wie
thörichte Träumerei gewesen. Wirklich thut dieß der Sensua-

lismus, denn das Denken (der Geist, das Bewußtsein) ist ihm ja nichts, als eine Eigenschaft des Stoffes, mit diesem werdend, sich entwickelnd und zu Grunde gehend.

Es ist nicht schwer, die sittliche Verwerflichkeit des Materialismus aufzuzeigen. Jedenfalls ist dieß aber heutzutage nicht genügend. Es muß auch die logische Schwäche des materialistischen Princips, es müssen die Widersprüche, in die er verwickelt, es muß seine Unfähigkeit, das Weltganze, wie das Einzelnste der täglichen Vorgänge irgend genügend zu erklären, nachgewiesen — mit Einem Worte es muß gezeigt werden, daß die in ihren Consequenzen wenigstens unsittliche Theorie allezeit noch eine absurde ist.

Der unbefangene Leser möge beurtheilen, ob und wie weit dieß in den nachfolgenden kritischen Untersuchungen uns gelungen ist. Wir hatten bei unserer Kritik aber zugleich einen positiven Zweck im Auge, wenn wir denselben auch hier nur mehr andeutungsweise und im Vorbeigehen zum Ausdruck bringen konnten. Jede neue Manifestation des Weltgeistes hält den Vertretern der christlichen Weltanschauung eine bestimmte Aufgabe zur Lösung vor, jeder neue, bedeutendere Angriff erheischt eine neue tiefere Begründung. Es ist ein alter Satz, daß jede Häresie auf einen wunden Fleck der Kirche, jede Offenbarung des widerchristlichen Geistes auf bestimmte Gebrechen und Versäumnisse in der Christenheit hinweise. Es ist darum auch bei diesem Kampfe nicht genügend zu polemisiren, einer so scharfen und schneidigen Polemik es auch zunächst bedarf, es gilt auch hier, so fundamental der Gegensatz ist, im gewissen Maaße selbst vom Gegner noch etwas zu lernen.

Was ist aber — um hier eine vorläufige Andeutung zu machen — das Versäumniß, an welches das Aufkommen des Materialismus uns dringend erinnert? Es ist ein tief wahres Wort: die Natur offenbart und sie verbirgt Gott. Unsere heutige empirische Naturforschung giebt unwidersprechlich Zeugniß für die Wahrheit der letzten Hälfte dieses Satzes. In beispielloser Vervollkommnung der Einzel=Beobachtung ist die Erkenntniß des Zusammenhanges, des untrennbaren Nexus, der Geist und Natur verknüpft, beispiellos verabsäumt worden. Nicht eine Kritik seiner Zeit allein, eine wahre Prophetie zugleich war es, wenn Goethe ausrief: „Die Theile habt ihr in der Hand, Fehlt leider nur das geistge Band!" Man will zwar eben heute behaupten: das gerade sei der Fortschritt, daß man ein geistiges Band überall nicht mehr brauche, und daß die Erkenntniß der kleinsten Theile dasselbe völlig ersetze, ja, die Atome eben dieß Band selber seien — aber immerhin erscheint doch noch Vielen solche Rede als eine willkührliche Ausflucht, als das Feigenblatt, mit dem der Sensualismus eben nur die Impotenz seines Erkenntnißprincipes zu bedecken sich bemüht. Wem diese Ausrede eben nur als solche erscheint, den wird dieser Gegensatz nur um so mehr im Forschen und Erkennen jenes geistigen Bandes bestärken. In den „Bridgewater Büchern" und andern ähnlichen, wohlgemeinten Versuchen wird der denkende Vertreter der christlichen Weltanschauung freilich das nicht finden, dessen es hier und in der Gegenwart namentlich bedarf. Es dürfte vielmehr mehr als je an der Zeit sein, sich zu erinnern, daß die heiligen Urkunden der christlichen Weltanschauung selbst in dieser Frage eine Entscheidung bieten. Man sollte einsehen, daß die noch in so vielen Kreisen verbreitete Meinung einer völligen Indifferenz zwischen Natur und Geist, zwischen den Gebieten des physischen und des ethisch=intellektuellen Lebens offenbar nicht nur ungenügend ist, sondern an der Bibel selbst keinerlei Stützpunkt findet. Die Schrift, wie sie durch und durch pneumatisch ist, so ist sie auch durch und durch realistisch; sie kennt keine gegensätzliche Scheidung von Physik und Ethik, von Natur und Geist. Wie sie nur Eine Wahrheit kennt, so ist es nach ihr auch derselbe Gottesgeist, der in der Offenbarung das Sittengesetz verklärt und die Natur begeistend durchhaucht und trägt. Eine vorwiegend spiritualistische Theologie wird daher niemals gegen die sensualistische Weltanschauung mit rechtem Nachdruck und mit überzeugender Kraft ihre Sache zu führen vermögen; hat sie doch vielmehr das Aufkommen des Materialismus zum Theile mit verschuldet!

Aber ehe man auf der Grundlage dieser Gedanken eine positive Darlegung der christlichen Weltanschauung im Gegensatze des heutigen Materialismus und einer sich souverain dünkenden Empirie versuchen kann, bedarf es erst einer Reihe kritischer Feststellungen. Die nachstehenden Briefe beschäftigen sich zunächst in den vier ersten mit der Charakteristik und Kritik des Materialismus in seinen verschiedenen Abstufungen, gehen sodann im fünften und sechsten Schreiben zu einer kritischen Besprechung des mit der modernen Naturwissenschaft sich verbündenden Pantheismus und Rationalismus über, um nach einer confessionellen Episode im siebenten Brief, in den zwei letzten Schreiben das Verhältniß von Wissen und Glauben und von Naturwissenschaft und Theologie einer eingehenden und das Ganze abschließenden Untersuchung zu unterstellen. Die Gegner haben gerade in Rücksicht auf die letztgenannten Fragen, sei es mit, sei es ohne Absicht, viel Nebel zu verbreiten gewußt, und leider sind sie hiebei durch unklare Vermischung dessen, was geschieden, oder dualistische Trennung dessen, was zusammengehört, von Seiten manches Apologeten der christlichen Ueberzeugungen unterstützt worden. Wir sahen uns dadurch veranlaßt, ja genöthigt, eben auf die bezeichneten Fragen im Nachfolgenden auch etwas näher einzugehen. Möchte die Art, wie wir die Lösung derselben versucht haben, einer unbefangenen Prüfung auch von Seite unserer Gegner gewürdigt werden! Wir nehmen ja gerne an, daß Viele von ihnen wirklich, wie sie versichern, das Interesse der Wahrheit leitet. Es wird dann vielleicht zum Mindesten sich etwas deutlicher so viel herausstellen, daß im Princip geschiedene Weltanschauungen sich gegenüberstehen, die beide aus ihrem Princip heraus folgerichtig sind, und daß bei der Wahl für diese und für jene noch etwas anderes entscheidend wirkt, als das bloße „Wissen“.

Wir wenden uns zunächst zur Darstellung und Kritik des reinen Materialismus.

––––––––

Herr Ludwig Feuerbach darf wohl unzweifelhaft als der nächste Urheber des heutigen Sensualismus und Materialismus bezeichnet werden. Carl Vogt, Moleschott, Büchner, und wie sie weiter heißen all' die Koryphäen und Ritter von der Materie, erweisen sich, wo sie nur immer Principien berühren, als andächtige und gelehrige Nachbeter der Feuerbach'schen Dogmatik. Von Feuerbach selbst besitzen wir ein Selbstbekenntniß, das in unübertrefflicher Weise die innere Geschichte dieses ebenso begabten, wie im Zerstören großen Mannes uns enthüllt. Er ruft einmal aus: „Gott war mein erster Gedanke, die Vernunft mein zweiter, der Mensch mein dritter und letzter Gedanke!“ Die Geschichte seiner Autorschaft ist nichts, als ein Commentar dieses ebenso aufrichtigen, als tragischen Selbstbekenntnisses. Jene erste und zweite Epoche des Feuerbach'schen Philosophirens, da Gott, dann die Vernunft ihm noch selbständige Realitäten waren, interessirt uns hier nicht weiter, da wir nur darauf hinweisen wollen, in welcher Abhängigkeit von den Philosophismen der dritten Epoche Feuerbachs sich sämmtliche Grundgedanken des heutigen Materialismus bewegen.

Als Grundariom können wir aber bei Feuerbach die Be=
hauptung betrachten: „Daß nur das Objekt der Sinne oder
das Sinnliche allein wahrhaft wirklich; und daß daher Wahr=
heit, Wirklichkeit und Sinnlichkeit eines seien." „Sonnenklar
ist nur das Sinnliche, nur wo die Sinnlichkeit anfängt, hört
aller Zweifel und Streit auf." In diesem vollendeten Sen=
sualismus, der jede höhere Objektivität, jede wesentliche und
ewige Wahrheit unbedingt verneinen muß, wird dann der Geist
zur puren „Gehirnthätigkeit", der Verstand zum „universellen
Sinn", der Mensch selbst zum „allersinnlichsten Wesen" mit
Nothwendigkeit degradirt. „Der Hirnakt ist der höchste, unser
Selbst begründende und beginnende Akt", die sinnliche Existenz
des Menschen sein alleiniges Leben. „Die neue Philosophie,
sagt er, macht den Menschen mit Einschluß der Natur, als der
Basis des Menschen, zum alleinigen, universalen und höchsten
Gegenstand der Philosophie — die Anthropologie also, mit
Einschluß der Physiologie, zur Universalwissenschaft" .... „Das
Wesen des Menschen ist nur in der Gemeinschaft, in der Ein=
heit des Menschen mit dem Menschen enthalten .... Der
Mensch für sich ist Mensch (im gewöhnlichen Sinn); der Mensch
mit Mensch — die Einheit von Ich und Du ist Gott".
Daran anschließend sagt Friedrich Feuerbach: „Der Mensch
allein ist und sei unser Gott, unser Vater, unser Richter, unser
Erlöser, unsere wahre Heimath, unser Gesetz und Maaß, das
A und O unseres staatsbürgerlichen und sittlichen, unseres öffent=
lichen und häuslichen Lebens und Strebens. Kein Heil außer
dem Menschen". — Auf solcher Gedankenbasis ist der Cultus
des Egoismus freilich der einzig noch mögliche, und Religion,
wie Moral lediglich Produkt dieses Egoismus. „Allerdings,
sagt Ludwig Feuerbach; ist der Egoismus die Ursache aller Laster,
aber auch die Ursache aller Tugenden. Denn was hat die
Ehrlichkeit geschaffen? Der Egoismus durch das Verbot des

Diebstahls. Wer die Tugend der Keuschheit? Der Egoismus, der den Gegenstand seiner Liebe nicht mit einem andern theilen will, durch das Verbot des Ehebruchs. Wer die Tugend der Wahrhaftigkeit? Der Egoismus, der nicht belogen und betrogen sein will, durch das Verbot der Lüge. So ist der Egoismus der erste Gesetzgeber und Urſacher der Tugenden, wenn auch nur aus Freundſchaft gegen das Laster, nur aus Egoismus, nur deßhalb, weil für ihn ein Uebel ist, was für mich ein Laster, wie umgekehrt, was für mich eine Tugend, für ihn eine Wohlthat ist." — Es übrigt nur noch, etwa hinzuzufügen, daß in weiterer Entfaltung jenes Grundariomes Feuerbach ſchließlich die Nahrung als das Band und die Identität von Geiſt und Natur erklärt (was der Menſch ißt, das ist er) und behauptet, wo kein Fett, sei kein Fleiſch, und wo dieſe nicht, kein Gehirn und kein Geiſt; ohne Phosphor im Hirn sei kein Gedanke, der Phosphor eigentlich denke in uns, und darum sehe es noch so dunkel in der Welt aus, weil unsere größten Denker keinen Phosphor im Gehirn gehabt hätten, — um hiemit den Kreislauf dieses ſenſualiſtiſchen Materialismus bereits genügend umſchrieben zu haben.

Vergeblich wird man in dem ganzen Umkreis unserer neuesten materialiſtiſchen Literatur nach einem Gedanken ſuchen, der auch nur Ein weſentlich neues Moment den eben mitgetheilten Grundgedanken der Feuerbach'ſchen Glaubenslehre hinzufügte. Es begegnet uns überall die unbedingteſte Nachbeterei, ein blinder Autoritätsglaube, der ohne irgend eingehende Prüfung Feuerbachs in der Philoſophie längſt widerlegte Vorausſetzungen als Dogmen acceptirt und damit in der That als ein vollendeter „Köhlerglaube" sich charakteriſirt.

Zum Beweiſe dieſer Behauptung möge hier noch eine weitere kleine Aehrenleſe aus der bezeichneten Literatur folgen. Billig laſſen wir hiebei Herrn Carl Vogt, als den keckſten der

Jünger Feuerbachs, um so mehr den Vortritt, da er sich durch seine neueste Schrift: „Köhlerglaube und Wissenschaft. Eine Streitschrift gegen Hofrath Rudolph Wagner. Gießen 1855" das besondere Verdienst erworben hat, in weiten Kreisen das Wesen jenes neuesten Materialismus aufzudecken, und Vielen, die bisher dieser modernsten Form des widerchristlichen Geistes geringe Beachtung geschenkt, klar zu machen, um was es sich eigentlich bei diesem Kampfe handelt.

Um uns aber möglichst rasch in den Grundgedanken des Vogt'schen Materialismus zu orientiren, mag eine zwar schon bekanntere aber durch ihre Prägnanz sich vorzüglich auszeichnende Stelle aus dessen „Bilder aus dem Thierleben" hier vor Allem mitgetheilt werden. Vogt schreibt daselbst: „Der Theologie, die mit der Vernichtung der Seele, als gesondertes, für sich bestehendes Ding von selbst aufhört, und sich deßhalb mit der Wuth der Verzweiflung für die Existenz dieses Dinges wehrt, der Theologie ist die Seele ein individuelles, immaterielles Princip, welches in einem bestimmten Körper seinen Wohnsitz aufgeschlagen hat und diesen Körper als Instrument benützt. Je schadhafter das Instrument, desto schlechter natürlich auch die Werke, die mit demselben angefertigt werden. Zerfällt das Instrument, geht es zu Grunde, so bleibt das Princip über — nach dem Tode des Körpers lebt die Seele fort. Für die Naturforschung dagegen ist die Seele kein immaterielles, von dem Körper trennbares Princip, sondern nur ein Collektiv= Name für verschiedene Funktionen, die dem Nervensystem, und zwar bei den höheren Thieren dem Centralnervensystem, dem Gehirn, ausschließlich zukommen, und die ebenso, wie alle anderen Funktionen der verschiedenen Organsysteme des Körpers bei der Störung des Organes modificirt werden. Geht das Organ, geht der Körper, dem es angehört, zu Grunde, so hört auch damit die Funktion auf; stirbt der Körper, so hat auch

damit die Seele ein vollständiges Ende. Die Naturforschung
kennt keine individuelle Fortdauer der Seele nach dem Tode
des Körpers. .... Somit wäre dem einfachen Materialismus
Thür und Thor geöffnet — der Mensch, so gut wie das Thier
nur eine Maschine, sein Denken das Resultat einer bestimmten
Organisation, der freie Wille demnach aufgehoben? Wie der
Nerv eines bestimmten Muskels diesen zucken läßt, wenn ein
bestimmter Gefühlsnerv gereizt wird, so muß auch die Gehirn=
substanz eines Individuums diesen oder jenen Gedanken pro=
duciren, je nachdem sie so oder anders angeregt wird? Die
Phrenologie ist also wahr bis in die kleinste Applikation hinein?
Jeder Veränderung in der Funktion muß eine materielle Ver=
änderung des Organs vorausgegangen oder vielmehr gleich=
zeitig mit ihr eingetreten sein?

„Ich kann nicht anders sagen, als: Wahrlich so ist's. Es
ist wirklich so. Der freie Wille existirt nicht, und mit ihm
nicht eine Verantwortlichkeit und Zurechnungsfähigkeit, wie sie
die Moral und Strafrechtspflege und Gott weiß was noch, uns
auferlegen wollen. Wir sind in keinem Augenblicke Herren
über uns selbst, über unsere Vernunft, über unsere geistigen
Kräfte, so wenig als wir, um mich hier einigermaßen grob
auszudrücken, Herren darüber sind, daß unsere Nieren eben ab=
sondern sollen oder nicht. Der Organismus kann sich nicht
selbst beherrschen, ihn beherrscht das Gesetz seiner materiellen
Zusammensetzung. Was wir in einem Augenblick denken, ist
das Resultat einer augenblicklichen Stimmung, der augenblick=
lichen Zusammensetzung unseres Gehirnes — Zusammensetzung,
Stimmung, die in jedem Augenblick sich ändert, Dank der
großen Blutcirkulation, die in dem Organe herrscht. Sehet hie
deßhalb auch, wie Alles im Finstern tappt, sobald man diese
Begriffe von Recht und Strafe auf ihre letzten Gründe zurück=
führen will... Es ist unmöglich, die Zulässigkeit der Strafe,

also eine Verantwortlichkeit, eine Zurechnungsfähigkeit nachzuweisen selbst für die, welche eine solche materielle Dependenz,
wie wir sie statuiren, nicht annehmen wollen. Denn wie sie
sich auch drehen und wenden mögen, so müssen sie doch wieder
auf die Wahrheit gelangen und eingestehen, daß die Strafe
sich nicht begründen lasse, obgleich sie als Nothwendigkeit der
menschlichen Gesellschaft dastehe. Das wäre denn auch noch
die Frage."

Es ist immer verdienstlich, deutlich zu reden, und wer,
wie Vogt, „ehrfurchtslos vor Autorität, welcher Art sie sei",
geworden ist, erleichtert zum wenigsten das Geschäft der Kritik,
ja läßt diese angesichts seiner Erklärung, daß er nie Herr seiner
Vernunft sei, im Grunde überhaupt als überflüssig erscheinen.
Etwas weniger „grob", d. h. in etwas wissenschaftlicherem
Klang wird der obige Gedanke von Vogt neuestens so formulirt: „Ich behaupte, daß der höchst complicirte Apparat der
Nervencentren gewisse sehr mannigfaltige, aber durch die Einheit des Organes zu einem Ganzen verbundene Funktionen besitzt, die ihm ebenso eigenthümlich sind, wie die jedem anderen
Organe zukommenden spezifischen Funktionen, die wir mit dem
gemeinsamen Namen der Seelenthätigkeit belegen, und deren
Existenz mit der Existenz des Organes aufhört." Dem entsprechend heißt es auch weiter noch: „Sobald die Substanzen,
welche das Hirn bilden, wieder in derselben Form zusammen-
gewürfelt werden, so werden auch die Funktionen wieder auftreten, welche ihnen in diesen Formen und Zusammensetzungen
zukommen, und es wird damit auch das wiedergegeben sein,
was man eine Seele nennt" .... „Funktion und Organ
hängen also von einander ab, und sind ebenso unlöslich verbunden, wie Kraft und Materie.... Gedanken, Ansichten und
Handlungen, hängen als Funktionen des Centralnervensystemes,
auch von der ursprünglichen Bildung, von der Entwicklung,

von der Nährung und Umsetzung dieses Organes ab, der freie
Wille in dem Sinne, wie man ihn gewöhnlich faßt, und wie
Herr Wagner zu seiner Rachetheorie ihn unumgänglich nöthig
hat, existirt also nicht, sondern alle Hirnfunktionen sind wesent=
lich durch die Art und Weise der Ernährung des Organes
modificirt und von derselben abhängig. Herr Wagner speit
Feuer und Flammen, daß durch diese Ansicht alle Moral, alle
moralische Weltordnung, kurz Alles vernichtet werde, und daß
dadurch ein scheußlicher Zustand auf Erden entstehen müsse, aus
dem kein Ausweg ersichtlich sei. Selbst wenn dieß die letzte
Consequenz der Ansicht wäre, auch dann würden wir sie un=
gescheut aussprechen, weil wir keine Rücksicht kennen, die uns
gebieten könnte, Anderes in die Wissenschaft einzuführen, als
wir darin finden können." Und als erklärenden Anhang hiezu
hören wir ihn noch ausrufen: „Wir sind die Squatters der
vordringenden Civilisation. Und wie unsere Vorbilder, kühnen
Auges und starker Faust, darf es uns auch nicht darauf an=
kommen, ob irgend eine mit Bändern geschmückte Rothhaut,
irgend ein Legitimer, der dort früher allein jagte, mit Recht
oder Unrecht unter unseren Streichen fällt. Die Civilisation
wird sich vielleicht über seiner Leiche anbauen, und wenn der
Bursche im Leben nichts nütze war, so düngt er wohl mit
Nutzen den Boden, in welchen wir ihn hineingeschlagen haben."

Sehen wir aber von den Erpektorationen eines frechen
Radicalismus, sowie von der obigen Polemik gegen die Exi=
stenz einer individuellen, unsterblichen Seele ab, und auf die
weiter von Vogt neuestens in Erörterung gebrachte Frage nach
der Abstammung des Menschen von Einem Paare, so gipfelt
diese Seite der Vogt'schen Naturbetrachtung in der Ansicht,
daß „Adam ein Schiefzähner, d. h. ein dem Affentypus näher
stehender Mensch war," wobei er hinzufügt: „Freilich ist es
ärgerlich des Respektes wegen, den man vor dem Patriarchen

haben soll, wenn man sich Adam etwa unter dem Bilde eines Buschmannes oder eines Wilden von Neuholland, die Eva aber unter demjenigen einer hottentottischen Venus denken soll."

Auch Herr Moleschott ist ganz in den engen Zauberkreis der Grundgedanken Feuerbachs gebannt und voll siegesgewisser Zuversicht von der bündigen Beweiskraft der willführlichen Anschauungen und Fehlschlüsse seines Meisters. Wie dieser gefesselt an das Dogma, daß die Sinneswahrnehmung die alleinige Wahrheit sei, erscheint ihm jede teleologische Betrachtung der Natur als ein purer Unsinn. Vornämlich chemischen und physiologischen Studien zugewandt, ist der „Stoffwechsel", der „Kreislauf des Lebens" das große Heureka, mit dem er das entziffernde Wort der Lösung für alle Räthsel der Welt der Erscheinung gefunden hat. „Der Stoff regiert den Menschen"; dieser selbst ist lediglich „eine Naturerscheinung, ein verschwindendes Produkt und Moment des Kreislaufes des Lebens und vom Augenblick der Zeugung an in einem Meer von kreisenden Stoffen." „Der Mensch ist die Summe von Aeltern und Amme, von Art und Zeit, von Luft und Wetter, von Schall und Licht, von Kost und Kleidung; sein Wille die nothwendige Folge aller dieser Ursachen, gebunden an ein Naturgesetz, das wir aus seiner Erscheinung erkennen, wie der Planet an seine Bahn, wie die Pflanze an den Boden." ... „Der Gedanke ist eine Bewegung des Stoffes, eine Versetzung des Hirnstoffes .... ohne Phosphor kein Gedanke .... Verarmung des Blutes und der Gewebe macht das Denken hungrig ... auch das Bewußtsein ist nichts, als eine Eigenschaft des Stoffes. Was ist denn aber das Bewußtsein, oder um das stolze Wort der Schule zu gebrauchen, jenes Selbstbewußtsein, das den Menschen zum Könige der Erde erheben soll? Stoffliche Bewegungen, die in den Nerven mit elektrischen Strömen verbunden sind, werden im Gehirn als Empfindung wahrgenommen; diese Empfindung

ist Selbstgefühl, ist Bewußtsein." Selbst zu einem gewissen
rhapsodischen Schwung erhebt sich im Taumel eines ewigen
materiellen Werdens der dichtende, „sinnliche Verstand" des
Verfassers: „Es ist Tod in dem Leben und Leben im Tode.
Denn in der Luft und im Moder schweben und ruhen die
schwellenden Keime der Blüthe. Wer den Tod in diesem Zusammenhange erkennt, der hat des Lebens unerschöpfliche Triebkraft erfaßt und mit ihr die ganze Fülle der menschlichen
Dichtung, die unwandelbar ruht auf den Marmorsäulen
der Wahrheit!" Die ewige Macht der Verjüngung ist eine
immer fließende Quelle jugendlich kräftigen Lebens, so daß aus
Kohlensäure und Wasser, aus Dammsäure und Ammoniak und
Salzen Blumen und Früchte auf dem Grab gedeihen, neues
schwellendes Leben auf Triften und Fluren, und eine neue
Gedankenmacht im menschlichen Hirne. „Ist es gemein, wenn
man sich jedes Mahl zu einem Abendmahl verklärt, an dem
wir gedankenlosen Stoff in denkende Menschen verwandeln,
an dem wir also wirklich das Fleisch und Blut des Geistes
genießen, um den Geist fortzutragen in alle Welttheile und
in alle Zeiten durch die Kinder unserer Kinder." „Sollten
wir uns empören gegen den Gedanken, daß der Stoff uns
bildet, in den uns der Tod verwandelt? Die Zeiten sind vorbei,
in denen man den Geist unabhängig wähnte vom Stoff." —
Es läuft auch hier, wie man sieht, schließlich Alles auf eine
lebhafte Phosphorerzeugung durch gründliches und kräftiges
Essen und Trinken hinaus. Da ist denn freilich auch kein
Unterschied von Thier und Mensch mehr zu gewinnen, und
alle Sittlichkeit versinkt in dem Grabe eines bodenlosen Determinismus. „Im Unnatürlichen liegt die Sünde, nicht im Willen,
Böses zu thun. Rede und Styl, Versuche und Schlußfolgerungen, Wohlthaten und Verbrechen, Muth und Halbheit
und Verrath, sie alle sind Naturerscheinungen, sie alle stehen

als nothwendige Folgen in geradem Verhältniß zu unerläß=
lichen Ursachen, so gut wie das Kreisen des Erdballs." „Das
Hirn verändert sich mit den Zeiten, und mit dem Hirn die
Sitte, die des Sittlichen Maaßstab ist." Und bei der Ahnung,
daß denn doch gegen solchen bruten Fatalismus noch Protest
erhoben werden könnte, schleudert er Allen, die etwa zu wider=
sprechen wagen, die Worte entgegen: „Mir ist, als wanderten
alle Pharisäer und alle doppelzüngigen Verräther vor den
Augen, wenn ich so reden höre. Denn was seid Ihr anders,
die Ihr so redet, als bestechliche Bestochene, die Ihr für Eure
Tugend keinen Antrieb habt als den jenseitigen Himmel, in
dem Ihr Eure träge Feigheit spiegelt, für Eure Sittlichkeit
kein Maaß, als jenes: Ich bin nicht so, wie die der Mode
des Unglaubens huldigen. Ihr fühlt Euch glücklich in jeder
Zeit, denn wie Ihr gestern aus dem Wissen die Wahrheit
gefolgert, so könnet Ihr heute aus ihm die Lüge folgern,
wenn nur die Lüge herrscht."

In unmittelbarem Anschluß an die Genannten, namentlich
an Moleschott hat neuestens L. Büchner in der Schrift:
„Kraft und Stoff. Empirisch=naturphilosophische Studien in
allgemein verständlicher Darstellung. Frankfurt 1855" sich mit
in das Vordertreffen der entschiedenen Materialisten gestellt.
Auch er hat sich vorgesetzt, zu zeigen, daß „das makrokosmische,
wie mikrokosmische Dasein in allen Punkten seines Entstehens,
Lebens und Vergehens nur mechanischen und in den Dingen
selbst gelegenen Gesetzen gehorcht." „Keine Kraft ohne Stoff,
kein Stoff ohne Kraft!" — ist die Loosung dieses jüngsten
Lobredners des modernen Materialismus. Ein ziemlich ge=
dankenloser Atomismus muß zur Begründung dieser großen,
wenngleich nicht gerade sehr neuen, wissenschaftlichen Thesis
herhalten. Was dem Verfasser an Tiefe und Gedankenschärfe
abgeht, sucht er reichlich durch ebenso platte wie dreiste Macht=

sprüche zu ersetzen. Da werden wir belehrt, „daß diejenigen, welche von einer Schöpfermacht reden, welche die Welt aus sich oder aus dem Nichts hervorgebracht haben soll, mit dem ersten und einfachsten Grundsatze philosophischer und auf Empirie gegründeter Naturbetrachtung unbekannt sind." „Daß die Welt nicht regiert wird, wie man sich wohl hin und wieder auszudrücken pflegt, sondern daß die Bewegungen des Stoffes einer vollkommenen und in ihm selbst begründeten Naturnothwendigkeit gehorchen, von der es keine Ausnahmen gibt, — welcher Gebildete, namentlich aber welcher mit den Erwerbungen der Naturwissenschaften auch nur oberflächlich Vertraute wollte an dieser Wahrheit zweifeln?" — In dieser uns nun bereits sattsam bekannten Tonart geht es in trostloser, geistiger Monotonie die ganze Tonleiter hinab bis zum reinen und vollendeten Nihilismus, bei dem wir selbst die pathetische und blühende Form, in welcher bei Büchners Meister, Moleschott, nicht selten die Absurditäten des consequenten Materialismus erscheinen, vermissen müssen. Würde und Unsterblichkeit des Stoffs — Unabänderlichkeit der Naturgesetze — der Mensch — Gehirn und Seele — der Gedanke — die Gottesidee — persönliche Fortdauer — die Lebenskraft — die Thierseele — der freie Wille u. s. w. wird da nacheinander in oft naiv-geistloser Weise durchgeplaudert. Die Gottesidee ist (nach Vater Feuerbach) ein purer Anthropomorphismus und Erzeugniß der menschlichen Phantasie. Gehirn und Seele sind einerlei, die Seelenthätigkeit ist lediglich Funktion der Gehirnsubstanz; bei der Frage nach den angeborenen Ideen wird nebenbei die Abtreibung der Leibesfrucht als ein Recht der Mutter wieder vindicirt, individuelle Fortdauer in bekannter Weise verlacht, die geistige Ueberlegenheit des Menschen über das Thier als eine nur relative, quantitative bezeichnet und schließlich abermal mit Moleschott ausgeführt: „Ein freier

Wille, eine Willensthat, die unabhängig wäre von der Summe der Einflüsse, die in jedem einzelnen Augenblicke den Menschen bestimmen und auch dem Mächtigsten seine Schranken setzen, besteht nicht." Wie zur Erfrischung tritt dem Leser, der sich durch alle diese herzlich langweiligen Erörterungen hindurchgearbeitet hat, an der Spitze der Schlußbetrachtung plötzlich der Ausruf entgegen: „Wahres Wissen lehrt bescheiden sein," aber nur um sofort die Drohung eines „allgemeinen Angriffs auf die veralteten und morschen Positionen der Gegner" daranzuknüpfen, eines Kampfes, „bei dem der Sieg nicht zweifelhaft sein kann!"

Wie der Leser schon aus diesem gedrängten vierfachen Zeugenverhör erkennen wird, sind es im Grunde nur einige wenige Gedanken, aus deren Wiederholung sich die gesammte Weisheit des modernen Sensualismus erbaut. Aber zu gründlicherer Orientirung schien es gut, ja unerläßlich, Princip und Tendenz dieser neuesten Philosophie des großen Haufens an mehreren der hervorragendsten Vertreter derselben in einiger Vollständigkeit darzulegen. — Wir werden in einem folgenden Schreiben zunächst einige kritische Bemerkungen beifügen.

Zweiter Brief.

„Mit Recht heißt man Euch Materialisten, denn
Ihr macht den Menschen zur bloßen Materie. Kein
Wunder, daß Ihr nichts mehr ahnet von einer Her-
abgesunkenheit, sondern glaubt in Eurem natürlichen
Zustande zu sein. Denn die Materie hat immer den
Charakter der Trägheit; sie ist das, was sie sein soll.
Sie stellt keine Vergleiche an; sie gewahrt weder
Ordnung, noch Unordnung: Erstarrung und Blind-
heit sind ihr Erbtheil.“

Nach St. Martin.

Es giebt eine dreifach mögliche Betrachtung der Geschichte. Die eine wird getragen von der Hypothese einer endlosen Vervollkommnung. Glied reiht sich an Glied, Kette an
Kette; alle Bewegung ist eine in sich rücklaufende Kreisbewe-
gung. Wie die Welt, so ist auch die Geschichte ewig. Es
giebt keinen Anfang und kein Ende. Die andere Betrachtungsweise ist die einer unendlichen Stabilität. Es giebt wie keine
kosmische, so keine geschichtliche Entwicklung; alles Leben und
alle Bewegung ist nur Phänomen, nur das äußere Farben-
spiel einer in ewige Nacht und Erstarrung begrabenen Welt.
Beide Theorieen, unter sich nahe verwandt, führen unaufhalt-
sam zum Determinismus, beide, wenngleich jene erste, pan-
theistische, sehr weit verbreitet ist, verwickeln in unlösbare Widersprüche, ja führen im letzten Grunde zur Absurdität. (Man
vergleiche den vierten und fünften Brief.)

Nur die theistische Anschauung ermöglicht eine teleologische
Natur-, wie Geschichtsbetrachtung. Denn ohne Anfang giebt's
kein Ende und ohne Ende kein Ziel, ohne Ziel aber keine in-

telligente Zweckbestimmung. Allein diese Anschauung begründet und erkennt auch einen Fortschritt in der Geschichte. Für sie giebt es eine wirkliche Weiterbewegung, denn für sie giebt es einen wirklichen und realen Unterschied von gut und bös. Freilich entbehrt diese Anschauung, indem sie das Böse nicht zum ewigen und nothwendigen Durchgangspunkt des Guten zu machen vermag, bei der Betrachtung der Geschichte mancherlei Trostes, dessen der Pantheist sich freut. Zum Beispiel: Der heutige Materialismus wird von Jedem, der noch irgendwie geraden und gesunden Sinnes ist, sofort als unwahr und in seinen Consequenzen als sittlich verwerflich erkannt. Wer deterministisch denkt, braucht über eine solche Erscheinung sich aber in keiner Weise zu betrüben, im Gegentheil er muß ihrer sich eigentlich freuen. Er ist über diese und alle ähnliche Erscheinungen im Voraus getröstet, denn, angenommen einen wenigstens dialektischen Unterschied zwischen gut und bös, der Satz bedingt ja den Gegensatz, das Schlechte ist die nothwendige Folie des Guten, sein Träger und Hebel, daher auch eine Erscheinung, wie die des heutigen Materialismus im letzten Grunde ein Förderer der Gesundheit des Gesammt-Organismus. Schade nur, daß man dabei übersieht, wie, wenn man das Schlechte zum nothwendigen Träger des Guten macht, das Schlechte eben immer obenauf und als das Begründende des Guten auch immer mächtiger als dieses, d. h. herrschend bleiben muß!

Doch keine Thorheit ist ohne Wahrheit; und dieß Körnlein Wahrheit ist es, das jedem Irrthum sein Leben fristet in dieser Welt. So ist's unleugbar, daß die Bewegung der Geschichte sich in Gegensätzen vollzieht, und daß bis jetzt jede in ihrer Wurzel negative und zerstörende Geistesströmung, sowie sie eine gewisse culminirende Höhe erreichte, noch immer einen Rückschlag hervorrief, der ihre Spitze abbrach, und eine neue

Fortbewegung in ruhigeren und geordneteren Bahnen vermittelte. Aber ein Doppeltes ist hiebei nicht zu übersehen. Vor Allem, daß dieser Kampf der Gegensätze allezeit durch Katastrophen hindurchführt. Beachtet man aber diese Erschütterungs-Epochen in ihrer Aufeinanderfolge, so ist unleugbar, daß sie von Jahrhundert zu Jahrhundert heftiger und universeller werden, zugleich daß sie im Fortgang der Zeiten in rascheren Schlägen auf einander folgen. Ihre in- wie extensive Kraft ist in einem fortschreitenden Wachsthum begriffen und steht in proportionellem Verhältniß zu dem wachsenden gefährlichen Charakter der zerstörenden, negativen Faktoren der Geschichte. Weiter ist aber zu beachten, daß bei jedem neuen, von mehr oder minder heftigen Erschütterungen getragenen Sieg der centripetalen über die centrifugalen Kräfte dieser Sieg kein vollständiger ist. Nicht eine Vernichtung, nur eine temporäre Bindung, meist durch äußere Gewalt, ist seine Folge. Darum treibt die zurückgedämmte, zerstörende Grundrichtung alsbald neue Schößlinge und bereitet, in neue Formen sich kleidend, mehr oder minder verhüllt, neue Katastrophen vor. Die Gegenwart ist aber jederzeit das Produkt der gesammten geschichtlichen Vergangenheit, so gut, wie beim Einzelnen etwa das Mannesalter das Produkt aller Phasen der Kindheit und des Jünglingsalters ist. Es lebt sonach die Gesammtsumma aller guten, wie schlechten Kräfte der Vergangenheit in und mit der Gegenwart fort. Schon um deßwillen ist's nicht unwahr zu sagen: es geschieht nichts Neues unter der Sonne. Und dennoch giebt es keinerlei Wiederholung im Leben der Völker, wie des Einzelnen: am wenigsten kann jemals von einer eigentlichen „Umkehr" die Rede sein. Auch die ähnlichsten und verwandtesten Erscheinungen der Geschichte haben bestimmte, unterscheidende Merkmale, und der Strom der Bewegung und des Lebens ist ein unaufhaltsamer. Selbst wenn alle äußeren Umstände gleich wären, so ist die spätere zweier sonst verwandter Erscheinungen von größerer Tragweite, als ihre Vorläuferin.

Der reine und entschiedene Materialismus, wie er sich uns im vorausgehenden Schreiben dargelegt hat, ist nichts Neues. Epikur, wie Locke sind längst Herrn Feuerbach vorangelaufen. Die Verwandtschaft hier wie dort ist überraschend, ist durchgreifend. Dennoch ist der neue deutsche Sensualismus von ungleich größerer Bedeutung, als jener attische und dieser englisch-französische. Man könnte dieß vielleicht schon aus seinem Stammsitz ableiten, da ja doch Deutschland für die geistige Entwicklung der modernen Welt so eine Art Brenn- und Mittelpunkt sein dürfte. Doch davon abgesehen, begründet schon die Zeitfolge jene Behauptung. Es ist doch offenbar ein bedeutender Unterschied, ob vor der christlichen Aera unter dem beginnenden Verfall der antiken Welt eine Weisheit, wie die Epikurs, Beifall und großen Anhang fand, oder ob dieß im Jahre 1855 der Fall. Es ist immerhin ein großer Unterschied, ob unter den am Ende des 17. und 18. Jahrhunderts gegebenen religiösen und socialen Zuständen die heitere Lebensweisheit attischer Nächte in Frankreich ihre Auferstehung feiert, oder ob, nachdem die Kehrseite jener Apotheose der Sinnlichkeit in ihrem zerstörenden, Europa auf Jahrzehnte erschütternden Wirkungen sich furchtbar gezeigt hat, dieselbe Lehre nur mit unverhüllterem Angesicht und massenhaftem Applaus auf's Neue in kecker Selbstzuversicht ihren Siegesgang unter uns antritt!

Es dünkt uns darum auch ein schwacher und bedenklicher Trost zu sein, zu sagen, daß der Materialismus sich selber richte, und daß er als ein ungesundes und verderbliches Extrem durch die Reaktion gesunder Kräfte bald wieder ausgeschieden werden würde. Jenes ist gewiß, dieses ist zu hoffen. Aber nur ein schwacher und befangener Blick kann es eingeben,

diesen Trost in heiterer und blasirter Gemüthsruhe auszusprechen. Was ist denn auf die im Epikuräismus gipfelnde geistige Zersetzung der alten Welt gefolgt? Der unter den heftigsten Erschütterungen sich vollziehende Untergang der gesammten antiken Welt und Cultur. Was auf die im 18. Jahrhundert mit Hilfe des neu erweckten Atheismus und Sensualismus tief eingedrungene sociale, kirchliche und politische Fäulniß, besonders Frankreichs? Ein allgemeiner, dieß Land in
seinen tiefsten Gefügen erschütternder Umsturz! Und lastet seitdem auf diesem Lande — und in Folge der täglich wachsenden
Solidarität der europäischen Interessen mehr oder minder auf
der ganzen civilisirten, d. h. herrschenden — Welt nicht ein
schwüler und bänglicher Druck, wie auf einer Bevölkerung,
welche die nachzitternden und dumpf grollenden Bewegungen
eines vulkanischen Bodens in steter geheimer Angst und Sorge
halten! Ist es nicht namentlich mit Frankreich dahin gekommen, daß die Unruhe, die politische und sociale Unsicherheit in
ihm gleichsam permanent geworden ist, und daß dieses in steter
gährender Bewegung umgetriebene Land nur noch in den Ex-
tremen einer zügellosen Anarchie und eines straffen Despotismus zeitweilige Ruhe zu finden und zu ertragen vermag? Aber
hier wie dort bleibt der Grundcharakter der gleiche ungesunde,
zerrüttete, denn der Despotismus ist in seiner Wurzel nicht
minder revolutionär, als die Anarchie. Und auch das moderne
Cäsarenthum muß sich zu seinem Bestande auf den Demos,
auf die Massen stützen, und mit fatalistischer Gewalt ist auch
seine angelegentlichste Regierungssorge, der Forderung: Panem
et Circenses! Genüge zu thun, sei es in kostbarer theatrali-
scher Schaudarstellung, sei es in der noch kostbareren Sätti-
gung kriegerischer und nationaler Ehrbegier in fernen Landen.
Ja wohl, jene negativen Grundkräfte, die in der heutigen,
massenhaften Herrschaft des Materialismus gipfeln, mögen

noch einmal gebrochen und für längere Zeit überwunden werden, aber wenn dieß der Fall, so wird es nur auf dem Wege geschehen, auf welchem noch jede Weiterbewegung der Geschichte sich vollzogen hat, und ohne Prophet zu sein, kann man vorher sagen, daß dieß der Weg heftiger Katastrophen, die an Gewalt der Erschütterung alle vorangegangenen übertreffen werden, sein wird.

Ueberhaupt ist es ja nicht die Bedeutung des Materialismus, als einer philosophischen Denkweise, die ihm seine heutige Wichtigkeit gibt. Die breite Basis, mit der er in der ganzen Zeit wurzelt, seine natürliche Anziehungskraft auf die Massen, der Umstand, daß in ihm die tausendfachen die Gegenwart bewegenden, negativen Kräfte ihren Gipfel und einen gewissen sättigenden Abschluß finden, eine äußerst bequeme das Fleisch kitzelnde Formel: das sind die geheimen und offenbaren Kräfte, mit denen er auf die Zeit wirkt. Man nehme z. B. die Schriften Feuerbachs prüfend in die Hand, und man wird sofort erkennen, daß nicht in der wissenschaftlichen Beweisführung die Stärke des Mannes und das Geheimniß seiner so wirkungsreichen Autorschaft liegt. Vielmehr darin, daß er es weiß und fühlt: ich spreche aus, was in der Gegenwart in Tausenden von Herzen lebt. Dieses siegestrunkene Bewußtsein ist es, das ihm jene Gewalt des Wortes giebt, die mächtig auf Viele wirkt. Er ist sich seines Publikums sicher, er weiß, daß je kecker eine in blendender Gestalt hingeworfene Behauptung aus seinem Munde strömt, desto sicherer wird sie von Tausenden als ein Evangelium gläubig angenommen. Was braucht solche Autorschaft des wissenschaftlichen Beweises noch? Von einem Suchen der Wahrheit ist ja ohnedieß bei ihr keine Rede mehr; auch vom Sensualismus und seiner Apotheose des sinnlichen Menschen gilt jenes Wort, das als bezeichnender Ausdruck der Unveränderlichkeit der Maximen des Jesui-

tismus berühmt ward: Sint ut sunt, aut non sint! Der
Sensualismus ist schon unzähligemal dialektisch widerlegt und
seine philosophische Unhaltbarkeit gezeigt worden. Man hat
Feuerbach schon wiederholt zum philosophischen Streit und Wett-
kampf herausgefordert: er hat stolz geschwiegen. Weiß er sich
ja doch im sicheren Besitz eines auf die Autorität seiner Behauptungen blind schwörenden Publikums. Eine neue kecke
Phrase, wie etwa die: „Die Spekulation ist die betrunkene
Philosophie!" ist für sein Publikum Antworts genug auf jede
philosophische Kritik. Ganz das Gleiche, nur meist noch auf
viel niederer Stufe gilt von seinen Anhängern, z. B. von der
Autorschaft des Herrn Carl Vogt. Was bei Feuerbach denn
doch noch mit einigem Geist und mit beredter Kraft einen
Ausdruck findet, das wird bei Vogt durch gemeine Plattheiten
und ärmlichen Witz ersetzt. Aber auch er weiß, daß solche
Autorschaft bei Vielen des Beifalls gewiß ist. Was kümmert
ihn da Kritik und Wissenschaft, Irrthum und Wahrheit? Er-
leben ja doch Produkte wie „Köhlerglaube und Wissenschaft"
rasch nach einander eine Reihe von Auflagen zum schlagenden
Beweis, daß eben solche Waare bei Vielen gesucht und willkommen ist. *)

---

*) So eben kommt uns noch ein charakteristischer kleiner Beleg des
oben Ausgesprochenen zu Handen. Wir lesen in den Zeitungen: „Carlsruhe den 26. Oktober. Der hiesige Verein badischer Aerzte zur Förderung
der Staatsarzneikunde hat den vormaligen Privatdocenten der Medicin in
Tübingen Dr. Louis Büchner, (dem dort vor Kurzem die venia docendi
entzogen wurde), jetzt praktischen Arzt in Darmstadt, zu seinem correspon-
direnden und Ehren-Mitgliede ernannt. Nach den Statuten des Vereines
wird die letztere Würde nur an um die Staatsarzneikunde und deren verwandte Wissenschaften anerkannt hochverdiente Männer verliehen." Wenn
Aerzte in Carlsruhe und der Umgegend einem mit der Gloriole des Mar-
tyrthums gekrönten Gesinnungsgenossen eine Ovation zu bereiten sich ge-

Es ist darum auch völlig ungenügend, den heutigen Materialismus als eine philosophische Verirrung anzusehen. Denn
wenn die sensualistische Denkweise auch mit der geschichtlichen
Entwicklung der Philosophie mannigfach verknüpft ist, so ruht
das Geheimniß des Beifalls, den sie unter der Menge findet,
doch wesentlich auf ganz anderen Gründen als der philosophischen und wissenschaftlichen Stärke ihrer Beweismittel. Der
moderne Materialismus ist viel mehr eine zeit- und welt-
geschichtlich, als eine philosophisch irgend bedeutende Erscheinung. Um ein kritisches Streiflicht auf ihn fallen zu lassen,
ist daher ein, wenn auch flüchtiger Blick auf jene treibenden
Mächte der Gegenwart, aus denen er seine Hauptnahrung
zieht, nicht zu umgehen.

Aus drei Faktoren, oder vielmehr aus einem dreifachen
Mißbrauch hat sich, wie uns däucht, die Macht des Materialismus in der Gegenwart vornämlich erbaut. Der erste ist
allerdings ein intellectueller und liegt in der negativen Grund-

---

brungen fühlen, so ist dieß eine sehr einfache Sache und um so weniger
geeignet, Aufsehen zu erregen, da ohnedieß Jedermann weiß, daß heutzutage die Mehrzahl wenigstens der jüngeren Aerzte sensualistisch denken. Im
vorliegenden Falle wäre es aber in der That nicht uninteressant, etwas
von den Motiven, die einen Verein für Staatsarzneikunde bei jener
Wahl geleitet haben, zu vernehmen. Doch, wir erinnern uns so eben,
daß der Verfasser von „Kraft und Stoff" die Abtreibung der Leibesfrucht
als ein Recht der Mutter wieder vindicirt hat, und daß er die Freiheit
des Willens und also die sittliche Zurechnungsfähigkeit mit Herrn Vogt
leugnet! Es kann aber nicht in Abrede gestellt werden, daß dieß Behauptungen sind von solcher Tragweite, die allerdings nicht nur die gesammte
gerichtliche Medicin, sondern unser ganzes Rechtsbewußtseyn und alle socialen Ordnungen in Grund und Boden reformiren müßten. Und bei der
Lage des Falles bleibt wenigstens bis zur Führung des Gegenbeweises
nichts übrig, als anzunehmen, jener Carlsruher Verein habe in Herrn
Büchner den verkannten Apostel einer solchen schönen Zukunft ehren wollen.

richtung, welcher die moderne Wissenschaft in steigendem
Maaße sich zugewendet hat. Die Autonomie des menschlichen
Geistes ist seit Cartesius das Cardinal-Dogma der modernen
Philosophie geworden und wenn auch da und dort unter Wider-
spruch, bis auf die neuere Zeit, als solches im Ganzen herr-
schend geblieben. Indem man die menschliche Erkenntniß, die
Vernunft, souverain erklärte und zur Inhaberin der Wahrheit
an sich machte, legte man den Grund zu jenen labyrinthischen
Gängen, auf denen im Wechsel der mannigfaltigsten Systeme
die Vergötterung des Menschen mehr und mehr das einzige
Ziel männlichen Scharfsinnes ward. In der Verfolgung
dieses Weges bildete sich auch jene einseitig spiritualistische
Verstandes-Cultur aus, die in der modernen Aufklärung mehr
und mehr ihre Massen-Triumphe gefeiert hat und noch feiert.
Aber die Menschheit kann sich nicht vom Höheren abwenden,
ohne sofort der Knechtschaft eines Niederen zu verfallen. Gott
läugnen führt sofort zur Vergötterung des Menschen, die
Selbstvergötterung aber vollendet sich im Dienste der niederen
Kreatur. Der heutige Sensualismus, der der Sinnlichkeit
und groben Materialität allein noch Realität zuerkennt, und
den menschlichen Geist selbst zum Produkt und Knecht der
Materie macht, ist die letzte Consequenz jener auf die Behauptung der Souveränetät menschlichen Wissens basirten Entwicklungsreihe.

Schon zu Eingang des ersten Briefes haben wir auf die
ungemeine Ausbildung und Entwicklung der Naturwissenschaften in den neueren Zeiten hingewiesen und bemerklich
gemacht, mit welcher Vorliebe die Resultate der modernen
Naturforschung zur Stütze atheistischer und sensualistischer Grundsätze herbeigezogen werden. Mit welchem Rechte werden wir
noch später untersuchen. Und es wird sich uns zeigen, daß
jene Anwendung vielmehr ein Mißbrauch ist, und daß nicht

die Resultate der Naturbetrachtung selbst, sondern die ganz
anderswo gewonnenen Voraussetzungen, welche man jenen un-
terlegt, es sind, welche die Läugnung jeder höheren, religiösen
Wahrheit, ja der Selbstständigkeit und Realität des Geistigen
überhaupt bedingen. Hier wollen wir nur auf die Stütze,
welche der Materialismus auch an dem Wachsthum und dem
Fortschreiten der Naturwissenschaft, resp. an deren Mißbrauch
fand, hindeuten. Gerade die Schöpfer der modernen Weltbetrachtung, ein Copernicus, Kepler, Newton und so mancher
Andere, — Genies, von deren Früchten eine an Talenten reiche
Gegenwart zehrt und mit Sammlerfleiß sich in den von ihnen
eroberten Gebieten ausbreitet, könnten am besten zeigen, daß
mit der Freiheit naturwissenschaftlicher Forschung ein demüthiger
Sinn und eine mannhafte christliche Ueberzeugung gar wohl
Hand in Hand gehen kann. *) Aber solch' naheliegende Beispiele des Gegentheils kümmern diejenigen wenig, die sich einmal vorgesetzt haben, einen unlösbaren Widerspruch zwischen
den Thatsachen der Naturforschung und denen des religiösen
Bewußtseins zu behaupten. Nur das Niedere, Sinnliche hat
von vornherein bei ihnen noch Realität, dem muß denn auch
von Stufe zu Stufe alles Höhere geopfert und in einem immer
weiter verbreiteten Cultus der Materie und des Fleisches begraben werden.

Wie rasch und entschieden die Gegenwart in dieser Richtung voraneilt, zeigt endlich am besten das große Uebergewicht,
welches die materiellen Interessen mehr und mehr gewonnen haben. Mit rapider Eile hat sich unter beispielloser

---

*)   „Non parem Pauli gratiam requiro,
        Veniam Petri neque posco, sed quam
          In crucis ligno dederas latroni Sedulus oro“
lautet die Inschrift auf des Copernicus Grabdenkmal.

Entwicklung der Industrie, des Verkehrs und Handels die
Pflege des äußeren Culturlebens in den Vordergrund aller
öffentlichen und privaten Angelegenheiten gedrängt, und bei
Regierenden und Regierten sich bereits die Meinung als un-
zweifelbares Dogma festgesetzt, daß eben diese Pflege der materiellen Interessen die wesentlichste Angelegenheit der Gegenwart, der gegenüber alles Andere kaum der Rede werth und
daher billig, wo nicht ganz bei Seite zu werfen, so doch als
minder wesentlich entschieden ihr unterzuordnen sei. Unzählbare
Thatsachen bestätigen täglich auf's Neue diese die Physiognomie
der Gegenwart recht eigentlich bezeichnende Richtung. Politik,
Kunst, Wissenschaft sollen diesem neuen herrschenden Gestirne
unbedingt huldigen und thun es auch meist bereitwillig, und
selbst die Kirche scheint Vielen kaum zu etwas Anderem mehr
brauchbar, als dem neuen Tagesgötzen die Spende der Weihe
darzubringen, und manche ihrer Vertreter eilen denn auch, dieser
Forderung auf's rückhaltloseste nachzukommen. Es wäre thörichter Unverstand, in jener Vervollkommnung des materiellen
Cultur-Lebens an sich etwas Schädliches oder Verwerfliches
erblicken zu wollen. Wir bewundern willigst jeden neuen
Triumph menschlichen Scharfsinnes auch in diesen Gebieten
und achten jeden Forschritt in Industrie, Verkehr, Technik
u. s. w. als eine Bereicherung des äußeren Güterlebens. Doch
bedarf es keines sehr starken und tiefen Blickes, um die Gefahren, welche hinter diesem lauten Jubelruf über die ungeheuren materiellen Fortschritte der Gegenwart, über die sich
mehr und mehr vollziehende „Solidarität der europäischen Interessen", Unheil verkündend schlummern, deutlich
genug zu erkennen. Nicht im rechten Gebrauch, im Mißbrauch
des täglich hier neu Gewonnenen, in der Verkehrung der
natürlichen Ordnung, die den Werth einer Sache nach
den Interessen, d. h. auf der Wage eines habsüchtigen Egois-

mus wiegt, die das Mittel zum Zwecke selber macht, das
Höhere zum Niederen verkehrt, die materielle Cultur zum
öffentlichen Cultus zu erheben trachtet, liegt eine Gefahr,
die in erschreckendem, täglichem Wachsthum begriffen ist. Und
daß aus dieser Richtung der heutige Materialismus seine
Hauptnahrung schöpft, und als pseudowissenschaftliche Rechtfertigung dessen, was in ihnen und in dieser Zeit lebt, Tausenden willkommen ist, ist ebenso gewiß, als eines der bedenklichsten Zeichen der Zeit.

Man kann nicht sagen, daß die hier drohenden Gefahren
nicht von Vielen schon erkannt oder doch geahnt worden wären.
Der Staat, die Kirche, die Wissenschaft haben begonnen, ihnen
Aufmerksamkeit zu schenken und namentlich im Lauf der letzten
Jahre mannigfach entgegenzuwirken gesucht. Leider tragen aber
sehr viele der namentlich von jenen beiden ersten versuchten
Gegenwirkungen gleichfalls ein bedenkliches Gepräge. Es ist
ein allgemein gültiger, wenn auch hundertmal vergessener Satz,
daß nicht der Nichtgebrauch, sondern vielmehr der rechte Gebrauch allein eine wirksame Waffe gegen den Mißbrauch bietet.
So ist z. B. ein Mißbrauch der Wissenschaft oder des menschlichen Erkenntnißvermögens nicht durch Unterdrückung oder
Beschränkung der Forschung überhaupt, sondern allein durch
gründlichere und richtigere Erkenntniß zu überwinden. Jede
bloße Reaktion und Restauration ist darum, weil unproduktiv,
eine nur zeitweilige Hülfe von sehr zweifelhaftem Werth. Die
Kirche namentlich, die vor dem Staat, der seiner Natur nach
mehr auf äußerliche und mechanisch wirkende Mittel angewie-
sen ist, den unermeßlichen Vortheil hat, die Pflege der höchsten
geistigen und innerlichen Interessen zu ihrem Gegenstande zu
haben, sollte sich jederzeit wohl besinnen, daß sie nicht Fleisch
für ihren Arm hält, und mit äußerlichen Mitteln zu erringen
und zu erhalten sucht, was nur die innerste Lauterkeit und

aufopfernde Treue in der Erfüllung ihrer geistlichen Mission ihr zu erringen und zu erhalten vermag. Leider scheinen im Gegentheil auch in neuester Zeit wieder Viele in der recht festen Verbündung der Kirche mit äußerlichen Weltelementen ihre Stärke und die Bürgschaft einer segensreichen Wirkung in der Zukunft zu suchen. Es ist ein äußerlich gesetzlicher Eifer über sie gekommen, der die möglichst straffe Firirung der äußeren Ordnung in Statut und Gesetz, die Wiederbelebung mechanischer Zuchtmittel als das wahre und nöthigste Förderungsmittel zur Wiederbelebung christlichen Geistes und Lebens erscheinen läßt. Es ist durchaus zu bezweifeln, daß auf diesem Wege (so sehr die Wiederaufrichtung äußerer kirchlicher Ordnung in den rechten evangelischen Schranken anzuerkennen ist) viel Gutes und Heilbringendes geschafft werde. Nicht nur das Fleisch, auch der Buchstabe (als rein äußerliches Gesetz) steht zum Geiste im Gegensatz. Der Cultus des Gesetzes dürfte darum wenig geeignet sein, dem Cultus des Fleisches mit Erfolg zu wehren.

Hand in Hand mit dieser dort auf den materiellen Vortheil und Genuß, hier auf das Buchstäbliche und Gesetzliche gerichteten Zeitströmung geht zugleich eine bedenkliche Mißachtung des Geistigen, der Wissenschaft, als solcher. Die Pflege des philosophischen Studiums ist es vor Allem, die unter dem Druck dieser Richtung zu leiden hat. Es ist kein Zweifel, daß die Philosophie diese Mißachtung zum Theil selbst mitverschuldet hat. Aber dieß, statt jene Abkehr zu rechtfertigen, sollte vielmehr das Bedürfniß einer tieferen philosophischen Forschung nur um so mehr wecken. Und in der That haben sich ja gerade die bedeutenderen Vertreter der philosophischen Gegenwart einer solchen tieferen Forschung wieder zugewendet, welche im Gegensatze jenes materialistischen Zeitgeistes Natur und Geist in ihrer lebendigen Wechselbeziehung zu erkennen und die Realität des Göttlichen, als der einzigen wahrhaften Versöhnung

des Idealen und Realen zu begründen strebt. Carrière dürfte
darum so ziemlich Recht haben, wenn er jüngst schrieb: „Der
neumodische Atheismus und Materialismus ist nicht von der
Philosophie ausgegangen. Diese hat sich in sich selbst erneut;
statt subjektive Gedankensysteme zu spinnen, sucht sie den Welt-
zusammenhang zu begreifen, den Grund für die Thatsachen der
Natur und der Geschichte zu erfassen und zu bestimmen, den
sie in einem selbstbewußten allburchdringenden Gott findet. In
Frankreich, in Italien sogar redet man von diesem Umschwung
des deutschen religiös-philosophischen Lebens, in Deutschland
glaubt man ihn ignoriren zu dürfen." Und sehr richtig hat
derselbe unmittelbar zuvor bemerkt: „Die Geringschätzung, welche
man sich seit einiger Zeit von Seiten des Staates, der Kirche
und der positiven Wissenschaften so vielfach gegen die Philosophie erlaubt, trägt schneller, als wir gedacht, ihre unheilvollen
Früchte. Die jungen Leute gewöhnen sich das Examen und
das Brod statt des Lebens und der Erkenntniß als Studier-
zweck anzusehen, das Forschen nach der Wahrheit um der Wahrheit willen, wird immer seltener, man entwöhnt sich zu fragen,
was vernünftig oder recht sei, und kümmert sich nur darum,
was Dogma oder Satzung ist. Als die Folge dieses einseitig
auf das Factische und Historische gewandten Sinnes zeigt sich
ein Pochen auf die confessionellen Unterschiede im kirchlichen
Gebiet. . . . Und wie man von einer Seite Unterwerfung unter
die Autorität der Satzung verlangt, will man auf der andern
Seite nur von der Sinneswahrnehmung und der Materie wissen:
Der Geist, der freie Gedanke wird beidemale verkannt, ein
Extrem ruft das andere hervor; der Naturalismus ist ein Gegen-
schlag gegen die forcirte kritiklose Orthodoxie." — Es ist in
der That bedauerlich, daß, in dem Maaße eine Reihe der bedeutenderen philosophischen Forscher einem entschiedenen Theismus und in Folge des auch der wissenschaftlichen Apologie der

Grundwahrheiten der Offenbarung sich zuwandten, Theologie und Kirche um so spröder sich gegen alle und jede Philosophie stellte. Und doch bedarf die Kirche zu ihrem vollen Bestande in dieser Weltzeit fortwährend der wissenschaftlichen und insbesondere auch der philosophischen Forschung. „Die heilige Schrift, sagt treffend einmal Oetinger, kann zu keiner Zeit, am allerwenigsten zu unserer, ohne eine sie erläuternde und bekräftigende Philosophie oder Grundweisheit sein." Zwar ist das Christenthum im eminenten Sinne Sache der Erfahrung, und dieser Beweis der Erfahrung im letzten Grunde die allein überwältigende und überzeugende Macht. Aber zum Fortgange der auf diesem Wege gewonnenen Ueberzeugung, zu ihrer Fülle und Ausbreitung, wie zu ihrer Rechtfertigung nach außen bedarf es nothwendig einer sie begleitenden und in die Tiefe gehenden Erkenntniß. Die herrschend gewordene Abkehr des Zeitgeistes von den Wegen tieferer Forschung ist aber ein Zug, der auf der anderen Seite die Gegenwart auch jedem tieferen Eindringen in die Mysterien des Glaubens immer abgeneigter macht. Die massenhafte Ausbreitung der Grundsätze des Materialismus beruht aber unzweifelhaft mit auf dieser in der Gegenwart weit verbreiteten Wissensscheue, und schon die Beschäftigung mit philosophischen Studien könnte daher Manchen in heilsamer Weise aufklären über das Wesen und den Unterschied von „Köhlerglauben und Wissenschaft". *)

---

*) Man vergl. u. A. Fichte, die Seelenlehre des Materialismus (in der Zeitschrift für Philosophie und philosophische Kritik 25. Band). Derselbe: die Idee der Persönlichkeit und der individuellen Fortdauer, 2. Aufl. Leipz. 1855. C. P. Fischer: die Unwahrheit des Sensualismus und Materialismus 1853, und Nachtrag hierzu 1854. Franz Hoffmann: die (auch separat gedruckten) Vorreden zu Franz von Baaders sämmtlichen Werken, Leipz. bei Bethmann, besonders zum 3. u. 4. Bande. v. Schaden, über den Gegensatz des theistischen und pantheistischen Standpunktes. Send-

Doch, werfen wir nach diesen zeitgeschichtlichen Betrachtungen noch einige kritische Blicke auf die Grundprincipien des entschiedenen Materialismus.

Die Grundweisheit des antiken, wie des modernen Materialismus stützt sich auf zwei Sätze: erstlich, die sinnliche Wahrnehmung ist die Quelle aller Erkenntniß; zweitens, alles Geistige ist nur Thätigkeit der Materie, daher die Seele selbst materiell und sterblich.

Nehmen wir einmal an, der Satz: nihil est in intellectu, quod non ante fuerit in sensu sei unbedingt gültig, und alles Denken und Erkennen an vorausgegangene sinnliche Wahrnehmung gebunden, so wird doch selbst jeder Materialist zugeben müssen, daß der Akt dieser Sinneswahrnehmung und der ihm folgende Denkakt zwei deutlich unterschiedene Funktionen sind. Sie sind verschieden der Zeit nach, denn so blitzartig schnell eine sinnliche Wahrnehmung einen Gedanken zu wecken vermag, so ist dieß doch nicht immer der Fall, und wenn es der Fall, so liegt zwischen jener und diesem doch immer ein, wenn auch meist äußerst kleiner Zeit=Moment. Sie sind aber auch verschieden dem Organe nach, denn während die Sinneswahrnehmung eben auf eine Funktion der Sinnes=Apparate, stützt sich der Gedanke auf eine Irritation des Gehirnes. Geben wir nun auch zu, daß zwischen dem sinnlichen Objekt und unserer sinnlichen Wahrnehmung ein nothwendiger Zusammenhang

---

schreiben an Feuerbach 1848. Perty: über die Bedeutung der Anthropologie für Naturwissenschaft und Philosophie, Bern 1853. (Frohschammer) in 5 Artikeln der Beilage zur allgemeinen Zeitung: Menschenseele und Physiologie betitelt, Juni 1855. Auch Daumer hat in der Schrift: „der Anthropologismus und Kriticismus der Gegenwart" die vielen Widersprüche und Willführlichkeiten des Feuerbach'schen Philosophirens mit scharfer Kritik bloßgelegt, wobei es natürlich nur der negativ kritische Theil ist, auf den wir uns hier beziehen.

stattfinde, daß also unter den gleichen Verhältnissen ungehin=
derten Sinnengebrauches zwei oder viele Menschen ein und
dasselbe Objekt in gleicher Weise sehen, hören, fühlen: mit wel=
chem Rechte kann man diesen nothwendigen Zusammenhang
zwischen sinnlichem Objekt und der subjektiv sinnlichen Wahr=
nehmung sofort zu der Behauptung eines nothwendigen, me=
chanisch wirkenden Verhältnisses zwischen Sinneswahrneh=
mung und Denken ausdehnen! Mit welchem Rechte kann
man da mit Vogt sagen: gleiche Ursachen gleiche Wirkungen?
einzig mit dem von diesem Naturforscher häufig geübten Rechte
der Gedankenlosigkeit. Denn Sinneswahrnehmung und Denken
sind eben zwei an verschiedene Organe gebundene und deut=
lich sich unterscheidende Thätigkeiten. Um deren mechanisch
nothwendige Wechselbeziehung zu behaupten, bedarf es erst
eines gründlichen Beweises. Vergeblich sehen wir uns bei den
modernen Vertretern des Materialismus nach diesem Beweise
um. In gemüthlicher Gedankenlosigkeit oder in sophistischer
Willkühr wird jene Vereinerleiung von Sinnes = und Gedan=
ken=Thätigkeit als unzweifelhaftes Axiom einfach behauptet. Im
Widerspruch mit aller Erfahrung. Denn diese widerstreitet
aufs entschiedenste der Identificirung von Sinneswahrnehmung
und Denken, wie schon die täglich tausendmal zu beobachtende
Thatsache lehrt, daß nicht nur bei verschiedenen, sondern auch
bei einem und demselben Individuum eine und dieselbe Sinnes=
wahrnehmung verschiedene Gedanken weckt. Andererseits wirkt
diese ja überhaupt nicht nothwendig und in allen Fällen ge=
dankenerregend, und der Mensch hat die Fähigkeit, mitten unter
den heftigsten Sinnesreizen Gedanken zu verfolgen, die in keiner=
lei Zusammenhang zu der eben sich vollziehenden Sinneswahr=
nehmung stehen. Wenn nun auch alle jene verschiedenen Ge=
danken auf einer verschiedenen Irritation des Gehirnes, als
Denkorganes, beruhen, wie kann man sagen, daß bei der Be=

trachtung eines und desselben wahrnehmbaren und unveränder= ten Gegenstandes jene verschiedene Gehirn=Irritation auf einer Verschiedenheit des von dem gleichen Objekte ausgehenden Sinneseindruckes beruhe! Dieß ist noch nie bewiesen worden und läßt sich nie beweisen, weil es aller Erfahrung widerspricht. Vielmehr führt eine schärfere Betrachtung zu der Ueberzeugung, daß das Erkennen, Denken, sei es nun nothwendig an eine Irritation des Gehirnes geknüpft oder nicht, gegenüber der sinnlichen Wahrnehmung eine von dieser nicht nur zu unter= scheidende, sondern ihrer Natur nach freie, dem nothwendig ge= bundenen Sinn überlegene Selbstbewegungskraft besitzt. Dieß beweisen auch jene Fälle, in denen bei von Geburt an fehlen= dem, theilweisem Sinnesgebrauch, z. B. des so überwiegend bedeutungsvollen Gesichtssinnes, ein ungehindertes und kräftiges Gedankenleben sich entfaltet. Selbst wenn wir also mit den Materialisten annehmen, daß Organ und Funktion zusammen= fallen, so ist damit die behauptete nothwendige Wechselbeziehung zwischen Sinn und Gedanke in keiner Weise noch erwiesen.

Doch machen wir dem Materialisten einmal alle verlangten Zugeständnisse und geben ihm zu, daß nicht nur Organ und Funktion nothwendig zusammenfallen, sondern auch Sinneswahr= nehmung und Gedanke mechanisch nothwendig sich bedingen. Unter dieser Voraussetzung erhebt sich sofort die Frage: Warum findet dieses letzte Wechselverhältniß beim Menschen und nicht auch beim Thiere statt? warum wirkt die Sinneswahrnehmung nicht auch bei diesem nothwendig gedankenerzeugend? Ent= rüstet antwortet man: das ist durch die Verschiedenheit des Massenverhältnisses und der inneren Struktur des Gehirnes bedingt. Gut, also nicht durch die Verschiedenheit der sinnlichen Wahrnehmung, sondern durch die Verschiedenheit der Masse und Struktur und der dadurch bedingten Reizbarkeit des Gehirnes als Organes des Erkennens und Denkens. Widerlegt aber diese Thatsache nicht schlagend den nothwendig behaupteten Zusammenhang zwischen Sinn und Gedanke? Denn wenn die Sinneswahrnehmung als solche den Gedanken nothwendig bedingt, und das Thier wie der Mensch sieht, hört, schmeckt, wenn die Sinnlichkeit die einzige, ächte und sichere Erkenntnißquelle ist, warum hat die gleiche Ursache nicht dort wie hier die gleiche Wirkung? Ihr könnt nur Eure obige Antwort wiederholen. Aber widerlegt Ihr denn damit nicht selbst das kecke Sophisma, auf dem der ganze stolze Bau Eurer materialistischen Weisheit erbaut ist? Macht Ihr denn damit nicht selbst einen scharfen und bestimmten Unterschied zwischen Sinneswahrnehmung und Gedanke, so zwar, daß die eine da sein und die andere völlig fehlen kann! Und ist sonach der Gedanke nicht etwas Neues, gegenüber dem Sinn Selbstständiges und Höheres, so gut als die organische Natur höher steht, denn die anorganische, wenn sie schon jetzt in dieser wurzelt, und ihrer sich als Träger ihrer Offenbarungen bedient.

Schon hieraus ist aber deutlich zu ersehen, wie unrichtig jener so oft citirte Satz: nihil est in intellectu, quod non ante fuerit in sensu — ist, sofern man den Begriff Sinn in grob äußerlicher Bedeutung auf Sehen, Hören, Schmecken u. f. w. einschränkt. Gibt es doch Myriaden von Gedanken, die vollkommen unabhängig von jener rein äußerlichen Sinneswahrnehmung entstehen und sich entwickeln. Das kann kein Materialist leugnen; um nun aber die einmal angenommene Stellung zu halten, bleibt ihm nichts übrig, als zu behaupten, alle diese, nicht durch die unmittelbare grobe Sinnlichkeit geweckten Gedanken seien irrational und bloße Luftgespinnste, denen keinerlei Realität zukomme. Eine leere, aller Erfahrung widersprechende Behauptung, die im Grunde nichts ist, als eine einfache Wiederholung des blind angenommenen materialistischen Grundprincips. Im vollen Gegensatze hiezu muß viel-

mehr behauptet werden, daß alles und jedes Denken und Erkennen übersinnlicher Natur, und ein „sinnliches Denken", welches das allein wirkliche und wahre Denken sein soll, ein völliger aus der oben gezeigten unrichtigen Vereinerleiung von
Sinneswahrnehmung und Denken hervorgegangener Unbegriff
ist. Trotz alles Bestrebens der Materialisten, den Gedanken
mit der Sinneswahrnehmung zu identificiren, und jenen mit
dieser auf gleiche Stufe zu stellen, ja noch unter dieselbe herabzu-
drücken, verliert kein einziger Gedanke, und wenn er die roheste,
sinnliche Vorstellung aussprächte, den von jedem Denken unzer-
trennlichen Charakter des Uebersinnlichen. Ja, jener Kanon von
den fünf Sinnen, als den einzigen Quellen ächter Erkenntniß,
reicht nicht einmal zur bloß äußerlichen Erkenntniß der materiellen Welt aus. Kein Physiker leugnet, daß neben den
unserer Sinneswahrnehmung zugänglichen Erscheinungen eine
unzählbare Menge von Zustandsveränderungen in der materiellen Welt fortwährend sich vollziehen, die den fünf Sinnen
unzugänglich sind, und erst wenn sie in die so beschränkte
Sphäre unseres sinnlichen Wahrnehmungsvermögens treten,
sinnlich gegenständlich werden. Die ganze Kunst des Experi-
mentirens giebt hievon Zeugniß, indem das Experiment in sehr
vielen Fällen ja nichts anderes ist, als eine künstliche Darstellung materieller Vorgänge, die ohne jene sich der Wahrnehmung unseres Sinnenkreises, sei es theilweise, sei es ganz,
entziehen. Da nun aber, wie gleichfalls kein Naturforscher
leugnen wird, das Gebiet des Experimentes ein unerschöpfliches
ist, so resultirt schon hieraus, daß bei aller Ausbreitung und
bei dem siegreichsten Vordringen experimenteller Untersuchung
ein unerschöpfter und unerschöpflicher Rest von materiellen Lebensvorgängen übrig bleibt, den die Sinne nie erfassen; ganz abgesehen davon, daß es unzählige dynamische Wirkungen giebt,
die unseren Sinnen vollkommen latent und dabei doch in un-

unterbrochener und energischer Thätigkeit sind. Es ist hiebei ganz gleichgültig, ob Kraft und Stoff schlechthin identisch sind oder nicht. Denn wenn wir auch jenes annehmen, so sehen unsere Sinne doch immer nur die Materie, und zwar auch von dieser in den gewöhnlichen Fällen nur die Oberfläche und ihre Trägheit, während die ihr immanente Kraft, die Hauptsache sich unserer sinnlichen Wahrnehmung entzieht. Es wird daher trotz aller Versicherung eines cruden Materialismus, der seine Eingebungen und Weisheit lediglich aus den fünf Fingern saugen will, dabei bleiben, daß die grob äußerliche Sinnes=wahrnehmung nicht nur oft eine trügende, sondern eine selbst für die Unendlichkeit der materiellen Lebensvorgänge nie aus=reichende und adäquate Erkenntnißquelle ist. *) Ja, wir werden uns später noch überzeugen, daß die von den heutigen Mate=rialisten behauptete Identität von Kraft und Stoff der Con=sequenz ihres Princips lange noch nicht Genüge thut ; daß viel=mehr dieses die vollständige Tilgung jedes Begriffes einer „Kraft" verlangt, womit denn freilich die ganze materielle Welt völliger Erstarrung des Todes anheimfällt.

---

*) Mit Nachdruck hat soeben auch v. Reichenbach in der gegen Carl Vogt gerichteten kleinen Schrift: „Köhlerglaube und Afterweisheit" Wien 1855 auf diese Unzulänglichkeit der äußern Sinneswahrnehmung hingewiesen. Eine Einwendung, die freilich dem Entdecker des Od um so näher lag, je weniger die genannte Entdeckung den Beifall der meisten Naturforscher bis jetzt finden konnte; wenngleich Herr v. Reichenbach der Forderung eines durch gründliche und allseitige Experimente festzustellenden Beweises, die man an jede wichtige neue Entdeckung mit Recht stellt, gewiß aufs Reich=lichste nachgekommen ist. Wir sind nicht im Stande zu beurtheilen, wie Vieles an den Beobachtungen v. Reichenbachs irrig, wie manche seiner Schlußfolgerungen falsch sein mögen, aber daß man auf die Kritik des von v. Reichenbach so massenhaft gehäuften Beobachtungs=Materiales überhaupt fast nirgends sorgfältig eingegangen ist, ist ein lehrreiches Beispiel mehr des unter den Naturforschern herrschenden apriorischen Dogmatismus.

Aber das materialistische Princip bedingt noch eine andere Consequenz. Wozu denn überhaupt das Denken? wozu der Geist? wozu das Bewußtsein? ja wozu der Mensch? Wenn er bestimmt ist zum „allersinnlichsten Wesen“, wenn die Sinnlichkeit die einzige Wahrheit und Realität ist, die sinnliche Wahrnehmung die einzige und ächte Erkenntnißquelle — was unterscheidet dann noch Thier und Mensch? Das Denken, oder was Euch gleich bedeutend, das Gehirn, oder vielmehr eigentlich nur jener Ueberschuß von Gehirn-Substanz, den der Mensch vor dem Thiere voraus hat! Fürwahr ein zweideutiges Geschenk dieß Euer Denken! Denn was ist es bei Euch anders, als ein „Nothbehelf“ für die sinnliche Wahrnehmung! Und wirklich ist diese letzte, aber richtige Consequenz des materialistischen Grundprincips, wie unser vierter Brief zeigen wird, auch schon gezogen und öffentlich ausgesprochen worden. Euer Princip führt mit Nothwendigkeit auch zu dieser Folgerung. Die Freiheit des Menschen ist Euch eben unerträglich, die intellektuelle wie die moralische; Ihr dürstet nach Nothwendigkeit und der eisernen Schranke des Gesetzes; das Sinnliche allein ist Euch wahr und wirklich, die sinnliche Wahrnehmung die Summa aller Weisheit und aller Erkenntniß. So hebet doch Eure Augen auf und schauet umher: ist nicht Alles, was Ihr da hoch preiset und als den Gipfel aller Weisheit und Seligkeit die Menschen zu glauben überredet, ist dieß nicht Alles leibhaft, wesentlich bereits da vor Euren Augen! Oder wo wäre ein einziges Moment Eures modernen Eudämonismus, das dem Thiere mangelte! Ist es nicht trotz Eures heftigen Strebens Euch selbst zum allersinnlichsten Wesen zu machen, ganz versenkt in die Sinnlichkeit; mit Nothwendigkeit gebunden an ihre Gesetze und gefesselt an die Schranke des Instinkts! Ist nicht sein Stoffwechsel sein Denken selbst, seine Nahrung die völlige Identität und das Band zwischen Natur und Geist, der Egoismus sein Moralprincip — doch nein, es giebt Fälle der Aufopferung, der Mutter etwa für ihr Junges, die uns wehren in diesem Punkte das Princip des Materialismus an ihm vollkommen verwirklicht zu sehen!

Es ist bitter, es ist demüthigend für jeden Menschen, solches aussprechen, solche Fragen erheben zu müssen. Und wahrhaftig, wir schreiben sie in tiefer schmerzlicher Beschämung nieder, da es das peinlichste Geschäft ist, beweisen zu sollen, daß der Mensch kein Thier ist! Aber zwingt nicht der moderne Materialismus, also zu reden und zu fragen? Dürfen seine letzten Consequenzen verschwiegen, muß nicht vielmehr gezeigt werden, wie die Verkehrung der natürlichen Ordnung, jene im Anfange meist in leisen Symptomen beginnende Geistesverwirrung, die das Höhere zum Niederen, den Geist zum blinden Knecht der Materie macht, den Menschen aufs tiefste entwürdigt und auf gleiche Stufe, ja unter die niedere Creatur herabsetzt!

Doch, wenn auch der Satz, daß die sinnliche Wahrnehmung die einzige Erkenntnißquelle sei, in consequenter Entfaltung zur Absurdität führt, ist vielleicht der zweite Satz der Grundweisheit unseres modernen Materialismus, der alles Geistige für eine Thätigkeit und Wirkung der Materie erklärt, um so besser begründet! Offenbar dreht sich diese Behauptung zunächst um die Untersuchung des Verhältnisses von Gehirn und Gedanke. Soll dieselbe im Gegensatz des allgemeinen und übereinstimmenden Zeugnisses aller Zeiten, das zwar die zeitliche Gebundenheit des Denkaktes an das Gehirn, als an sein Organ, aber zugleich die freie Beherrschung dieses Organs durch den Geist angenommen hat, auch nur einen Schein der Wahrheit empfangen, so liegt dem Materialisten vor Allem ob, nachzuweisen, daß zwischen bestimmter Irritation des Gehirnes und bestimmter Erregung eines Gedankens ein mechanisch-gesetzliches Verhältniß stattfinde. Wie steht es nun um diesen Nachweis? Man sucht ihn vergebens, wohin man blickt. Alle Ansätze, ihn zu liefern, führen nicht weiter als zu dem Nachweis, daß das Gehirn Organ des Denkens sei, und daher zwischen beiden, wie zwischen jedem Organ und dem durch dieses sich offenbarenden Höheren ein gewisses Wechselverhältniß statt- finde. Aber wo ist diese Wechselbeziehung als eine mechanisch und nothwendig bestimmte nachgewiesen worden? Die verschie- densten Thatsachen widersprechen dem vielmehr. So stehen z. B. die Wirbelthiere in Bezug auf Hirnentwicklung anerkannt un- gleich höher als die Wirbellosen; wer kann beweisen, daß sie in Hinsicht ihrer Seelenkräfte die letzteren unbedingt überragen? findet nicht vielmehr bei vielen entschieden das umgekehrte Ver- hältniß statt? Oder wenn nicht die Masse, so erklärt vielleicht die Struktur des Gehirnes jenes Verhältniß? Auch dieß hat die Physiologie noch nicht zu zeigen vermocht. Wie kommt es ferner, daß in vielen Fällen auch beim Menschen eine krankhafte Veränderung des Gehirnes, ja selbst ein bedeutender Substanz- verlust der Hirnmasse keinerlei psychische Störung oder Schwä- chung, ja in manchen Fällen, wie behauptet wird, sogar das Gegentheil hervorruft; während umgekehrt eine bloße heftige Erschütterung, oder eine ganz leise, krankhafte Veränderung des Gehirnes Störung, ja den Tod bewirkt? in anderen Fällen, selbst bei langer und heftiger psychischer Störung, gar keine Organveränderung oftmals aufgewiesen werden kann?*) Diese einfachen, oft schon hervorgehobenen Thatsachen hat der Mate- rialismus noch niemals auf eine entfernt genügende Weise mit seiner Doktrin zu vereinbaren gewußt. —

Wäre das Wechselverhältniß zwischen Gehirn und Ge- danken aber wirklich ein mechanisch-gesetzliches, woher käme die

---

*) Vgl. Volkmann, die Physiologie, als Gegnerin der Lehre des Materialismus von der Identität des Leibes und der Seele. Dorpat.

absolute Unerschöpflichkeit der Gedankenbildung im Men=
schen? Aus der sinnlichen Wahrnehmung kann sie um so weniger
stammen, da diese, wie wir oben angedeutet, jederzeit eine
sehr beschränkte Sphäre beschreibt. So fein die Struktur des
Gehirnes sein mag, so reicht sie zur Erklärung jener Thatsache
nicht aus, da das Gehirn als ein räumlich begränztes mate=
rielles Gebilde doch nur eine bestimmte Zahl von Irritations=
möglichkeiten bietet, während die Gedankenmöglichkeit eine
schlechthin unerschöpfliche ist. Ueberdieß müßte, wenn man das
Verhältniß zwischen Denken und Gehirn als ein rein mecha=
nisches faßt und die Gedankenbildung beim Menschen bloß aus
der größeren Quantität und der feineren Struktur der Gehirn=
masse gegenüber dem Gehirn des Thieres hervorgehen läßt,
eigentlich nur der Ueberschuß an Masse und feinerer mechani=
scher Ineinanderbildung, den der Mensch vor dem an Gehirn=
masse ihm nächststehenden Thiere voraus hat, als das eigent=
liche Organ des Denkens betrachtet werden, und die Zahl der
möglichen Gehirn=Irritationen, die Gedanken bildend wirken,
würde dadurch noch eine unendlich geringere. Wem das Denken
nur eine Gehirnmechanik ist, der kann diese Consequenz nicht
abweisen. Ueberdieß antworten uns selbst entschieden sensua=
listisch denkende Physiologen auf die Frage nach der inneren
Organisation des Gehirnes, was sie sei? wie und wodurch
begründet? mit dem offenen Geständniß: „daß die feinere
Struktur des Gehirnes der Physiologie noch eine fast völlige
terra incognita sei!"

Zu all' dem gesellt sich noch ein weiterer Stein des An=
stoßes. Wie steht es mit dem Bewußtsein? oder „daß ich
das stolze Wort ausspreche, mit dem Selbstbewußtsein" des
Menschen? Welches ist sein Verhältniß zum Gedanken? Auch
hier bekennen sensualistisch denkende Physiologen, wie Herr Rud.
Virchow, wenn sie schon die Lösung auch dieses Räthsels im

Sinne der materialistischen Weltanschauung von der Zukunft
hoffen, daß die Physiologie bis jetzt wenigstens hierüber keinerlei
genügenden Aufschluß zu geben im Stande und es wenigstens
verfrüht sei, das Bewußtsein einfach als Hirnakt zu erklären.
Denn die Behauptung der Identität des Bewußtseins und
des Denkens, deren der Materialismus nicht entbehren kann,
ist eben eine aller Erfahrung widerstreitende Hypothese, eine
rein dogmatische Consequenz des einmal aufgestellten materialistischen Princips. Giebt es nicht Zustände, in denen bei
gestörtem Bewußtsein ein scharfsinniges und consequentes Denken
statt findet? und umgekehrt ein Bleiben des Bewußtseins auch
bei Sistirung der Denkthätigkeit? Wie erklärt der Materialist
das Traumleben, in dem die Function der fünf Sinne, welche
allein gedankenerzeugend wirken sollen, doch sistirt ist? Ist der
Traum eine Nerven-Erregung? aber woher die Erregung ohne
Sinnesreiz? Unterscheide ich mich im Selbstbewußtsein nicht
deutlich von der den Gedanken vermittelnden Function des
Gehirnes? Hat alles Denken nicht diese im Selbstbewußtsein sich vollziehende Unterscheidung des Subjekts und Objekts,
das Ich und Du zur Voraussetzung? Wie kann es eine Persönlichkeit geben ohne Selbstbewußtsein? Und was ist der
Mensch ohne dieses? Ein Physiologe*) antwortet neuestens
darauf: „Die Seele ist den Materialisten eben lediglich ein
Collektivname von Nervenprocessen, also nicht viel mehr als
ein Kehrichthaufen, der ebenso auseinanderstäubt, wie er zusam-
mengekehrt worden ist, dem das Band organischer Entwickelung
aus einer realen Einheit mangelt... Weder die Seele, noch
auch die geschmähte Lebenskraft sind Collektivnamen, ja auch
selbst nicht Summen, Resultanten aller einzelnen körperlichen

---

*) Emil Huschke, Schädel, Hirn und Seele des Menschen und der
Thiere, nach Alter, Geschlecht und Race, Jena 1854.

Thätigkeiten, sondern eben jenes schaffende Princip, jene reale
Kraft des Ganzen, die sie zusammenhält, wie es sie erzeugt
hat... Aus Nervenströmung wird weder Gedanke noch Empfindung erklärt und ebensowenig erzeugt." So entrüstet die
Materialisten sich darauf geberden, es muß immer wiederholt
werden, daß der Mensch in ihren Händen zu einer rein mechanisch zusammengesetzten Gliederpuppe herabsinkt. Nur das Einzelne ist ihnen noch wirklich: Gehirn, Muskeln, Nerven,
Knochen u. s. w., — das alle Theile verbindende und ihre
harmonische Ausgleichung vollziehende Lebensprincip, der ganze
Mensch, die Persönlichkeit als solche, die unter dem Wechsel
der Gedanken und Empfindungen ihre Einheit und Stetigkeit
bewahrt, gilt ihnen für nichts weiter, als eine leere, hohle
Abstraktion. So ist denn zuletzt selbst ihre vielgerühmte Anthropologie, welche nach Feuerbach Anfang und Ende aller Wissenschaft ist, nichts anderes als ein reiner Sektionsbericht.
Es ist nicht einzusehen, wie auf dieser Grundlage der Versuch
einer künstlichen Erzeugung des Bewußtseins abgewiesen
werden kann, um so mehr, da man ja offen sich mit der Hoffnung schmeichelt, Eiweiß, Stärke, die „organische Zelle" noch
auf dem Wege des Experiments erzeugen zu können. Dann
wird der homunculus bald fertig sein, und Herr Vogt auch
jenes „Häkchen" noch finden, das die Ermangelung eines
göttlichen Lebensodems der Maschine auf die Beine hilft und
sie wenigstens auf Menschendauer zu einem perpetuum mobile
macht.

Auch die Psychologie des Materialismus legt einer
solch' süßen, menschlicher Autonomie schmeichelnden Hoffnung
um so weniger eine Schwierigkeit in den Weg, da sie eine
bis zur völligen Nullität abgemagerte ist. Sie ist für den
Materialisten eigentlich völlig und gründlich abgethan. Von
einer Mannigfaltigkeit geistiger und seelischer Funktionen, deren

lebensvolles harmonisches Spiel die Offenbarung des über allen
thronenden und sie zur Einheit bewußter Persönlichkeit verbin=
denden Geistes ist, ist keinerlei Rede mehr. Ja, vergeblich
wird man in den Schriften der Sensualisten auch nur nach
dem Worte: ‚Geist‘ noch suchen. Eine vollständige pneuma=
tische Hydrophobie hat sie befallen. Der „Denkakt“, der for=
male Verstand allein in seiner abgeblaßtesten Gestalt ist die
einzige geistige Funktion, die noch Gnade findet in den Augen
dieser neuesten, wahrhaft rudimentären Psychologie. Und auch
dieß Ueberbleibsel ist nur ein scheinbares, denn der „Denkakt“
ist ja lediglich „Gehirnakt“. So ist denn rein nichts mehr
übrig, was noch einen Stoff zu einer psychologischen Betrach=
tung böte, und die Psychologie völlig aufgegangen in der Phy=
siologie. Die Consequenzen dieses Processes liegen nahe. Re=
ligion, Staat, Kunst, Wissenschaft, die Träger der gesammten
Cultur, die mit der Freiheit und Selbständigkeit des menschlichen
Geistes stehen und fallen, haben unter ihren Füßen Grund und
Boden verloren; nur von der Gnade der neuesten Naturfor=
schung fristen sie noch insgesammt ein freilich völlig hohles und
eitles Scheinleben. Aber die Naturforschung ist ja selbst Wis=
senschaft, darum wird auch sie durch die Consequenz des mate=
rialistischen Princips widerlegt, da kein freies, wissenschaftliches
Erkennen möglich ist. Was bleibt? der völligste Nihilismus
und der letzte Triumph des Materialismus ist die Apotheose
absoluter Unwissenheit und Barbarei!

Dritter Brief.

„Diese Naturforscher, indem sie vorgeben, nur
eine science exacte zu pflegen, überlassen sich doch
den seltsamsten Einbildungen, nämlich den atomistischen oder mechanischen."

Baader.

Daß unser moderner Materialismus in einem entschiedenen und bewußten Gegensatze nicht nur zur christlichen, sondern
überhaupt zu jeder noch irgendwie religiösen Weltanschauung
stehe, ist eine Thatsache, aus welcher die hervorragenden Vertreter desselben längst kein Hehl mehr machen. Damit ist ein
Verhältniß des Gegensatzes zu der Gesammt-Grundlage unseres
modernen Culturlebens eingetreten, das wenigstens den Vortheil hat, klar und deutlich zu sein und die Entscheidung für
den Einzelnen zu erleichtern. Aber kein derartiger Gegensatz
tritt unvermittelt, als ein deus ex machina in die Geschichte
des geistigen Lebens; er bedarf vielmehr nothwendig mannig-
facher Uebergänge und einer kürzeren oder längeren Reihe
von Vermittlungen.

Wir gehen auch auf diese, und zwar etwas näher ein,
da es gerade im Wesen dieser vermittelnden und den Uebergang bildenden Richtungen liegt, den Gegensatz minder hervor-
treten zu lassen und durch ein eingehenderes, wissenschaftliches
Detail und eine maaßvollere Haltung nicht nur die Schwäche
des Princips zu bedecken, sondern auch dem erhobenen Anspruch auf die Richtigkeit, ja Unumstößlichkeit ihrer wissen-

schaftlichen Darlegungen in weiten Kreisen beifällige Anerken=
nung zu verschaffen. Beim entschiedenen und consequenten Ma=
terialismus enthält denn doch noch für Viele die Darlegung
seiner Principien und Gedanken selbst schon zugleich eine Kritik
derselben.

Indem wir aber zu jenen wissenschaftlichen Richtungen,
die mehr oder minder dem Sensualismus zuneigen, übergehen,
drängt es uns vor Allem zu einer Vorbemerkung. Alle wissen=
schaftliche Bewegung bedarf der Freiheit, denn die Wahrheit
läßt sich wesentlich nur auf dem Wege freier, in sich selbst ge=
wisser Ueberzeugung gewinnen. Sie ist zwar seit Beginn die=
ses Weltlaufes in verschiedenerlei Offenbarungs=Stadien auch
als Macht göttlicher Autorität jederzeit vorhanden; sie nöthigt
aber als solche den Menschen nicht, sie anzuerkennen, sondern
will, daß er in freier Unterwerfung seines Willens lerne sich
vor ihr zu beugen und ihre Gaben und Segnungen zu em=
pfangen. In diesem göttlichen Gesetz der Weltordnung liegt
im letzten Grunde die Berechtigung aller freien Forschung.
Zwar kann es Fälle geben, in denen die Machthaber der
staatlichen und socialen Ordnungen zur Wahrung des Grund=
bestandes derselben eine gewisse Beschränkung jener Freiheit für
nöthig erachten, aber es ist nicht nur gerathen, sondern Pflicht,
solche Sperrung auf das nöthigste Maaß und auf die Fälle
eines unverhüllten, entschiedenen und wirklich grundstürzenden
Widerspruches zu beschränken. Trägt Gott, so müssen wenig=
stens Christen schließen, seit Jahrtausenden die Welt in Ge=
duld und unbegreiflicher Langmuth, ja duldet Er unter den
Menschenkindern einen in stets neuen Phasen und Verkörpe=
rungen gegen Ihn und Seine ewige Autorität geführten Em=
pörungskampf, so gilt es, auch in der Entwicklung der Mensch=
heitsgeschichte dem Widerspruch gegen die göttliche, wie mensch=
liche Autorität eine gewisse Freiheit und bestimmten offenen

Spielraum zu lassen. Die Kirche wenigstens, die es wesentlich mit himmlischen und überirdischen Gütern zu thun hat,
kann ja auch warten, ihr Reich ist nicht von dieser Welt,
so oft auch ihre Glieder gegen diese Wahrheit sündigen mögen; sie ist sich des endlichen Sieges der Macht der göttlichen
Wahrheit und der gewissen Verwirklichung der göttlichen Heils-
und Reichs-Gedanken auch in den tiefsten Abfallszeiten unver-
brüchlich bewußt. Ihre Waffe ist das Zeugniß der Wahrheit; zu diesem und um ihretwillen bedarf sie des Armes der
weltlichen Macht nicht und soll seiner für sich nicht begehren.
Wenn auch die gegenwärtige, historisch überkommene Lage hiemit noch nicht völlig übereinstimmt, so ist jenes Verhältniß
doch das normale für diese Weltzeit, und wird, wie es in den
Anfangszeiten des Christenthums der Fall gewesen ist, auch
unter den Abfallzeiten des Endes wiederkehren. Wenn nun
diese, hier zunächst vom Standpunkte des Christenthums aus
geforderte Freiheit der wissenschaftlichen Forschung in dieser
Weise der Argumentation auch nicht gerade nach dem Geschmack
unserer Gegner sein kann, so hoffen wir doch, daß sie die Thesis
selbst vorurtheilsfrei auch aus unserem Munde acceptiren werden.

Das ist das Eine, was hier vorauszuschicken ist zur Abwehr jedes Mißverstandes. Das Zweite ist eine mehr scien-
tifische Erwägung. Es ist eine der ältesten und verführerisch-
sten Behauptungen, die abstrakte und nackte Verstandes-
Consequenz als ein Attribut der Wahrheit zu betrachten.
Ja, wenn der Mensch seinem geistigen Bestande nach nichts
wäre, als pure gläserne Verstandes- oder Denk-Kraft (und
die neueste Physiologie und Psychologie degradirt ihn allerdings, wie wir gesehen haben, hiezu), so müßte auch die rein
formale dialektische Consequenz als die höchste Geistesfunktion
betrachtet werden. Aber welche nihilistische Entleerung des
wahren menschlichen Wesens in seinen wunderbaren Tiefen,

welche Entgeistung bis herab zur Leugnung der Persönlichkeit
ist auch nöthig, um jene Anschauung vom Menschen zu ge=
winnen. Gegen solche Entleerung protestirt aber die constante
Erfahrung von Jahrtausenden. Sie zeigt vielmehr an der
Hand einer tieferen und exakteren Erforschung des menschlichen
Wesens auf eine unwidersprechliche Weise, daß, wie zwei Pole,
der ethische und intellektuelle, in jeder menschlichen Persönlich=
keit befaßt liegen, so auch die geistige Höhe eines Menschen
nicht in einer einseitigen und rücksichtslosen, formalen Verstan=
des=Consequenz liegen kann. Im Gegentheil, das Maaß der
harmonischen Verknüpfung und der dadurch bedingten wechsel=
seitigen Steigerung jenes Doppelpoles ist das Maaß wie des
Charakters, so der geistigen Begabung eines Individuums.
Nicht der ist der Gescheuteste von zwei Menschen, der ein Paar
flache, einseitig verständige Kategorieen im Kopf tragend, mit
schnell fertigem Urtheil Alles nach der Schablone seines dürf=
tigen Gedankenkreises mißt, sondern offenbar Derjenige, der
eines tieferen und eingehenden Denkens fähig, auch Erschei=
nungen, die dem Ersten kahle und bestimmte Gegensätze dünken,
noch unter sich zu verbinden und in ein geistiges Wechselver=
hältniß zu bringen vermag. Jenem ist diese oder jene Er=
scheinung schlechthin ein dunkler und verwirrter Punkt, bei dem
er nichts mehr zu unterscheiden und darum auch sich nichts
mehr zu denken vermag, weßhalb er seinen eigenen Geistes=
mangel dem Objekte in die Schuhe schiebend, das Objekt selbst
zuletzt als Thorheit und Unsinn proklamiren wird. Der An=
dere dagegen sieht auch, wo dem Ersten schon der Verstand
ausgegangen ist, noch Licht und vermag noch theilend und
scheidend zu erkennen und das so Erkannte zu combiniren und
harmonisch zu verknüpfen. Es kann kein Zweifel sein, daß
die Geisteskraft des Letzten ungleich weiter reicht, als die des
Ersten, wogegen dieser freilich durch den Vorwurf der Be=

schränktheit und etwa auch der Inconsequenz sich wird zu
rächen suchen.

Die hier angedeutete Erwägung ist namentlich für die
Gegenwart, die so durch und durch von einer einseitigen Verstandes-Cultur beherrscht wird, bedeutungsvoll, und wir werden
vielleicht später noch einmal an dieselbe anzuknüpfen Gelegenheit finden. Hier fügen wir nur noch bei, daß jene Betrachtung zugleich beweist, daß Vieles gegenüber einem einseitig
formalen Denken als Inconsequenz erscheinen kann, was trotz
dieses Scheines der Wahrheit noch viel näher zu stehen
vermag, als die Resultate einer rein äußerlich dialektischen
Consequenz. Der Mensch ist eben keine Rechenmaschine, und
nur für die mathematische Thätigkeit ist strikte, formelle Consequenz das Grunderforderniß. Für das Gebiet des Geistes
und der lebendigen Wirklichkeit aber, in dem die Freiheit und
nicht die Nothwendigkeit herrscht, und darum eine ewig unerschöpfliche Fülle von Combinationen, die sich auf keinerlei starre
Formel bringen lassen, bedarf es auch einer proportionellen
Beurtheilung, deren Richtigkeit, wie Tiefe und Wahrheit sich
nach dem Maaße der harmonischen Verknüpfung des Gegensätzlichen bestimmt.

Es giebt darum oft sehr glückliche Inconsequenzen. Wenn
z. B. ein heutiger Naturforscher, dessen Denken eine einseitig
formale und abstrakte Richtung verfolgt, und in Rücksicht auf
die Erkenntniß-Principien mit denen Feuerbach's und Vogt's
im Wesentlichen übereinstimmt, sich durch irgendwelche noch
vorhandene Irritation des ethischen Gegenpols veranlaßt sieht,
die Vogt'schen Consequenzen abzuweisen, so mag dieß zwar,
formell betrachtet, eine Inconsequenz sein, aber eine sehr glückliche, da er Inconsequente in diesem Falle der substantiellen
Wahrheit noch entschieden näher steht, als der bis zur Sinn-
losigkeit Consequente. Sollten wir nun im Weiteren auf

etliche solche Inconsequenzen stoßen, so sei es hiemit frei und
deutlich herausgesagt, daß wir dieselben ernstlich respektiren,
und sie nicht nur als Zeugnisse einer noch vorhandenen sitt=
lichen Energie, sondern zugleich einer höheren geistigen Kraft,
als die jener consequenten Ultras auffassen müssen. Sowie
es wohl kaum ausdrücklich bemerkt zu werden braucht, daß,
wenn wir nach dieser und jener Seite hin einen kritischen Bei=
trag zur Bestreitung bestimmter principieller Grundanschauungen
zu geben versuchen, wir die geistige Begabung, den Fleiß und
Eifer der Forschung sammt allen speciellen wissenschaftlichen
Fach=Verdiensten des Gegners auf's bereitwilligste anerkennen.
Selbst gegenüber einem Feuerbach und Moleschott wird ja
jeder Unbefangene jene wie diese auch bei der entschiedensten
Verwerfung der leitenden Grundgedanken willig in gebühren=
dem Maaße zugestehen.

Wenn es sich nun um eine kurze Charakteristik jener na=
turwissenschaftlichen Richtung handelt, deren Wesen sich wohl
als das des Ueberganges zum reinen Materialismus charak=
terisiren läßt, so liegt es uns nahe, als Repräsentanten der=
selben hier Herrn Rudolf Virchow zu wählen. Denn ein=
mal zählt der genannte Gelehrte zu den begabtesten und an=
gesehensten Vertretern der bezeichneten Richtung, zum andern
ist durch die eben Rumor machende Schrift Vogts diese Wahl
noch besonders nahe gelegt. Denn den Lesern der letzteren
wird nicht entgangen sein, daß Herr Vogt bei Erörterung der
Frage nach der Existenz einer individuellen Seele sich wieder=
holt so zu sagen unter die Arme der Virchow'schen Dialektik
flüchtet. Ueberdieß hat der Letztere in zwei Abhandlungen
(„Die Einheitsbestrebungen in der wissenschaftlichen Medicin,
Berlin 1849“, und neuerlichst: „Empirie und Transcendenz“
in dem Archiv für pathologische Anatomie u. s. w. 7. Bd.
1854) die Grundgedanken dieser Seite der heutigen Natur=

forschung in der Richtung jener allgemein wissenschaftlichen
Fragen, die hier allein in Betracht kommen können, so deut=
lich ausgesprochen!, daß schon dieser Umstand allein die Wahl
jenes Repräsentanten nahe legen müßte.

In der erstgenannten Schrift spricht sich Herr Virchow über
die Stellung der Wissenschaft zum Glauben zunächst folgender=
maßen aus: „Ueber den Glauben läßt sich nicht wissenschaft=
lich rechten, denn die Wissenschaft und der Glaube schließen
sich aus. Nicht so, daß der eine die andere unmöglich machte
oder umgekehrt, sondern so, daß, soweit die Wissenschaft reicht,
kein Glaube existirt und der Glaube erst da anfangen darf,
wo die Wissenschaft aufhört. Es läßt sich nicht leugnen, daß,
wenn diese Grenze eingehalten wird, der Glaube wirklich reale
Objekte haben kann. Die Aufgabe der Wissenschaft ist es
daher nicht, die Gegenstände des Glaubens anzugreifen, sondern
nur die Grenzen zu stecken, welche die Erkenntniß erreichen kann,
und innerhalb derselben das einheitliche Selbstbewußtsein zu
begründen.“ Wer wird in diesen Worten eine gewisse „maaß=
volle“ Zurückhaltung nicht gerne anerkennen. Das wäre nun,
so wenig Haltbares auch diese „reinliche Scheidung“ zwischen
Wissenschaft und Glauben hat, ganz gut, wenn nur der Ver=
fasser nicht selbst genöthigt wäre, in der Darlegung seines
wissenschaftlichen Standpunktes die hier gemachte Concession
wieder aufzuheben. Unmittelbar zuvor, nachdem er eines dop=
pelten Weges der Transscendenz gedacht, des Glaubens und
des Anthropomorphismus, bemerkt er: „Nur der Egoismus,
das Dualistische, d. h. das unvollkommene, unwissenschaftliche
Bewußtsein, welches nicht zum Durchbruch gekommen ist, ob=
wohl es vom ‚Baume der Erkenntniß‘ gegessen hat, konnte
das Menschengeschlecht zur Transscendenz treiben.“ Eben
dieser Egoismus, der hier freilich zunächst als ein intellektueller
bestimmt wird, ist also die alleinige Quelle und Triebkraft des

Glaubens; da aber dieser wesentlich mit sittlichen Bestimmungen es zu thun hat, so ist auch diese sittliche Bestimmtheit selbst ein Produkt jenes Egoismus. Diese Folgerung wird noch in bestimmterer Weise nahe gelegt, wenn es heißt: „Der menschliche Stolz hat sich darin gefallen, gegenüber dieser mitgetheilten Erregung eine freiwillige als charakteristische Eigenschaft der menschlichen Species aufzustellen, die Spontaneität des Denkens, den Willen. Allein die Beobachtung sowohl der Naturvölker, als der einzelnen Menschen von den ersten Tagen seiner Geburt an zeigt uns, daß eine primitive Spontaneität nicht besteht." Diese Stelle sagt deutlich, es giebt keine Freiwilligkeit des Denkens, darum auch keine freie Willensbestimmung, denn auch das Denken und Wollen des „durch das distinktive Isoliren hindurchgeschrittenen und zur Einheit des Bewußtseins gekommenen Individuums" ist wesentlich nichts anderes als eine gewisse „Erregung der Gehirn-Apparate durcheinander."

Dem entsprechend leugnet Virchow auch jede Spontaneität im Naturleben überhaupt, wenigstens in gegenwärtiger Zeit. Omnis vita e cellula und Omnis cellula a cellula! ist die Formel dieser Naturbetrachtung. „Das Erregende der Bewegung liegt vor aller Beobachtung"; die Bewegung (des Lebens) selbst ist eine mechanische. „Leben ist nur eine besondere Art der Mechanik und zwar die allercomplicirteste Form derselben." „Die einzelnen Bewegungsakte reduciren sich auf mechanische (physikalisch-chemische) Veränderungen der die organischen Einheiten, die Zellen und ihre Aequivalente constituirenden Elemente." Spricht sich in diesen Sätzen eine auf mechanische Atomistik basirte Naturbetrachtung aus, so finden wir andererseits in den vorausgeschickten Sätzen eine zwar nicht vollkommen deutlich ausgesprochene, aber mit der einfachsten Schlußfolgerung sich ergebende Uebereinstimmung mit dem Moralprincipe Feuerbachs.

Auch was das Erkenntnißprincip betrifft, so ist die Differenz mit dem eben Genannten eine ziemlich geringe. Die Sinneswahrnehmung ist auch bei Virchow die einzige Quelle der Erkenntniß; das Denken ist eine „Erregung der Gehirn= Apparate durch einander, in der Mittheilung der Erregung von den Sinnescentren auf zahlreiche Gruppen von Ganglien= kugeln." Und nehmen wir das Zugeständniß von der Mög= lichkeit eines objektiven Inhalts des Glaubensgebietes hinzu, obwohl dieß Virchow's Construktion des Bewußtseins eigentlich gar nicht gestattet, so kann man höchstens sagen: nach Virchow ist die Sinneswahrnehmung die einzig sichere Erkenntnißquelle. Aber auch bei solcher Fassung tauchen Schwierigkeiten gegen= über der Möglichkeit eines objektiven Glaubensgehaltes auf. Das Denken ist nämlich eine „Erregung der Gehirn=Apparate" u. s. w., bestimmt durch die sinnliche Wahrnehmung. Nun hat das Gebiet des Glaubens es wesentlich mit Uebersinnlichem zu thun, da aber nur das Sinnliche gedankenerregend wirkt, so ist ein Denken des Uebersinnlichen nicht möglich, oder wo es doch versucht wird, kann es nur ein schlechthin sinnloses sein. Das ist nun auch wirklich die ausgesprochene Meinung Feuer= bachs und seiner Schüler. Will nun Virchow sich dieser Con= sequenz entziehen und auch nur die logische Möglichkeit eines objectiven Glaubensgehaltes bewahren, so muß er sein Erkennt= nißprincip einigermaßen wenigstens reformiren, und in Folge deß, indem er immerhin daran festhalten mag, daß (für sein Denken) die sinnliche Wahrnehmung die einzig sichere Erkennt= nißquelle sei, zugeben, daß auch ein religiöses Denken möglich ist, wobei dann freilich die große Errungenschaft der „vorgeschrittenen Wissenschaft: die Einheit des Bewußtseins" im Sensualismus wesentlich modificirt werden müßte. Denn soll der Glaube wirklich reale Objekte haben oder auch nur haben können, so müssen diese wirklichen Realitäten, wie jede

Realität, auch einen Denkstoff in sich tragen und denkend begriffen werden können. Wird dieß geleugnet, so ist jenes
Virchow'sche Zugeständniß eine leere Phrase, und sein Erkenntnißprincip deckt sich mit dem Feuerbach-Vogt'schen vollständig.

Man sollte aber glauben, daß ein so geistig begabter
Forscher im Gebiete der Empirie wenigstens so viel Liberalität
des geistigen Umblickes sich gewahrt habe, um auch einer Erfahrung und Thatsache, die nicht eine unmittelbar betast-
bare ist, noch Realität zuzugestehen. Welche constantere und
allgemeinere Erfahrung giebt es aber, als die, daß z. B. von
den ältesten Zeiten bis auf diese Stunde gewisse allgemeine
religiöse Begriffe in der Menschheit bei aller Verschiedenheit
der Racen und Entwicklungsstufen sich vorfinden, daß es eine
allgemeine Ueberzeugung ist, es sei in jedem Menschen ein
ethischer Gesetzgeber, das Gewissen, vorhanden. Herr Virchow
wird wohl nicht entgegnen wollen, diese constanteste Thatsache
werde eben heutzutage von Vielen geleugnet. Gut, aber weiß
er nicht als Physiologe, der sich viel mit monstrosen Gebilden
beschäftigt hat, daß gerade die Ausnahme die Regel nur mehr
bekräftigt. Zweifelt er im Ernste, daß, wenn in diesem Augenblicke auf Erden abgezählt würde, welche Menschen von der
Realität allgemeiner religiöser Begriffe und des Gewissens noch
wissen, und welche nichts mehr davon wissen wollen, die Zahl
der letzteren trotz aller Feuerbach-Vogt'schen Propaganda immerhin noch eine so kleine Minorität bilden und ein Verhältniß
sich ergeben würde, wie im Gebiete der empirischen Forschung
das der normalen Gebilde zu den monstrosen und anormalen
ist? Wo wäre dann der Kanon von der „constanten Erfahrung"? Oder sollte ein Machtspruch von einem Mangel an
Phosphor in den Gehirnen jene Thatsachen der constantesten
Erfahrung mundtodt machen! Woher aber dann wiederum dieser
Mangel? Warum blieb er unentdeckt bis auf die Gegenwart?

Und wie decken wir ihn fortan? Wirklich mit tüchtigem Essen und Trinken, wie Vogt und Moleschott uns rathen? Aber die Andern aßen und essen ja auch, zum Theil recht tüchtig!

Doch Herr Virchow verzeihe uns, wenn wir hier diese Reihe von Consequenzen spielen ließen. Wir haben ihm gegenüber den einzigen Zweck im Auge, zu zeigen, daß auch seine Construktion des menschlichen Selbstbewußtseins eine wissenschaftlich ungenügende ist, die in ihrer striften Entfaltung in die bedenklichsten Consequenzen führt, ja in einen unlösbaren Widerspruch mit vielen sehr gewichtigen und constanten „Thatsachen der Erfahrung" verwickelt. Sage Herr Virchow nicht: ich habe erklärt, „daß wir es im naturwissenschaftlichen Sinn für unmöglich erachten, die allerdings unleugbare Thatsache des Bewußtseins zu erklären." Denn in derselben Abhandlung sagt er, es sei die Aufgabe der Wissenschaft „das einheitliche Selbstbewußtsein zu begründen." Und anderweitig: „erst die vorgeschrittene Wissenschaft hat die Einheit des Bewußtseins wiederherzustellen vermocht." Ferner: „das wissenschaftliche, zur Einheit gelangte Bewußtsein hat nicht das Bedürfniß des Anthropomorphismus." Ferner: „der Humanismus ist die wissenschaftliche Selbsterkenntniß, hervorgegangen aus der Mannigfaltigkeit der Beziehungen der einzelnen denkenden Menschen zu der immer wechselnden Außenwelt; seine Basis ist die Naturwissenschaft, sein eigentlicher Ausdruck die Anthropologie." Resultirt aus diesen Sätzen nicht evident, daß das wissenschaftliche Denken, d. h. hier so viel als das naturwissenschaftliche Denken wesentlich mit anthropologischen Bestimmungen, und vor Allem also mit der Begründung des einheitlichen Selbstbewußtseins es zu thun hat! Ein naturwissenschaftliches Denken, das dieser Aufgabe sich entschlüge mit der einfachen Formel: „ich weiß nicht!" sänke denn doch bloß zur Stufe eines in Wahrheit gedankenlosen Registrirens der Erscheinungen herab.

Wer löst aber dann jenen Widerspruch? oder wäre jene In=
competenzerklärung nur eine scheinbare, um so mehr, da ja Herr
Virchow in dem oben Mitgetheilten thatsächlich eine Construktion
des Selbstbewußtseins versucht hat! Wir hoffen aber dennoch,
daß es Herrn Vogt nicht gelingen werde, Herrn Virchow von
der Inconsequenz seines gegenwärtigen wissenschaftlichen Stand=
punktes abzuziehen, wenn er an das Geständniß des letzteren,
„er erachte es im naturwissenschaftlichen Sinne unmöglich, die
allerdings unleugbare Thatsache des Bewußtseins zu erklären,“
die süße Lockung knüpft: „Virchow hat damit gewiß nicht sagen
wollen, daß es unmöglich sei, eines Tages mit Bestimmtheit
diejenigen Ganglienzellen nachzuweisen, durch deren Reizung
nicht das Bewußtsein im Allgemeinen, sondern das Bewußt=
sein dieser oder jener speciellen Empfindung erzeugt wird. Eine
solche Schranke hat Virchow gewiß der sinnlichen Erkenntniß
weder setzen wollen, noch können, und es wäre dem Streben
dieses Forschers durchaus unangemessen, wenn er eine solche
setzen wollte.“ Weder diese freundliche Mahnung, noch der
Vorwurf „unpassender Pruderie“ im Munde eines Louis Büchner
wird hoffentlich Herrn Virchow bestimmen, mit solch' zudring=
lichen Freunden fortan Hand in Hand zu gehen. Zu dieser
Erwartung berechtigt schon der Umstand, daß Virchow in
Folge der neuesten Phase seiner Cellular=Atomistik (Archiv für
pathologische Anatomie 1855, 16. Heft) ausspricht: „Aber man
muß doch einmal die naturwissenschaftliche Pruderie aufgeben,
in den Lebensvorgängen durchaus nur ein mechanisches Resultat
der den constituirenden Körpertheilen inhärirenden Molecular=
kräfte zu sehen.“ Er redet hiebei sogar von einer „Lebens=
kraft“, will jedoch ausdrücklich ihren mechanischen Charakter
festhalten, da sie nur der Ausdruck der allgemeinen Erre=
gung der formativen und nutritiven Bewegung sein soll. So
gering diese Zugeständnisse sein mögen, so ist mit denselben

doch die volle Consequenz jener Cellular-Atomistik schon durchbrochen; denn diese erforderte, da „die Zelle die organische,
den Gedanken des Lebens vollständig repräsentirende Einheit,
das untheilbare lebendige Eine ist", die vollkommene Gleichheit
der einzelnen Atome (Zellen) zu behaupten, ihre gleiche Irri-
tabilität und gleiche Begabung. Da dem aber die Erfahrung
widerspricht, so definirt Virchow den lebenden Organismus als
„einen freien Staat gleichberechtigter, wenn auch nicht gleich-
begabter Einzelwesen." Gleichberechtigte, aber nicht gleichbe-
gabte Atome (oder Zellen) sind aber ein Widerspruch, um so
mehr, wenn diesen Zellen „vitale Autonomie" zugeschrieben
wird. Denn wenn eine Zelle minder begabt oder irritabel ist,
als die andere, so müßte kraft des Grundprinzipes des Materialismus, der Organ und Funktion indentificirt, der Grund
hievon in einer verschiedenen Beschaffenheit der Zellen selbst
liegen, und Herr Virchow giebt auch eine Verschiedenheit „der
Affinität ihrer inneren Substanz" und dadurch bedingten verschiedenen Stoffwechsels zu. Fehlt aber so die gleiche funktio-
nelle Begabung, so fehlt auch die gleiche Berechtigung; dann
fällt auch die ganze auf die wesentliche Gleichheit der Zellen
gebaute Atomistik, und mit derselben ihre Wünschelruthe: das
Mikroskop, wenigstens in dem ausschweifenden Gebrauche,
den die neueste Medicin von demselben macht, sammt dem ge-
forderten schlechthin „mikroskopischen Denken". Es ist sonach
zu hoffen, daß selbst jene leisen Zugeständnisse Herrn Virchow,
so sehr er sich verwahrt, noch weiter, ja am Ende selbst zu
einem „spiritus rector" führen dürften.

Wir zeigten oben, daß das Zugeständniß einer auch nur
logischen Möglichkeit realer Glaubens-Objekte zu dem weiteren
Geständniß nöthigt, daß es auch ein religiöses Denken und
Wissen gebe. Eben hier begegnen wir aber einem alten und
immer wieder erneuten dialektischen Kunstgriff. „Die Aufgabe

ter Wissenschaft ist es nicht, sagt Herr Virchow, die Gegenstände des Glaubens anzugreifen, sondern nur die Grenzen zu
stecken, welche die Erkenntniß erreichen kann, und innerhalb
derselben das einheitliche Bewußtsein zu begründen. — Ich
meine, man könnte, fügt er dann bei, auch vom religiösen
Standpunkte damit zufrieden sein. Ich habe ausdrücklich erklärt, daß die Naturforschung nicht im Stande sei, das Räthsel
der Schöpfung zu lösen; ich erkenne gerne an, daß unsere Beobachtungen uns kein entscheidendes Urtheil gestatten über das,
was außer der Beobachtung, außer der Rechnung liegt." —
Wir gestehen, wir wurden bei der ersten Lesung dieser Stelle
etwas an das bekannte Wort: Timeo Danaos et dona feren-
tes erinnert. Herr Vogt hat nun aber gar mit Fingern darauf gedeutet! „Wir sind vollkommen so gutmüthig wie Virchow,
schreibt er, und gestatten Jedem eine unsterbliche Hirnseele anzunehmen". Der Schalk! wie viel Mühe und Ueberwindung
ihm diese ‚Gutmüthigkeit‘ wohl gekostet haben mag! Doch die
Sache ist nicht so ernstlich, wie sie scheint. Herr Virchow hat
unmittelbar zuvor den schärfsten Gegensatz zwischen Wissen und
Glauben aufgestellt. Sie „schließen sich schlechthin aus", es
kann gar keine Verhandlung zwischen ihnen stattfinden, „es
läßt sich nicht rechten" zwischen ihnen. Nun sind natürlich
die materialistisch und sensualistisch denkenden, als die zur
„Einheit des Bewußtseins Vorgedrungenen" die Wissenschaftlichen, die Wissenden, um so mehr, da sie ja überhaupt das
Vermögen, correkt zu denken, wie wir oben gesehen, in allei-
nigem Besitz haben. Die „Gläubigen" dagegen sind dann
selbstverständlich die Unwissenden, deren Denken im letzten
Grunde ein sinnloses ist. Nun freilich, bei solcher Rollenver-
theilung kann es zuletzt selbst Herrn Vogt nicht schwer werden,
einmal sogar den Gutmüthigen zu spielen. Man kann hiebei
Mancherlei den Gläubigen preisgeben, z. B. „den Begriff der

Schöpfung", der eben der sensualistischen Denkweise überhaupt ein Unbegriff ist, und daher gar wohl als Abfall den Theologen und den Gläubigen überhaupt überlassen werden kann.

Aber wenn wir nun auch das gemachte Zugeständniß wirklich arglos acceptiren wollten, würden wir dann nicht zu jener „doppelten Buchhaltung" genöthigt, die Herr Virchow mit Herrn Lotze an Rudolph Wagner tadelt? Und doch sagt Herr Virchow unmittelbar darnach selbst: „die Meisten werden der Begierde nicht widerstehen können, ihre religiöse und naturwissenschaftliche Ueberzeugung in Einklang zu setzen, und es dürfte wohl nicht zweifelhaft sein, daß für einen ernsthaften Geist kaum eine Wahl bleiben kann." Also: entweder doppelte Buchhaltung und dann ethische oder intellektuelle Leichtfertigkeit, oder Einheit der Ueberzeugung, wo dann natürlich nur das Wissen, das zum Glauben oder vielmehr zu jedem religiösen Objekte im Gegensatze steht, und diese ausschließt, den Sieg davontragen kann!

Wir verwahren uns aber überhaupt gegen jenen ganzen Akt einer mehr als zweideutigen Großmuth und Gutmüthigkeit. Weder vom Standpunkte unserer ihrer selbst gewissen religiösen Ueberzeugung, noch von dem allgemeinen Standpunkte eines wissenschaftlich folgerichtigen Denkens können wir mit jenen Zugeständnissen „zufrieden sein". Wir erachten es vielmehr für Pflicht, daß jeder Gelegenheit wahrgenommen werde, um zu zeigen, daß die sensualistische Denkweise auf einem Erkenntnißprincip beruht, welches nichts weniger als wissenschaftlich ist, sondern vielmehr zu einem wissenschaftlichen Obskurantismus führt, indem es, consequent verfolgt, zuletzt Alles einem blinden Determinismus preisgiebt, der als solcher weder für die Welt der Natur, noch des Geistes in ihren tausendfältigen Erscheinungsformen irgend etwas Genügendes zur Erklärung aufzubringen vermag. Denn es ist kein Zweifel, und

wir haben im vorausgehenden Briefe deutlich darauf hingewiesen, daß die vollendete Consequenz des materialistischen
Princips zu einem rohen Know-Nothingismus mit Nothwendigkeit hinführt.

Wohl wissen wir jenen vermittelnden Standpunkt, den
Herr Virchow und so viele andere Sensualisten gegenüber dem
entschiedenen und frivolen Materialismus festhalten, von letzterem zu unterscheiden, und freuen uns aufrichtig, wenn z. B.
Herr Virchow die sittliche Verantwortlichkeit des Menschen,
Herr Burmeister die Begriffe: Freiheit, Sittlichkeit, Tugend,
Recht, Selbstbeherrschung als mit der materialistischen Weltanschauung verträglich behauptet. Aber es handelt sich eben
auf dem Gebiete der Wissenschaft um den Beweis, daß diese
Behauptungen, die dem Herzen des Einzelnen alle Ehre machen, sich mit dem materialistischen Princip wirklich vereinigen
lassen. Es handelt sich darum, wissenschaftlich nachzuweisen,
wie und auf welche Weise dieser gemäßigte Materialismus eine
Selbständigkeit und freie Fortbewegung unseres gesammten
Culturlebens wirklich noch ermöglicht. Wir gestehen, obwohl
wir von Herzen gerne Belehrung annehmen, in großem Zweifel
zu sein, auf welche Weise dieser Doppelbeweis des ethischen
und intellektuellen Charakters jenes gemäßigten Materialismus
geführt werden soll. Begegnen wir doch auch bei Herrn Virchow jener schon im zweiten Briefe gezeichneten, rudimentären
Psychologie, die nur noch dem reinen „Denkakt“, und zwar
auch nur als materiell nothwendig bedingten „Hirnakt“ Realität beimißt, welchem gegenüber Wille, Gemüth, Phantasie,
Gedächtniß — kurzum die ganze Mannigfaltigkeit des Geistes-
und Gemüthslebens im Menschen als selbständige Geistes-
und Seelenthätigkeiten geleugnet werden. Und an dieses Bedenken muß sich sofort das andere reihen, wie auf solcher psychologischen Grundlage eine Anerkennung und freie Fortent-

wicklung des gesammten Culturlebens noch möglich sei? Denn eben auf der Realität jener Mannigfaltigkeit geistiger und seelischer Kräfte, ihrer Selbständigkeit und ihrer Einheit im Geiste beruht ja, wie bisher allgemein geglaubt wurde, die Möglichkeit und Wirklichkeit der wesentlichsten Gebiete des geistigen Lebens und der gesammten menschlichen Cultur: der Religion, der Kunst, der Wissenschaft. Jedermann wird zugeben, daß solche die Grundlagen des ganzen bisherigen Culturbestandes alterirende Behauptungen, wie die Principien des Sensualismus sie enthalten, doch jedenfalls eines sehr gründlichen und entscheidenden Beweises bedürfen. Leider fertigt aber statt dessen Herr Virchow alles, was über die Sphäre der Physiologie und der experimentellen äußeren Sinneswahrnehmung hinausliegt, als „transscendent", mit der zwar bescheidenen, aber nichts desto weniger äußerst bedenklichen Formel: „ich weiß nicht!" ab. Es kann zwar keinem Naturforscher, als solchem, zugemuthet werden, sich über jene Gebiete auszusprechen, oder auch nur ein wissenschaftliches Urtheil über dieselben sich zu bilden; Niemand wird es ihm verdenken, wenn er sich gewissenhaft darauf beschränkt, die Gesetze und Erscheinungen des materiellen Lebens zu beschreiben und zu registriren. Auf diesem Standpunkte hat dann jene Formel den Werth einer bescheidenen und verständigen Suspension des Urtheils in fremden Gebieten. Schickt man aber, wenn auch nur skizzenhaft, einen Entwurf philosophischer Weltanschauung voraus, bläht man den Begriff der Naturwissenschaft so auf, daß daneben keine andere Wissenschaft mehr bestehen kann, ja diese im Princip negirt werden, dann muß jene Suspension des Urtheils nur als eine scheinbare erscheinen, und es ist sehr zu befürchten, daß dieselbe, wenn auch gegen den Willen ihres Urhebers, statt die, wie bei jedem, so auch beim Studium der Natur so nöthige wirkliche Bescheidenheit zu fördern, von Vielen vielmehr zur Folie einer mehr oder minder brutalen, ethischen und intellektuellen „Nichtswisserei" gemacht werde! Und diese Gefahr tritt uns um so lebhafter entgegen, wenn wir selbst bei Herrn Virchow u. A. folgende Begriffsbestimmung lesen: „Die Cultur besteht aber nicht bloß in dem Umfange der sinnlichen Wahrnehmungen, sondern wesentlich in der Energie der Erregung der Gehirnapparate durcheinander, in der Mittheilung der Erregung von den Sinnescentren auf zahlreiche Gruppen von Ganglienkugeln." Wir gestehen offen, mit einigem Schrecken gelesen zu haben, wie der Reichthum geistiger Manifestation des gesammten Culturlebens mit einer solch' mehr als dürftigen, auf's Aeußerste abgemagerten Definition abgefertigt werden soll. Man versuche es einmal, aus diesem physiologisch-psychologischen Kanon ein einziges, vernünftiges Wort, z. B. über die Kunst und ihr Leben zu entwickeln! Zweifelsohne wird der Urheber jener Begriffsbestimmung kraft der ihm geschenkten geistigen Begabung auch über künstlerische Fragen und Gegenstände ein feines und piquantes Urtheil abzugeben vermögen, aber wenn dieß der Fall, dann sicherlich nicht aus jenem Theorem heraus, sondern trotz desselben, auf Grund seiner ganzen geistigen Begabung und zu einem schlagenden Beweis, daß ihm eben doch noch etwas mehr geschenkt ist, als, um mit Vogt zu reden, „das Linsengericht des reinen Verstandes". Die Erfahrung corrigirt eben hundertmal die falsche Theorie; und vor Allem die constanteste von allen, das Dasein einer freien, geistigen Persönlichkeit, widerlegt thatsächlich die schlechte Theorie an ihren eigenen Urhebern und Vertretern.

Jedenfalls ist es bemerkenswerth, daß der moderne Materialismus in seinen verschiedenen Abstufungen mit der wissenschaftlichen Rechtfertigung seiner Principien es bisher gar so leicht genommen hat, gleich als bedürften dieselben als sonnenklare Wahrheiten keines weiteren Beweises. Wenn dieß Verhalten bei Feuerbach und Vogt, wie wir im zweiten Briefe bemerkt haben, bewußt und aus bestimmter Taktik geschieht, so wollen wir solche Motive doch nicht Männern, wie Virchow, Burmeister und Andern beimessen. Bei diesen scheint ein so zu sagen blendender Eindruck, den sie aus ihren fortgesetzten empirischen Beobachtungen von der Macht der Materie als solcher empfangen, die richtige kritische Unterscheidung zwischen dem, was eigentliches Ergebniß ihrer experimentellen Untersuchung ist, und dem, was sie auf Grund derselben — mit Recht oder Unrecht, — über Welt-Anfang, Atome, Seele philosophiren oder vielmehr dogmatisiren, zu trüben, während man doch ein vortrefflicher Naturforscher, und dabei jeder Anlage und jeden Berufs zu philosophischer oder theologischer Forschung bar und ledig sein kann. So wird z. B. gegenwärtig sehr häufig die Behauptung der Ewigkeit der Materie von den Sensualisten als ein Dogma, das keines weiteren Beweises bedarf, hingestellt. Und Herr Burmeister dogmatisirt u. A. neuestens hierüber folgendermaßen: „Die Form ist für jeden Naturkörper nicht bloß die wesentliche Bedingung seiner Existenz, sondern sie ist auch das allein Vergängliche und Zerstörbare an ihm. Hört ein Naturkörper auf zu sein, stirbt eine Pflanze oder ein Thier, so verschwindet nur dieses besondere Individuum, als solches; seine Materie, die Stoffe, aus denen es sich aufgebaut hatte, gehen in die amorphe stoffliche Urform zurück; sie lösen sich auf im Wasser oder in der Luft oder fallen als feste Bestandtheile zu Boden. Denn die Materie stirbt nicht, sie geht nicht unter; sie ist vielmehr unzerstörbar und ewig, sie ist von Anfang an dagewesen, sie ist über alle zeitlichen Begrenzungen hinaus . . . . also kurz: aller scheinbarer Untergang ist nur eine formelle Umänderung, wobei bloß stofflicher Umsatz, keine absolute Neubildung oder Vernichtung von Materie, welche überhaupt

unmöglich ist, stattfindet. Denn es geht nichts auf Erden
verloren, was materiellen Gehalt hat; es ändert nur die Gestalt, unter welcher es früher bestanden, und wird formell ein
Neues."

Abgesehen von dem etwas unklar oder unwillkührlich bestimmten Verhältniß von Form und Materie, setzt diese Behauptung der Ewigkeit der Materie, die Wahrheit der absoluten
Atomistik voraus; diese aber die Existenz unzähliger, schlechthin
absoluter, unendlich kleiner, undurchdringlicher Körperchen im
leeren Raum, die, obwohl innerlich todt und starr, doch von
Ewigkeit einander nach bestimmten Gesetzen anziehen, und durch
diese in sich blinde, sinn- und zwecklose Anziehung Harmonie,
Gesetz, ja Vernunft und Geist produciren. Mit Recht bemerkt man aber gegenüber diesem naturphilosophischen Dogma:
„Schwerlich kann sich in irgend einer andern Annahme zur
Welterklärung, oder doch zur Scheinerklärung ihrer Erscheinungen ein solch massenhaftes Conglomerat von inneren Widersprüchen zusammenhäufen, als in der Lehre des Materialismus,
die von der absoluten Atomistik nicht verschieden ist. Aus dem
Unveränderlichen soll die Veränderung, aus dem Unvergäng-
lichen die Vergänglichkeit, aus der absoluten Ruhe die Bewegung, aus dem Tode das Leben, aus dem Sinnlosen der Sinn,
aus blindwirkenden Ursachen der Zweck, aus dem Verstandlosen der Verstand, aus dem Ungeistigen der Geist entspringen!"*)

Aber über all' diese Schwierigkeiten scheint der moderne
Sensualismus sich mit vornehmer Apodiktik hinwegsetzen zu
dürfen. Andererseits kommt er durch solche Atomistik mit seinem eigenen Princip, das die Unergründlichkeit des

---

*) Franz Hoffmann, Vorrede zum siebenten Bande der sämmtlichen
Werke v. Baaders. —

Wesens der Dinge behauptet, in Widerspruch. Denn ist wirklich Alles, was über die grobsinnliche Erscheinung hinaus- reicht, "transscendent", und als solches der Erkenntniß uner- gründlich, so hört eben alle Weisheit mit dem Sinn und der Erscheinung selbst auf. Dann wird mit unaufhaltbarer Con- sequenz das Denken selbst zu einem "Nothbehelf" der Sinnes- wahrnehmung, und all' die Folgerungen, welche sich (siehe den zweiten und vierten Brief) aus dieser Consequenz ergeben, sind unabwendbar; dann ist alle Wissenschaft und auch die Pseudo- Weisheit des Materialismus selbst sofort am Ende. Denn ist der Materialismus, der sich ja auf die Voraussetzung der Wahrheit der absoluten Atomistik stützt, nicht selbst "transscen- dent"? Kann der Sinn jene absoluten Atome je wahrneh- men? treten sie je als solche in die Erscheinung? Dieß ist noch von keinem Atomistiker behauptet worden. Ja, es wäre leicht nachzuweisen, daß das "sinnliche", oder, wie Herr Vir- chow sagt, das "mikroskopische Denken", selbst, wenn es in sehr unwissenschaftlicher Form und ohne principielle Begründung durch Atomistik auftritt, transscendente Elemente enthält. Und um hier noch im Vorbeigehen einen gegenwärtig sehr weitver- breiteten Irrthum zu berühren, bemerken wir, daß nicht durch den rohen Stoff der Empirie als solchen, das Denken ein lebendiges und wahrhaft substantielles wird. Es könnte ein Naturforscher alle nur jemals denkbaren Möglichkeiten in den Zustands-Veränderungen der materiellen Organe und ihrer Funktionen in der ganzen Welt im Kopfe haben, und dazu die ganze formale Logik, und es doch in seinem Leben zu kei- nem einzigen wahrhaft lebendigen und zeugungsfähigen Ge- danken bringen. Aber heutzutage ist der Wahn weit verbrei- tet, daß schon die tastlich-experimentelle Beschäftigung mit ma- teriellen Stofftheilen die Gedanken des Experimentators per se concret mache, während dieselben doch die dürftigsten

Abstraktionen dabei sein und bleiben können. In Folge dieses Irrthums ist in der Gegenwart die ebenso unwissenschaftliche als weitverbreitete Meinung entstanden, es eigne der Naturwissenschaft, als solcher, eine Evidenz, wie sie kein anderes Gebiet der Wissenschaft und des Lebens besitze. Worüber wir im achten und neunten Briefe uns näher aussprechen werden.

Man sieht aus dem Obigen, wie zahlreich die Widersprüche sind, in welche der Materialismus verwickelt. Eine Widerlegung und Beseitigung aller hier sich ergebenden Schwierigkeiten ist bis jetzt nirgends auch nur annähernd noch durchgeführt worden; und doch sollte dieß, wenn der Materialismus anders auch nur des Scheines einer wissenschaftlichen Begründung sich noch rühmen will, das erste Geschäft der Vertreter der sensualistischen Weltanschauung sein. Namentlich die Vertreter des Ueberganges zum reinen Materialismus, zu denen heute schon eine so große, vielleicht die Ueberzahl der Naturforscher zählt, die aber noch Zugeständnisse machen, und sei es aus ethischen, sei es aus intellektuellen Gründen die volle Consequenz der materialistischen Theoreme Feuerbachs abweisen, mögen wohl erwägen, was sie thun, und entweder eine Revision ihrer Grundgedanken vornehmen, oder aber doch auf die von Vielen schon erhobenen und im Vorstehenden auch von uns kurz skizzirten, kritischen Bedenken einmal eine einläßliche, wissenschaftliche Beantwortung geben. Für den Einzelnen ist es oft ein Glück, manchmal sogar ein Ruhm, die wissenschaftlichen und praktischen Consequenzen seines Princips nicht zu ziehen. Für das Ganze und für die Sache der ewigen Wahrheit aber ist es nöthig, die Gegensätze durchzukämpfen. Je fundamentaler sie sind, desto mehr ist dieß Pflicht. Die Vertreter der christlichen Weltanschauung werden nicht zögern, in diesen Kampf offen und ehrlich einzutreten.

———

Eben im Augenblick der Absendung des Manuscriptes kommt uns die zweite Auflage von Virchows „Einheitsbe= strebungen u. s. w.", in dessen „gesammelten Abhandlungen zur wissenschaftlichen Medicin, Frankfurt 1856" zu. Der Verfasser hat darin gerade die allgemein wissenschaftlichen Grundgedan= ken, welche wir im Vorausgehenden einer Kritik unterstellt haben, mit einer Reihe von Anmerkungen begleitet, welche zum Theil auf den Vogt=Wagner'schen Streithandel unmittelbar Be= zug nehmen, deren Hauptsächliches wir daher, wenn auch nur in gedrängter Kürze, hier noch beizufügen nicht unterlassen wollen. Wenn nun in diesen Nachträgen und Erläuterungen auch kein neues principiell wesentliches Element für die sen= sualistische Grundanschauung des Verfassers sich findet, so sind die Modificationen und näheren Bestimmungen, die er da und dort eintreten läßt, doch geeignet, den (wenn auch im Ganzen untergeordneten) Dissensus des Verfassers gegenüber dem ent= schiedenen Materialismus noch bestimmter an's Licht treten zu lassen. Virchow verwahrt sich entschieden gegen jenen mate= rialistischen Dogmatismus Vogts und Anderer, der „sich für empirisch ausgibt, wo er nur spekulativ ist, und die Grenzen der Naturforschung an Orte aufrichtet, wo diese noch nicht competent ist." Er protestirt entschieden gegen die Meinung, daß der Sensualismus die Zurechnungsfähigkeit und Verant= wortlichkeit des Einzelnen aufhebe, eine Erklärung, die, wenn sie auch der Consequenz des sensualistischen Princips widerspre= chen sollte und neben der ausdrücklichen Erklärung, daß die Annahme des Willens, als einer besonderen geistigen Kraft neben dem Empfinden und Denken, (die „durch die anato= mischen Einrichtungen des Körpers mit Nothwen= digkeit" beschränkte Funktionen sind) überflüssig und unzulässig sei, zwar durchaus widersprechend erscheint, die aber doch Jeder, dem die Barbarei noch nicht für Cultur gilt, mit Freuden ver=

nehmen wird. Herr Virchow erörtert dann in sehr lehrreicher
Weise die Unwissenheit der heutigen Naturforschung über das
Wesen des Bewußtseins, und erklärt, daß daher gegenwärtig
die Annahme einer individuellen Seele durch die Behauptung,
daß das Bewußtsein einfach eine Hirnfunktion sei, noch nicht
widerlegt werden könne, obwohl kein wissenschaftliches Bedürfniß zu jener Annahme einer immateriellen Seele vorliege
und dieselbe auch um so weniger erkläre, da das Gehirn mit
seinen einzelnen Theilen in keinem Falle nur Organ des
Empfindens, Denkens und Wollens sein könne. So lange nicht
eine besondere Seelensubstanz gefunden und deren Wirkungen auf
physikalische Maaße zurückgeführt seien, habe jene Annahme
keinerlei wissenschaftlichen Werth. Die behauptete immaterielle
Seele bekommt also nur dann Werth, wenn erst ihre Materialität nachgewiesen ist! Eine Forderung, die Manchem etwas
seltsam erscheinen dürfte. Jedenfalls ist es zu bedauern, daß
Herr Virchow, so nahe es ihm z. B. bei dem oben Ausgesprochenen liegen müßte, zwar den Vogt'schen Dogmatismus,
nicht aber den eigenen seines sensualistischen Princips erkannt hat.

In Bezug auf die Genesis der religiösen Vorstellungen
spricht sich Herr Virchow, von Feuerbach sich etwas entfernend,
im Sinne der Fries-Schleiden'schen Anschauungen aus, in
welcher Beziehung wir lediglich auf unsern sechsten Brief verweisen.

Wiederholt bedauert Herr Virchow die Streitigkeiten zwischen den religiösen und den naturwissenschaftlichen Dogmatikern,
die „meistens durch die Intoleranz der kirchlichen Partheien
hervorgerufen würden, indem diese das Vorrücken und die
Geltendmachung der Hoheitsrechte der Wissenschaft über ein
ihr zustehendes Gebiet als Angriffe betrachten." Das lautet
in der That sehr maaßvoll, scheint aber zuletzt doch nichts als
jene bedenkliche Gutmüthigkeit, auf die Vogt aufmerksam ge-

macht hat, und die nebenbei ganz zutraulich uns versichert,
daß bei jenem thörichten „starren Festhalten" es sich ja doch
eigentlich „um ganz unwesentliche und nebensächliche Dinge
handle" — nach den Grundsätzen der Feuerbach-Virchow- oder
der Fries-Virchow'schen Dogmatik wenigstens! Bei der endlosen
Perfektibilität des naturwissenschaftlichen Wissens oder „der
Wissenschaft" kann es freilich noch immer einige Zeit dauern,
bis das „Vorrücken" der Wissenschaft auch die letzte Moräne
des religiösen Glaubens durchbricht, und ein eiskaltes, sublimes
Wissen den Schutt der letzten religiösen Vorstellungen in den
verdienten Abgrund ewiger Nacht und Vergessenheit hinabstürzt.
Doch ist dieß immerhin, namentlich bei dem so beschleunigten
Vorrücken „der Wissenschaft" in den letzten zwei Decennien für
uns und Andere ein bedenklicher Trost. Es dürfte hier aber
auch bei Herrn Virchow eine kleine Selbsttäuschung unterlau-
fen, wenn er trotz des nothwendig „unaufhaltsamen Vorrückens"
der Wissenschaft erklärt, daß es nicht die Aufgabe derselben
sein könne, das religiöse Wissen und Glauben „anzugreifen".
Eine Selbsttäuschung, ganz ähnlich jener des verewigten Kai-
sers von Rußland, der, als er im Vollgefühl seiner Schutz-
und „Hoheitsrechte" gewisse Fürstenthümer als Faustpfand in
Besitz nahm, dieß nicht that, um „anzugreifen", sondern lediglich
zum Schutz seiner Rechte und zur kräftigeren Abwehr von allerlei Unbilden. Eine Auffassung, die bekanntlich nicht Alle
theilten, und worüber ein schreckliche und blutiger Kampf entstand, der noch heute wüthet. So gefährlich kann es unter
Umständen werden, über den Begriff des „Angreifens" nicht
völlig im Klaren zu sein!

Man sollte eben nie vergessen, daß in Rücksicht auf die
östlichen Fragen — und bekanntlich ist der Orient die Wiege
des Cultus und der Cultur — es vier Großmächte zur
Zeit noch giebt, und daß der Tag jener Einen und untheilba-

ren Univerſal-Monarchie des Humanismus, in der die Man-
darinen ſenſualiſtiſch predigen, und die Völker materialiſtiſch
leben werden, trotz aller Oelzweige Elihu Burrits augenblick-
lich noch nicht gekommen iſt. Herrn Virchows und vieler
Anderer Erläuterungen über die „Hoheitsrechte“ der Naturwiſſenſchaft, ſammt dem Nachweis, daß das naturwiſſenſchaft-
liche Denken doch eigentlich das philoſophiſche, theologiſche
und juriſtiſche Denken in ſich beſchließe, als in deren höherer
Einheit, ſind aber weſentlich nichts Anderes, als eine wohl
etwas voreilige Weiſſagung jener ſeligen Zeit, da die vier
Fakultäten wieder zu Einer werden — und der auch wir mit
Herrn v. Ringseis warten!

Vierter Brief.

„Die strenge Consequenz bringt in der Philosophie manchmal denselben Nutzen, den sie in Gei-
stesstörungen hat, d. h. sie dient, die Absurdität
eines Princips in seinen nothwendigen Folgen ekla-
tant zu machen."

Baader.

Aller Sensualismus stützt sich, wie wir gesehen, sofern
er überhaupt eine wissenschaftliche Begründung versucht, auf
Atomistik. Dieß ist eine geschichtlich ebenso, wie logisch begründete Thatsache. Jede wissenschaftliche Bestreitung des Sensualismus oder Materialismus muß daher nothwendig auf
eine Widerlegung der Atomenlehre sich stützen, und alle Angriffe zuletzt in diesem Punkte sich concentriren. So lange man,
wie in dem Vogt-Wagner'schen Streit von beiden Seiten die
letzten Grundprincipien umgeht, und in aphoristischer Weise
mit vereinzelten ethischen, physiologischen, psychologischen, geologischen und dergleichen Beweisgründen ficht, wird zwar vielleicht einzelnes Brauchbare hier wie dort zu Tage gefördert,
die Grunddifferenz selbst aber nicht einmal recht in's Licht gestellt, und noch weniger die wissenschaftliche Schwäche des Sensualismus deutlich gezeigt werden. Der Sensualismus und
die ihn begleitende Atomenlehre ist aber, wie wir schon oben
gesehen, alten Datums, daher auch die wissenschaftliche Bekämpfung des letzteren bereits ein sehr großes Material in der
Geschichte der Philosophie einnimmt. So wenig wir nun
ritische Hinweisungen auf die Schwäche der atomistischen Welt-

anschauung umgehen können, so liegt es doch außerhalb des Raumes, wie der Aufgabe dieser populär-wissenschaftlichen Briefe, eine vollständige kritische Widerlegung der Atomenlehre zu versuchen. Wir müssen hiefür auf das von Anderen und speciell hiezu Berufenen bereits Geleistete einfach verweisen.*) Doch kommt uns bei dieser nothwendigen Beschränkung der Umstand zu Statten, daß die Grundgedanken aller Atomistik im Ganzen leicht und einfach zu überschauen sind, und daher auch die Grundgedanken, aus denen ihre eingehendere kritische Widerlegung sich vornämlich erbauen muß, kurz und im Vorübergehen auszusprechen möglich ist. Außer dem schon im vorhergehenden Brief in dieser Beziehung von uns kurz Dargelegten wollen wir an dieser Stelle nur versuchen, eine kurze Selbstkritik des modernen Sensualismus und seiner Atomistik zu geben, indem wir einige der neuesten Versuche, den Materialismus atomistisch zu begründen, einander gegenüberstellen und dabei sehen werden, wie diese Versuche sich selbst widerlegen, und wie die wissenschaftlichen Begründer der modernen Atomistik über die Grundprincipien ihrer atomistischen Welt-Anschauung selbst in Fehde und Widerspruch sich mit einander befinden. Wir heben hiebei nur zwei Punkte, die vor Allem principiell wichtig sind, hervor: nämlich erstens das Erkenntnißprincip des Sensualismus und dann seine atomistische Schöpfungstheorie.

Der neueste Versuch einer wissenschaftlichen Begründung des Sensualismus ist so eben von Heinrich Czolbe in der Schrift: „Neue Darstellung des Sensualismus. Ein Entwurf. Leipzig 1855" gegeben worden. Ausgerüstet mit einer um-

---

*) Vgl. neuestens außer Franz Hoffmann's Vorreden zu Fr. v. Baaders Werken, besonders Fichte, über die neue Atomlehre und ihr Verhältniß zur Philosophie und Naturwissenschaft (Zeitschrift für Philosophie u. s. w. Band 24, 1854).

faffenden Belefenheit, entwickelt Czolbe mit großer Confequenz
und Gedankenschärfe ein Syftem des Senfualismus, das jeden=
falls ein intereffantes und merkwürdiges Geiftesprodukt ift, und
indem es den Materialismus fyftematifch begründen will, zu=
gleich mit großer Energie die Schwächen der bisherigen Ver=
treter des Materialismus aufdeckt und bekämpft. So fagt der
Verfaffer fogleich in der Einleitung: „Was in neuefter Zeit
Feuerbach, Vogt, Molefchott u. A. für Begründung des Ma=
terialismus gethan haben, find nur anregende fragmentarifche
Behauptungen, die bei tieferem Eingehen in die Sache unbe=
friedigt laffen. Da fie die Erklärbarkeit aller Dinge auf rein
natürlichem Wege nur allgemein behaupten, aber nicht einmal
verfucht haben, fie fpecieller nachzuweifen, befinden fie fich im
Grunde noch gänzlich auf dem Boden der von ihnen ange=
feindeten Religion und fpeculativen Philofophie. Sie können
wohl mit Worten, nicht aber mit anfchaulichen und in fich
confequenten Gedanken darüber hinauskommen. Denn wenn
fie z. B. fagen, daß die Materie Subftanz und Urfache aller
Erfcheinungen und Thätigkeiten fei, aber weder einen befriedi=
genden, anfchaulichen Begriff von Materie, noch von der Art
und Weife geben, wie daraus Alles entfteht, fo ift ihr Ma=
terialismus doch wenig mehr als unklare Redensart, ebenfo
dunkel oder unverftändlich, als die überfinnlichen Annahmen ihrer
Gegner. Die Behauptung: nihil est in intellectu, quod non fuerit
in sensu ift für ein tieferes wiffenfchaftliches Bedürfniß eine
ziemlich gleichgültige Phrafe, wenn nicht wenigftens einiger=
maßen fpeciell erwiefen wird, wie die Wahrnehmungen, Vor=
ftellungen, Begriffe, Urtheile, Schlüffe, der Wille u. f. w.
allein durch die Sinne entftehen. Wenn deßhalb Manche
leugnen, daß genau genommen überhaupt ein Atheismus und
dergleichen exiftire, indem diejenigen, die fich für Vertheidiger
deffelben halten, nur andere Worte und Redewendungen für

die religiösen oder speculativen Begriffe brauchen, so dürften
sie nicht ganz Unrecht haben."

Grundprincip des Sensualismus ist nun nach Czolbe:
„bei allem Denken die Annahme übersinnlicher Dinge auszuschließen." Dieß Princip gewinnt er durch folgenden induc-
tiven Schluß: „Da man in allen Fällen, in welchen eine wenn
auch nur in einer gewissen Richtung oder bis zu einer gewissen
Gränze vollständig befriedigende Erkenntniß oder Erklärung
des Zusammenhanges gewisser Dinge gelungen ist, einen anschaulichen sinnlich klaren Begriff, oder ein ebenso beschaffenes
Urtheil darüber besitzt, und das Uebersinnliche oder Unsinnliche
ausgeschlossen hat, so darf man schließen, daß bei allem Nachdenken über die Welt, oder bei der Erklärung der Erscheinungen im Allgemeinen, wenn sie gründlich und vollständig
sein soll, das Uebersinnliche stets und unter allen Umständen
ausgeschlossen werden muß . . . . Strebt man nach klaren Begriffen, so erscheint es als innerer Widerspruch — Uebersinnliches, d. h. Unklares darin aufzunehmen." Es ist gut und
ehrenwerth zugleich, daß Herr Czolbe unmittelbar darnach diese
Begriffsbestimmung, „wie alle solche Begriffsbestimmungen
etwas individuell und willkührlich" nennt. Man könnte hin-
zufügen: widersprechend, da jeder Denkakt als solcher schon,
z. B. die allgemeinste Aussage des Selbstbewußtseins: ich bin
— die Realität eines Sinnlichen und Uebersinnlichen und
die Einheit dieses Dualismus in der Persönlichkeit aussagt.
Wir wollen nicht wiederholen, was in dieser Beziehung oft
genug schon gegen das Princip des Sensualismus gesagt und
auch von uns früher schon angedeutet worden ist.

Nur ein Paar Zwischenfragen erlauben wir uns noch: Sind
Raum und Zeit nicht übersinnliche Begriffe? Vom Raum
wenigstens muß Czolbe selbst ausdrücklich zugestehen, daß er
eine nicht durch sinnliche Wahrnehmung entstehende Vorstellung

sei. Ist ferner die Z a h l eine sinnliche Vorstellung? Das wird
Niemand behaupten wollen. Und beruht nicht auf dieser nicht-
sinnlichen Vorstellung die gesammte mathematische Wissenschaft!
Ja, der strikte Sensualismus muß schon in Folge deß eigentlich
das Copernikanische Weltsystem leugnen, um so mehr, da es ja
bekanntlich der „sinnlichen Wahrnehmung" geradezu widerspricht!

Es genügt uns aber hier das Zugeständniß, daß das
Grundprincip des Materialismus willkührlich und auf einem
Axiome ruht, das sich nicht beweisen läßt, und eben einfach angenommen oder verworfen werden muß. Es ist nicht schwer,
die Unklarheit des nicht-sensualistischen Denkens scheinbar nachzuweisen, wenn man von allem Anfang das Uebersinnliche als
das Unklare axiomatisch angenommen hat. Czolbe gibt auch
ausdrücklich im Weiteren noch zu, daß man das Grundprincip
des Sensualismus „freilich ein Vorurtheil oder eine vorgefaßte
Meinung nennen kann. Aber ohne solch' ein Vorurtheil ist
die Bildung einer Ansicht über den Zusammenhang der Erscheinungen überhaupt unmöglich. Wenn die Naturforscher
glauben, daß sie ohne irgend eine vorgefaßte Meinung aus
ihren sinnlichen Wahrnehmungen Begriffe, Urtheile und Schlüsse
bilden, (anschaulich, „mikroskopisch" denken"), so dürfte dieß
nur auf Selbsttäuschung beruhen." Diese letzte Bemerkung ist
unzweifelhaft richtig, und wir werden später ausführlicher noch
zeigen, wie jede Erkenntnißthätigkeit zunächst auf Glauben, oder
auf einem Axiome beruht. Nur kommt es eben darauf an,
worauf sich dieser Glaube richtet, und welches Axiom man
annimmt; und man kann zu einer wissenschaftlichen Beweisführung verlangen, daß das Axiom so gestellt wird, daß es
eben der vollen ganzen Wirklichkeit entspricht, und nicht von
vornerein das bestimmt verneint, dessen Nicht-Existenz wissenschaftlich bewiesen werden soll. Das sensualistische Princip
kommt aber nicht aus dem Cirkel heraus: Es kann nichts

Uebersinnliches angenommen werden — folglich gibt es nichts Uebersinnliches, und Alles muß natürlich erklärt werden. Auf diese Weise ist es freilich leicht, das „einheitliche Selbstbewußtsein," das „anschauliche Denken" zu begründen. Aber nicht in jener willführlichen, schon die allgemeinste Thatsache des Selbstbewußtseins verletzenden, principiellen Bestimmung, die Czolbe mit allen Materialisten gemein hat, sondern in der Consequenz der Entfaltung jenes sensualistischen Grundprincipes liegt die Stärke und das Interesse, das der Czolbe'sche Versuch uns abnöthigt. Diese Consequenz manifestirt sich sofort in dem Satze: „Das Denken einer Sache ist nur ein Nothbehelf für die unmittelbare sinnliche Wahrnehmung; es wird deßhalb das anschauliche Denken, welches der Wahrnehmung am nächsten steht, auch das beste sein. Indem alle sogenannten dynamischen Erklärungsweisen übersinnlich sind, die mechanischen aber anschaulich, ist die Erkenntniß der Mechanik der Weltordnung das Ziel unseres Denkens." Was jenen ersten Satz betrifft, so drängt sich zur Kritik desselben ein Beispiel auf: Das Thier auf der Weide nimmt das Gras, das es frißt, unzweifelhaft „unmittelbar sinnlich wahr", ja es verschlingt sogar das sinnlich Wahrgenommene und amalgamirt sich dasselbe. Der Naturforscher, der eben vorübergeht, nimmt das Gras auch sinnlich wahr, doch nicht so unmittelbar und vollständig sinnlich, wie das Thier, da nur sein Sehen (wenn er nicht etwa gelernt hat, auch das Gras wachsen zu hören) und nicht sein Schmecken dabei betheiligt ist; er steht sonach an unmittelbarer sinnlicher Wahrnehmung hinter dem Ein- und Viel-Hufer offenbar zurück, und zur Deckung dieses Defektes, als „Nothbehelf", bleibt ihm nur übrig, etwa über Gras und Vieh, über Ernährung und Stoffwechsel denkend zu reflektiren. Wir erlauben uns mit diesem Beispiele keinen Scherz, sondern meinen dasselbe im völligen, im bittersten Ernste. Herr Czolbe, den eine ehrenwerthe und consequente Aufrichtigkeit vor den meisten seiner materialistischen Gesinnungsgenossen auszeichnet, hat mit jenem zur völligen Absurdität führenden Satze vom Denken als Noth= behelf nur eine unvermeidbare Consequenz des reinen Ma= terialismus ausgesprochen. Mag dieser es versuchen, den Czol= be'schen Satz und unser daran geknüpftes Beispiel zu wider= legen! So lange er dabei bleibt, daß das grob Sinnliche das einzig Wirkliche sei, d. h. so lange er Materialismus bleibt, wird er es nimmermehr vermögen; ja, er wird selbst zuletzt nicht mehr bei der Annahme stehen bleiben können, daß der Mensch vom Thiere nicht wesentlich verschieden sei, sondern zu dem Satze weiterschreiten müssen, daß die Weise der thierischen Existenz, weil verschlungen in der puren und völligen Sinn= lichkeit, höher sei, als die Existenzweise des seiner selbst be= wußten Menschen. Hat doch Feuerbach diese Consequenz schon bestimmt eingeleitet, indem er den Menschen durchaus zum „aller= sinnlichsten Wesen" herabsetzen will, eine Ehre, gegen welche aber als Schmälerung eines ihm gebührenden Rechtes das genus bovium, sowie die Herren Materialisten sich nur erst einmal mit ihm auf die Weide begeben werden, nachdrücklich ge= hörnten Protest einlegen dürfte. Mit jenem letzten Schritte würde aber die „Philosophie des großen Haufens" sofort zur Philo= sophie der entfesselten Bestialität sich umgestaltend vollenden.

Seltsam, daß nach dem Satze: les extrêmes se touchent — selbst jene Absurdität vom Denken, als Nothbehelf, im Grunde nichts anderes ist, als die Fratze einer tiefen, von der Bibel klar und bestimmt ausgesprochenen Wahrheit! Diese redet von einem Glauben, das die Bedingung, der Vorläufer und Nothbehelf eines kommenden Schauens sei; und es wundert uns, daß der Sensualismus diese Wahrheit verzerrend und auf den Kopf stellend, sein Erkenntnißprincip noch nicht aus der Bibel begründet hat. Denkt diese doch so durch und durch

realiftisch, daß einer der bedeutendsten christlichen Theologen
vor bald hundert Jahren das große Wort ausgesprochen hat:
„Leiblichkeit ist das Ende aller Wege Gottes." Dieser tief
wahre und ächt biblische Ausspruch klingt sehr materialistisch,
so zwar, daß selbst eine Menge vom Rationalismus oder doch
einem einseitigen Spiritualismus angesteckter Theologen öfters
schon gewaltig davor erschrocken ist. Nur eine Kleinigkeit liegt
inmitten, die unseren Materialisten wehrt, ihn im Sinne ihres
modernen Sensualismus auszubeuten. Der Umstand nämlich,
daß die heil. Schrift und mit ihr die Theologie eine zwar durch
und durch reale, aber höhere, als die gegenwärtige, grobsinn=
liche, wenn schon mit dieser nicht ganz zusammenhanglose, eine
himmlische Natur und Leiblichkeit darunter versteht. Jener Satz
ist sonach recht eigentlich der umgekehrte, d. h. vom Kopf wieder
normal auf die Beine gebrachte Materialismus. Der Irrthum
ist eben allezeit im eminenten Sinne unproduktiv; der Negation
mag es im Zerstören oft abmirabel gelingen, im Bauen bleibt
sie stets impotent; und der radikalste Atheismus bringt es mit
aller Anstrengung nie weiter, als zu einer neuen, wenn auch
grimmigen Fratze der Wahrheit. Uebrigens werden wir, wie
unsere materialistischen Gegner hier schon erkennen mögen, bei
einer etwaigen positiven Darlegung des biblischen Sensua=
lismus uns — wenigstens nach dem Gesetz der Extremenbe=
rührung — vielfältig berühren, vielleicht sogar dann mit einem
oder dem andern uns eher verständigen können, als mit den
Rationalisten und Pantheisten gewöhnlichen Schlages.

Was nun weiter den Czolbe'schen Entwurf angeht, so ist
natürlich auch ihm „das Bewußtsein eine durch den Bau des
Gehirnes bedingte Qualität." Aber auch hier ist Czolbe ebenso
logisch consequent, als aufrichtig. „Man kann, sagt er, bei
dieser Definition des Bewußtseins einwenden, daß sich dasselbe
theils sehr leicht künstlich darstellen, theils auch außerhalb des

thierischen Organismus in der Natur vorfinden würde. Ich
finde keinen Grund es in Abrede zu stellen, daß außerhalb des
thierischen Organismus Thätigkeiten stattfinden können, welche
die Qualität des Bewußtseins haben . . . Diese Vorstellung
von der möglichen Existenz bewußter Thätigkeiten auch außer=
halb des thierischen Organismus dürfte wenigstens kaum so
phantastisch sein, als das was Lotze über die Beseelung der
Pflanzen und der unorganischen Natur, z. B. die Gefühle der
Lust und Unlust in den Atomen bemerkt." Wir stoßen aber
hier auf eine Schwierigkeit, die uns zeigt, wie ungenügend jede
Atomistik zur wissenschaftlichen Erklärung der wirklichen Welt
und ihrer Erscheinungen ist. Da nämlich jede Atomenlehre die
wesentlich gleiche Qualität*) aller (vorgestellten) Atome be=
haupten muß, und alles real Wirkliche ein Product der Atome
ist, wie kommt es zu der tausendfachen Mannigfaltigkeit des
Seienden von den untersten Stufen des anorganischen Lebens
bis hinauf zum Selbstbewußtsein des Menschen? Auch wenn
wir Herrn Czolbe einmal zugeben wollten, daß die Atome ein
latentes Bewußtsein besäßen, so könnte er selbst dieß Zugeständ=
niß nicht annehmen; denn er erklärt das Bewußtsein für ein
„stabiles, unveränderliches, unverrückbares Verhältniß, d. h. für
die in sich selbst zurücklaufende Richtung der physikalischen Thä=
tigkeiten im Gehirne, das überall, wo es besteht, immer ganz
dasselbe bleibt." So zwar, daß er auch bei der Entwicklung
des Kindes eine Entwicklung des Bewußtseins leugnet. Auch
beim Wahnsinnigen bleibt nach ihm das reine Verhältniß des
Bewußtseins ganz dasselbe, nur das Material des Bewußtseins
ist in Unordnung gekommen. Bei dieser Leugnung der Ent=
wicklungs= wie der Störungs=Fähigkeit des Bewußtseins muß

---

*) Wir erinnern an das schon oben gegen die Cellular=Atomistik
Virchow's Gesagte.

das Bewußtsein entweder sein oder nicht sein; es kann sonach
kein latentes (sowenig als ein gestörtes) Bewußtsein geben,
weil es keinen Uebergang von der Latenz (und der Störung)
desselben zum wirklichen (und geordneten) Sein giebt. Aber
wenn wir auch ein latentes Bewußtsein zugeben wollten, wie
kommt es, daß dieses latente Bewußtsein allein in der mensch=
lichen Persönlichkeit real wirksam wird? warum nicht auch in
Gras, Kraut, Steinen und Thieren? Es ist noch nie von der
Atomistik hierauf eine genügende Antwort gegeben worden; sie
kann nur sagen: es ist eben so, die eigenthümliche Art der
Zusammenwürfelung der Atome im menschlichen Organismus
bewirkt es. Was ist aber dann der Grund dieser Zusammen=
würfelung? Darauf mangelt bis jetzt und wird wohl immer=
dar eine genügende Beantwortung mangeln.

Erweist sich so die Atomistik schon gänzlich ungenügend
zu einer Erklärung des Seienden in seiner concreten Wirk=
lichkeit, so tritt diese Impotenz noch deutlicher hervor, wenn
es sich um das Werden, um eine Schöpfungstheorie handelt.
Und hier ist es, wo der Czolbe'sche Entwurf das besondere
Interesse eines neuen und originellen Versuches erweckt.

Wir wollen aber der Uebersicht und Deutlichkeit wegen
die Darstellung der eigenthümlichen Antwort, welche Herr Czolbe
auf die Frage nach dem Gewordensein alles Seienden giebt,
durch einen Blick auf die gewöhnliche Schöpfungstheorie der
Atomistiker einleiten. Bisher bestanden zwei Grundmeinungen,
einmal, daß alles Leben die Folge einer ursprünglich und un=
vordenklich mitgetheilten und dann von selbst sich fortpflan=
zenden Bewegung und Lebenserregung sei. Jene Ur=
erregung aber sei „transscendent," führe uns auf ein Gebiet,
das jeder Erfahrung widerspricht, und entziehe sich daher jeder
weiteren Erklärung. Zu dieser Meinung, die einem von Göthe
bereits treffend persiflirten und auch von den Sensualisten des

18. Jahrhunders noch statuirten Deismus (wenngleich in In=
consequenz mit dem materialistischen Grundprincip) noch einen
gewissen Raum gestattet, dürfte sich heutigen Tages die Mehr=
zahl der entschiedenen, wie der Semi= und Krypto=Materialisten
bekennen. So sagt z. B. Virchow: „So wenig eine Kanonen=
kugel sich durch die Kräfte, die ihr innewohnen, bewegt, und
so wenig die Kraft, mit der sie andere Körper trifft, eine ein=
fache Resultante der Eigenschaften ihrer Substanz ist, so wenig
die Himmelskörper sich durch sich selbst bewegen oder die Kraft
ihrer Bewegung einfach aus ihrer Form und Mischung abge=
leitet werden kann, so wenig sind auch die Lebenserscheinungen
ganz und gar durch die Eigenschaften der die einzelnen Theile
zusammensetzenden Substanz zu erklären." Das Leben ist so=
nach eine ursprünglich mitgetheilte, von Geschlecht zu Geschlecht
sich vererbende und in ihrer Ursprünglichkeit nicht weiter zu
erklärende Bewegung. *)

Neben dieser Ansicht geht seit lange die von einer Selbst=
erregung des Lebens her. Ihre scheinbare naturwissenschaft=
liche Stütze hat diese Anschauung durch die sogenannte generatio
spontanea oder aequivoca (d. h. die Entstehung neuer und
fremder Organismen in anderen ohne irgend welche seruelle
Organe, ohne Keime und Eier), die man bei gewissen nie=
dersten Thierklassen fortwährend bemerken wollte, erhalten.
Vogt, Moleschott und einige Andere halten, obwohl die Annahme
einer irgendwo noch fortdauernden generatio aequivoca fast von

---

*) Es dürfte schwer, ja unmöglich sein, von diesem Standpunkte
aus der Wagner'schen „Theilbarkeit der Seelen" (die wir für ungenügend
halten), d. h. wenigstens der unendlichen Theilbarkeit der ursprünglich
mitgetheilten Lebensbewegung, durch die, wie jeder Organismus, so doch
auch die menschliche Persönlichkeit ihr Leben empfangen muß, zu entgehen!
Und was wäre denn diese durch das ganze Universum zitternde, ursprünglich
mitgetheilte Bewegung anders, als eine „Lebenskraft"!

allen Naturforschern gegenwärtig aufgegeben ist, dennoch an jener Theorie der Selbsterregung noch fest. Czolbe bekämpft diese Meinung entschieden als eine „mysteriöse, zum Mysticismus oder zum Uebersinnlichen führende Hypothese", Virchow erklärt sie treffend geradezu für „Ketzerei oder Teufelswerk", Burmeister *) aber bedauert lebhaft, daß die generatio aequivoca aufgegeben werden müsse. Der Letztere hilft sich nun mit folgendem rein apodiktischen Raisonnement: „Aber in der Urzeit der Organisation war das Alles anders, und darum auch wohl der Hergang ihrer Bildung ein anderer. Wollen wir also nicht zu Wundern und Unbegreiflichkeiten unsere Zuflucht nehmen, so müssen wir die Entstehung der ersten organischen Geschöpfe auf der Erde durch die freie Zeugungskraft der Materie selbst einräumen und die Gründe, warum diese Zeugungskraft jetzt nicht mehr fortdauert, aus allgemeinen Naturgesetzen, denen zufolge nur das Nothwendige, nicht das Ueberflüssige statuirt worden ist, deduciren." Die Schwäche dieses Raisonnements, das, um Wundern und Unbegreiflichkeiten zu entgehen, das absolute Wunder statuirt, ist auf den ersten Blick zu erkennen. Jedenfalls hat dasselbe, da von der freien (bis zum Selbstbewußtsein sich steigernden!) Zeugungskraft der Materie keine Spur mehr zu bemerken ist, nicht die leiseste naturwissenschaftliche Stütze, und lediglich den Werth einer rein subjectiven Hypothese. Ueberdieß wäre, wollten wir das undurchdringliche Wunder dieses wahrhaft kühnen Griffes einmal zugeben, es mit Einem solchen Griffe gar nicht einmal gethan, sondern dasselbe müßte bei jeder großen Umwälzungs-Periode wiederholt worden sein und auch ferner wiederholt werden. Wo ist aber die unsichtbare Hand, die mit wahrhaft taschenspielerischer Virtuosität der Materie heute zuruft: zeuge frei!

---

*) In seinem lehrreichen Werke: „Geschichte der Schöpfung", 5. Aufl.

und morgen ihrer kreisenden Selbstbewegung ein allmächtiges
Halt! zudonnert, um nach Millionen Jahren dasselbe Spiel aufs
Neue zu wiederholen. Gewiß, je näher man diese und andere
gelehrte Meinungen, wie etwa Bernhard Cottas stolze Ver=
sicherung: „die Welt regiert sich selbst nach ewigen Gesetzen"
prüfend abwägt, desto kräftiger wird man gemahnt an das be=
kannte Wort: „was aller Verstand des Verständigen nicht sieht,
das sieht in Einfalt ein kindlich Gemüth!" Ja, simpler Dorf=
knabe, der du dein gelerntes Credo andächtig aufbetest, wie viel
mehr Vernunft und Weisheit entströmt dabei deinen Lippen,
als denen so vieler gelehrten Herren, wenn sie über Schöpfung,
über Entstehen und Werden aller Dinge sinnig träumend reflek=
tiren! Doch Verzeihung solch' unwissenschaftlichem Ausruf! Zur
Buße für denselben versagen wir's uns, wie Herrn Czolbe beim
„Denken als Nothbehelf", so Herrn Burmeister nachzuweisen,
daß seine Schöpfungstheorie der biblischen nahe verwandt, ja
eigentlich nur die umgestülpte, d. h. auf den Kopf gestellte christ=
liche Schöpfungstheorie ist, die auch in dieser etwas embryo=
nalen Lage schließlich nur dienen muß, der Offenbarung neue
Ehre zu geben. Die bei so Vielen heutzutage bis zur Idiosin=
krasie gesteigerte Gottesflucht rächt sich, indem sie den Begriff
eines intelligenten Schöpfers um jeden Preis flieht, in den
willkührlichsten und mysteriösesten Hypothesen. Das mag, das
muß so sein; doch den unmaßgeblichen und bescheidenen Rath
möchten wir uns erlauben, daß alle wissenschaftlichen Materia=
listen im eigenen Interesse sich entschließen möchten, die Selbst=
erregung, wie die freie Zeugungskraft der Materie (die im
Grunde nichts anderes ist, als die Hypothese einer periodisch
wirkenden generatio aequivoca) aufzugeben, und eine primitive,
sich fortpflanzende, zwar spontane, aber in ein undurchdring=
liches Geheimniß gehüllte Lebensmittheilung zu statuiren, oder
aber Herrn Czolbe sich anzuschließen.

Herr Czolbe hat nämlich einen eigenthümlichen Versuch gemacht, dem Dilemma zwischen der Selbsterregung und der mitgetheilten Lebensbewegung durch eine neue Theorie, die sich wenigstens durch Consequenz vortheilhaft auszeichnet, zu entgehen. Wohl alle Naturforscher bekannten sich bisher in Bezug auf die Entwicklungsgeschichte der Schöpfung zur Metamorphose, so daß die Natur eine mehr oder minder stetige Entwicklungsreihe des Geschöpflichen vom Unorganischen durch zahlreiche Entwicklungsphasen bis hinauf zum Organischen und zur Krone der gesammten Schöpfung, zum selbstbewußten Menschen, darstellt. Wir sehen hier ab von einzelnen Verschiedenheiten und den zum Theil sich widersprechenden Versuchen, den Uebergang vom Anorganischen zum Organischen und vom Organischen zum Auftreten des Selbstbewußtseins zu erklären oder auch nicht zu erklären. Alle halten wenigstens den Grundgedanken einer Metamorphose als Entwicklungsgeschichte (gleichviel in wie großen oder kleinen Zeiträumen) fest. Herr Czolbe verwirft nun jede Metamorphose und damit jede Entwicklungsgeschichte. Zwar kann er Angesichts des Werdens und Vergehens der Creaturen eine „sogenannte Metamorphose und den Generationswechsel" nicht leugnen; jedoch ist ihm diese Metamorphose nur eine senkundäre, phänomenologische: „die Form der Arten der Organismen ändert sich stabil, oder in ewiger Wiederkehr." Die ganze Natur ist also nach ihm ewig und zwar in der concreten Form ihrer gegenwärtigen Erscheinung, vom Krystall bis zum Menschen. „Es fehlt nicht nur jeder Erfahrungsgrund dafür, daß Materie und Raum entstanden sind, verändert und zerstört werden können, man kann sich davon auch durchaus keinen Begriff machen." Die Himmelskörper sind nach ihm ewig und nicht etwa aus den Nebelflecken ähnlichen Gasbällen von höchster Temperatur entstanden. Die Erde ist ewig, und alle aus der Beschaffenheit der Erdrinde wahrgenommenen Veränderungen sind nur Produkte derselben Veränderungen, welche gegenwärtig noch stattfinden. Die früheren s. g. Erdrevolutionen sind um nichts intensiver und energischer, als die gegenwärtig noch beobachteten Veränderungen. (Mit Berufung auf Carl Lyells dahin zielenden geologischen und kosmogonischen Versuch.) Auch die Verschiedenheit der Petrefakten läßt sich durch die constanten Veränderungen erklären. Es kann keine Zeit erwiesen werden, in welcher die Erde ohne Organismen war. Von einem ersten Ursprung organischer Formen ist man nicht im Stande sich einen nur irgend anschaulichen Begriff zu machen. Die Annahme einer dauernden Entstehung neuer Organismen führt zur mysteriösen Hypothese der generatio spontanea. „Es ist der Wissenschaft würdiger, als Grund des Mangels heutiger Organismen in den bekannten alten Sedimenten die verhältnißmäßig sehr geringe Ausdehnung unserer geologischen Erfahrungen zu bekennen, als unsere mangelhafte Kenntniß durch eine Annahme zu verdecken, die offenbar zum Mysticismus oder zum Uebersinnlichen führt. Aus der Unannehmbarkeit der Consequenzen darf man auf die Irrthümlichkeit der Prämissen schließen. Von der Erklärung Lyells, daß er die Ewigkeit der Erde übrigens nicht wolle behauptet haben, nimmt Czolbe an, daß sie nicht ernstlich gemeint sei. Daß die Geologie keine Ueberreste von Menschen in den Schichten bisher gefunden, beruht auch nur auf mangelhafter Kenntniß und sehr geringer Ausdehnung geologischer Erfahrungen. Der Mensch ist ebenso wenig stabil, wie die Sprache, die nicht entstanden und keine ‚menschliche Erfindung sein kann. Mit einem Wort: die Welt ist nicht entstanden.“

Wir überlassen es Herrn Czolbe über diese Behauptungen, von denen er selbst zugiebt, daß es à tout prix Behauptungen zu Lieb des sensualistischen Princips sind, sich mit den Astronomen und Geologen, Physiologen und Botanikern auseinander zu setzen. Es wird viele Leute geben, die dieselben absurd und im offenen Widerspruch mit naturwissenschaftlichen Thatsachen finden. Nichtsdestoweniger müssen wir dieser Theorie nicht nur das Prädikat der Kühnheit, sondern der Consequenz zuerkennen. Die consequente Entfaltung des sensualistischen Grundprincips führt wirklich zu dieser Reihe von Behauptungen. Nur auf dem Wege Czolbe's läßt sich der Nebel des Mysticismus gründlich zerstreuen, freilich um einen etwas hohen Preis! Und es bleibt den Materialisten fortan nur die Wahl, entweder Czolbeaner zu werden, oder trotz allen Protestes gegen Mystiker und Mysticismus doch im Princip der Welterklärung Mystiker zu bleiben. Es ist wirklich ein Verdienst Czolbe's dieses Dilemma zum erstenmal recht deutlich aufgezeigt zu haben.

Er hat mit seiner Theorie absoluter Stabilität zugleich auch die richtige Consequenz der modernen Atomistik gezogen. Die Atome selbst haben nach ihm eine ewig dauernde Krystallform, „denn wie sollte sonst bei Annahme einer unregelmäßigen oder abgeplatteten Gestalt der Atome die einfachste Krystallform entstehen können!" Er erkennt auch an, daß die bisher behauptete Untheilbarkeit der Atome unlogisch sei und bleibt daher nur bei deren Ungetheiltheit. Ausdehnung, Begrenzung, Undurchdringlichkeit, verschiedene Größe und Krystallform sind nach ihm die wesentlichen Momente der Atome. Auch die organische Zelle wird einzig und allein durch einen physikalischen Vorgang gebildet. Man kann die Umstände nicht im Mindesten begreiflich machen, bemerkt er gegen Alexander von Humboldt, welche die form- und planlosen Kräfte nöthigen könnten, die Grundstoffe in die Formen der Organismen zusammenzufügen. Daher müssen diese selbst ewig sein. Jede Kosmogonie bedarf eines übersinnlichen Elementes, nämlich zum Mindesten der organischen Ideen oder Plane, der typischen

Kräfte. Auch Lotze hat in seiner Bekämpfung der „Lebenskraft" das sensualistische Princip nur ungenügend und fragmen-
tarisch gelehrt; schon der Begriff: physikalische und chemische
Kräfte ist ein übersinnlicher und muß, wie jede Annahme einer
Kraft noch eliminirt werden. „Unbeirrt von der Sündfluth heutiger Darstellungen der Schöpfungsgeschichte durch wenn auch
sehr verdienstvolle Fachgelehrte, erwarten wir mit Zuversicht
eine Zeit, in welcher die Fragen, ob die mosaische Schöpfungsgeschichte, oder die Kosmogonie der Geologen, ob Neptunismus
oder Vulkanismus? veraltet sein werden; in der die Grundfrage: ob Kosmogonie oder Stabilität der Weltordnung, über
welche sich heute die Meisten ohne tieferes Nachdenken hinwegsetzen, allein Interesse haben wird." — „So lange aber
die Annahme einer Kosmogonie besteht, wird auch die Annahme
einer spotanen Entstehung der Organismen bestehen, resp.
die Naturwissenschaft in einem mystischen Principe befangen
bleiben und den wahren Sensualismus verläugnen."

Es wird Viele geben, welche diese Sätze des Czolbe'schen
Sensualismus absurd finden, Andere werden hervorheben, daß
naturwissenschaftliche Thatsachen viele derselben handgreiflich
widerlegen, wieder Andere werden das Axiom Czolbe's über
die Maßen willkührlich nennen — mögen diese oder jene oder
alle insgesammt Recht haben, die Hauptfrage ist und bleibt:
ist diese Darstellung des Sensualismus eine aus dem Grundprincip desselben richtig und consequent gefolgerte? Diese Frage
aber wird wohl bejaht werden müssen. Dann ist freilich der
Czolbe'sche Entwurf nicht nur die neueste und in ihrer Art
wahrhaft großartige Darstellung des Sensualismus, sondern
zugleich die schärfste Kritik, welche derselbe bisher erfahren hat;
ja eine so herbe Selbstkritik, daß man fast zu der Annahme
versucht wird, der Verfasser habe eine ebenso feine, als großartige Persiflage des modernen Materialismus in seinem Ent-

wurfe beabsichtigt. Doch verwehrt uns andererseits der Ernst und die sittliche Energie, mit, der der Verfasser für den Sensualismus Parthei nimmt, diese Annahme. *) Wie dem sei,

---

*) Herr Czolbe hat in der Schrift: „Entstehung des Selbstbewußtseins. Leipzig 1856" auf diese, wie auf andere Kritiken, die sein „neuer Entwurf des Sensualismus" gefunden, geantwortet. So wenig wir im Stande sind, von den oben der Czolbe'schen Lehre unterstellten Consequenzen etwas zurückzunehmen, so macht doch auch diese Schrift im Gegensatze zu den Schriften der übrigen Materialisten den wohlthuenden Eindruck eines Mannes, dem es mit einem unleugbar sittlichen Ernste um die Wahrheit zu thun ist. Er erkennt offen an, daß es mit der angeblichen Voraussetzungslosigkeit des heutigen Materialismus nichts sei, daß derselbe, so gut wie jede andere Denkungsweise, vielmehr auf einem bestimmten Axiome ruhe, daß die Wahl zwischen der theologischen und spekulativ-philosophischen Denkweise einerseits und der materialistischen andrerseits „auf einer durch verschiedene Lebensführungen bedingten Verschiedenheit der Gemüthsart ruhe, und daher eine Verständigung vielleicht ganz unmöglich sei." Hierin stimmen wir Herrn Dr. Czolbe vollständig bei. Denn auch wir wollten in diesen Briefen zunächst den Nachweis liefern, daß jene behauptete Voraussetzungslosigkeit des Materialismus eine grobe Selbsttäuschung ist. Daß Herr Czolbe hiebei das „unwissenschaftliche Moment" der „durch verschiedene Lebensführungen bedingten Verschiedenheit der Gemüthsart" ausdrücklich als einen wesentlichen, ja wohl entscheidenden Faktor anerkennt, macht seiner Selbstbeobachtung, wie seinem Wahrheitssinne alle Ehre. Unserem weiteren Nachweise, daß die Principien des Materialismus in sich widersprechend sind und in ihren Consequenzen zu Absurditäten führen, konnte Herr Czolbe natürlich nicht beitreten, eben schon wegen jener Grundverschiedenheit unserer obersten Axiome; obwohl ich auch hier anerkennen muß, daß Herr Czolbe die sittlich verderblichen Consequenzen des Materialismus in einer eigenthümlichen, freilich unzureichenden, oder höchstens doch nur subjectiv-wahren Weise zu widerlegen sucht. So wenig Beifall Czolbe's Versuch auch bei seinen materialistischen Gesinnungsgenossen gefunden, so müssen wir doch auch heute nach acht Jahren die Vermuthung aussprechen, daß Czolbe's Anschauungen noch eine Zukunft haben. Dafür spricht die den Principien Czolbe's sich sehr nähernde, seit einem Jahrzehnte in immer allgemeinere Aufnahme kommende Stabilitätstheorie

Herr Czolbe hat jedenfalls der Wissenschaft und der Wahrheit
einen Dienst geleistet, indem er die volle Consequenz des materialistischen Principes mit eben so viel Gelehrsamkeit, als
Gedanken-Energie allseitig entwickelt hat. Wir werden daher
auch seinen Entwurf als das wissenschaftliche Ultimatum des
atomistischen Sensualismus bezeichnen dürfen, denn, wie Keiner
vordem, hat er den ganzen Streit für und gegen den Materialismus auf die Spitze eines entscheidenden Entweder —
Oder gestellt. Er hat auf schlagende Weise gezeigt, daß das
Grundprincip des Sensualismus, alles und jedes Uebersinnliche
aus dem Denken auszuschließen, entweder angenommen oder ent-
schieden verworfen werden muß. Im ersten Falle sind Czolbe's
Consequenzen, im anderen das principielle Zugeständniß eines
Uebersinnlichen, ein mystisches Element unvermeidbar. Er hat
gezeigt, daß alle unsere Materialisten schlechte, inconsequente
Sensualisten sind, die mehr oder minder noch am Mysticismus
laboriren. Wir sind Herrn Czolbe hiefür zum aufrichtigen
Danke verpflichtet, denn eben dieser Nachweis ist auch unser
Ziel und überhaupt recht eigentlich der Hebel eines gründlichen
Angriffes gegen den Materialismus. Müßen unsere Materialisten nur einmal zugeben, daß in ihrem Denken noch Uebersinnliches enthalten ist, daß sie, um irgend etwas wissenschaftlich zu erklären und mit den Thatsachen nicht in Gegensatz zu
kommen, nothwendig die Realität eines Uebersinnlichen irgend
wie anerkennen müssen, daß ohne irgend eine Mystik eine Theorie
der Schöpfung, eine Erklärung des Werdens der Dinge rein
unmöglich ist, so wird auch der weitere Beweis nicht allzuschwer

---

Ch. Lyell's (vergl. die zweite Vorlesung im Anhang), der Beifall, den
August Comte mit seinem „Positivismus" in Frankreich und England gefunden hat u. A. m. Auch der atheistische Empirismus August Comte's
ruht auf der Voraussetzung, daß es eigentliche Endursachen der Welt gar
nicht gebe, und daher alles Gewordene von Ewigkeit sei.

zu führen sein, daß auch das Gewordene, die concrete Wirk=
lichkeit, einer fortdauernden Mystik eines irgendwie Uebersinn=
lichen, wie zu ihrem Bestande, so zu ihrem Verständniß noth=
wendig bedarf. „Denn, sagt Czolbe ganz richtig, giebt man
nur eine einzige übersinnliche Existenz zu, so ist kein hinreichender
Grund, oder so fehlt jede logische Berechtigung, andere zu
leugnen." Damit wäre dann aber die Nichtigkeit der Prätension
eines blos sinnlichen naturwissenschaftlichen Denkens gründlich
blosgelegt, und zugleich der Weg wieder gebahnt, um den soli=
dairen Verband des Physischen und Ethischen, der Natur
und des Geistes allmählig wieder einsehen zu lernen.

So viel ist gewiß, die Czolbe'sche Stabilitäts = Atomistik,
indem sie den Begriff der Geschichte und der Entwicklung über=
haupt vollständig negirt, beraubt sich damit von vorneherein
der Möglichkeit, irgend etwas zu erklären. Der consequente
Sensualismus vollendet sich im Ignorantismus, denn indem
er die Negation alles Denkens und Forschens zum Princip
macht und ausschließlich auf die sinnliche Wahrnehmung als
Erkenntnißquelle sich zurückzieht, hebt er im letzten Grunde alles
Erkennen und alle Wissenschaft auf. Die Behauptung einer
absoluten Stabilität des ganzen Universums ist dann nicht zu
umgehen, sie ist nichts, als die Behauptung absoluter Uner=
klärlichkeit des Universums im Großen, wie Kleinen. Sie muß
diese behaupten, um eine Rechtfertigung ihrer Negation alles
Denkens und Forschens scheinbar zu gewinnen. Damit ist
aber alles geistige Leben auch absolut am Ende. Denn in
der Bewegung liegt ja die Dialektik des Lebens und alles Ge=
wordenen, und indem die Stabilitäts=Theorie jene leugnet,
leugnet sie dieses selber. So die Mystik gründlich fliehend,
hüllt sich ihr zuletzt Alles in ein undurchdringliches, mystisches
Dunkel. Es bleibt ihr nichts übrig, als eine starre todte
Mechanik, ein unbegreifliches Spiel von Phänomenen. Mit

dieser Consequenz entwürdigt aber der Materialismus die
Natur und das materielle Leben, dessen Lobredner er sein will,
selbst am meisten, denn, indem er ihr (wie der Cultur und
Menschheitsgeschichte) die Bewegung des Lebens nimmt, nimmt
er ihr ihre eigentlichste Realität und setzt ihre Erscheinung zu
einem verstandlosen Gaukelspiel herab. Damit ist die Selbstkritik des Materialismus vollendet, und wie der Götzendiener
den Fetisch, den er aus Lehm sich geformt, im Zorne, weil er
nicht hören will, zuletzt selbst wieder zertrümmert, so endet die
heutige götzendienerische Anbetung der Materie und Sinnlichkeit zuletzt in der Negation und Zerstörung der Natur ihres
unerschöpflich, reichen concreten Lebens selber. Der Materialismus ist die Naturphilosophie des in Nacht und Eis begrabenen Polar-Meeres — und auch für dieses hat er, weil seine
Erstarrung keine absolute, nur den Schatten der Wahrheit. Im
Namen der Natur und der Materie, als ihr Anwalt, protestiren wir, wenngleich Theologe gegen den Materialismus.

Wir haben mit diesen Darlegungen nicht nur einen lehrreichen Blick in die volle Consequenz des entschiedenen Sensualismus gewonnen, sondern zugleich ersehen, wie die Anhänger
des Materialismus selber über die Principien ihrer Denkweise in Streit und Hader sind. Wir könnten diesen Beitrag
zur Selbstkritik noch vielfältig vermehren, z. B. näher darauf
eingehen, wie im vollen Gegensatz mit allem bisher Entwickelten es sogar Sensualisten giebt, die die individuelle Unsterblichkeit aus ihrer Atomistik entwickeln wollen.*) Für
den hier vorliegenden Zweck dürfte aber bereits genug gethan

---

*) „Wiedergeburt, oder die Lösung der Unsterblichkeitsfrage auf empi-
rischem Wege nach den bekannten Naturgesetzen. Versucht von M. Droßbach, Olmütz 1849." Dann: „Die individuelle Unsterblichkeit vom mo-
nadistisch-metaphysischen Standpunkte aus betrachtet von M. Droßbach,
Olmütz 1853."

sein. Und wir wollen zum Abschluß der gegebenen Selbstkritik des Materialismus nur auf die Consequenzen des vollendeten Sensualismus im Gebiete der Religion und Politik noch mit einigen Worten hinweisen.

Carl Vogt und seine entschiedenen Gesinnungsgenossen sind bekanntlich radikal in religiösen, wie politischen Dingen; die Semi-Materialisten sind Lobredner des „Humanismus" und einer wohl geordneten Demokratie. Auch hier widerlegt der Stabilitäts-Sensualismus Czolbe's die politischen und religiösen Folgerungen der bisherigen Materialisten, als Inconsequenzen. „Daß irgend eine Regierungsform die absolut beste, d. h. vortheilhafteste oder idealste oder beides zugleich sei, ist entschieden in Abrede zu stellen, da jede ihre eigenthümlichen Vortheile und Nachtheile hat." (Es wird dieß dann unter specieller Hinweisung auf Rußland motivirt.) Ueberhaupt müssen nach dem Princip des Sensualismus eben auch die Culturzustände, namentlich nach der ethischen Seite, stabil sein. „Da nach dem über die moralische Freiheit Gesagten die sittliche Erziehung so ungemein schwieriger ausführbar, als die intellektuelle, so sehr Zufälligkeiten unterworfen ist, ihre allein möglichen wesentlichen Hülfsmittel schon in den ältesten Zeiten bekannt waren und neue Entdeckungen hier nicht zu erwarten sind, so ist die Stabilität der Menschen in dieser Beziehung sehr erklärlich. Niemals wird in ihnen der Grad moralischer Freiheit herrschen, wie er die nothwendige Bedingung des von Einigen erwarteten idealen Zustandes der gesellschaftlichen Freiheit, Gleichheit und Brüderlichkeit wäre." „Gerade der Sensualismus, der überzeugt ist, daß alle Gedanken und Handlungen nicht durch eine uns ursprünglich innewohnende selbständige Kraft entstehen, der es nur als ein dankbar hinzunehmendes Glück betrachtet, wenn durch Erziehung und andere äußere Verhältnisse, zum Theil auch durch eigene vom Willen unab-

hängige körperliche Beschaffenheit das Gute in dem Menschen
Wurzel gefaßt hat, es nicht als persönliches Verdienst desselben
ansieht, gerade der Sensualismus, der in diesem Punkte so
wesentlich mit einem tieferen Christenthum übereinstimmt, bedarf
einer äußeren Kirche, welche das Gute nicht nur einmal lehrt,
sondern fortdauernd daran mahnt, zu guten Werken anleitet,
im Unglück tröstet und unterstützt."

So ist denn schließlich der Materialismus der wahre Con-
servatismus, ja die absolute Stabilität in Kirche und Staat.
Mögen diese von Herrn Czolbe zweifelsohne ernst und aufrichtig gemeinte Consequenz die Herren Vogt und Feuerbach fortan sich zu Gemüthe führen!

Fünfter Brief.

„Es ist reiner Idealismus, Glauben und Empfinden vom Denken absondern wollen ... Es gibt
keine absoluten Geschöpfe und ebenso wenig ein absolutes Wissen."

Hamann.

Jede Zeit hat ihren esprit. Wie im äußeren Cultur-
leben die Mode wechselt, so auch die Form und Gestalt, unter
welcher der spiritus mundi sich jeweilig offenbart. Die Maske
oft wechseln ist für ihn Bedürfniß, ja zur zweiten Natur geworden; denn langweilig zu werden ist für ihn eine tödtliche
Gefahr. Die Welt will unterhalten sein, mitunter auch be-
täubt; sie will Neues, und jedes Lustrum bedarf seiner Stichworte und phrases dominantes. Die Macht der Stichworte
aber ist unermeßlich. Sie ist magisch, zauberhaft. Wie die
Seuche, geheimnißvoll in ihrem Ursprung, heute hier, morgen
dort, überall und nirgends, ansteckend und von der Luft weiter
getragen — so ist das Wesen und die Wirkung des Stich-
wortes. Wer mit dem meisten Takt und feiner Witterung
jede Deklination der von Stichwörtern beherrschten öffentlichen
Meinung fühlt und benützt, ist „der Herr der Situation", bis
er bei neuer, heftiger Deklination als abgenützt zur Seite gedrängt wird von einem Stärkeren, der die Schwankung vor-
ausgefühlt, seine Maaßnahmen rechtzeitig danach eingeleitet
und im entscheidenden Augenblicke mit ethischer rücksichtsloser
Energie sie in Scene gesetzt hat.

Prägt sich die Macht dieses jeweiligen Weltgeistes und seiner besonderen Signatur im Gebiete des öffentlichen politischen Lebens am deutlichsten ab, so lassen sich seine Züge doch in allen Gebieten des Culturlebens jederzeit wiedererkennen. Wie auf jeder Universität jeweilig eine der Fakultäten dominirt, so auch in der großen universitas literarum. Es ist nicht lange, daß die Philosophie an Macht und Einfluß den anderen voranschritt, heute ist sie jählings vom Throne gestoßen, und die Naturwissenschaft zur Herrscherin geworden. Ihre breite Basis hat sie in der Pflege der materiellen Interessen gefunden, und es ist bereits bei Regierten wie Regierenden zum fast unbestreitbaren Glaubenssatz geworden, daß in deren Vervollkommnung Heil und Rettung für Gegenwart und Zukunft liege. Es ist sehr natürlich, daß bei dem Druck dieser Richtung auch die Männer aus anderen Fakultäten theilweise der herrschenden Strömung sich anschließen und ihr dienstbar werden. Das giebt dann Hülfstruppen. So kann z. B. auch die Philosophie zur Hülfswissenschaft des Materialismus sich gestalten und Pantheismus, wie Rationalismus der Naturwissenschaft tributär werden. Die Anziehungskraft einer neuen Loosung ist ja stets eine magisch gewaltige.*) Zwar hat die Mehrzahl der Philosophen jener Strömung Widerstand geleistet und ist in Folge deß zur gerechten Strafe in ziemliche Nähe des verachteten Theologen-Bänkleins geschoben worden. Doch hat eine Anzahl, solche Schmach und unsaubere Gesellschaft scheuend, dem Zeitgeist auch seine Huldigung gebracht, und die Prätensionen des Materialismus mit dem Schilde des Pantheismus zu decken unternommen. Und die Materialisten sind klug; sie verschmähen nicht den Dienst des Helfershelfer, wenn=

---

*) Wie schnell sind z. B. die ursprünglich rationalistischen Freigemeinden beim plumpsten Materialismus angelangt!

gleich Pantheismus und Rationalismus für sie längst über=
wundene Standpunkte sind. So drückt Carl Vogt in der Ein=
leitung zur zweiten Auflage seines „Köhlerglaubens" u. s. w.
Herrn Eduard Zeller freundschaftlich die Hand, und theilt
die Bemerkungen, welche der Letztere in seiner Kritik der Ru=
dolf Wagner'schen Brochuren über das Verhältniß der Natur=
wissenschaft zur Theologie macht, seinen Lesern ausführlich mit.
Schon die Vollständigkeit erfordert, daß wir daher auch hier
der Zeller'schen Auseinandersetzung gedenken. Und Herr Vogt
thut ja auch wirklich wohl daran, die Autorität des Herrn
Zeller zur Hülfe beizurufen. Denn in der That ist die Ab=
handlung, in welcher dieser sich „über Glauben und Wissen"
(Deutsches Museum von Robert Prutz, März 1855) im Ge=
gensatze zu Herrn Rudolf Wagner ausgesprochen hat, das
Beste und dem rationellen sensus communis Einleuchtendste,
was in dieser neuestens in Fluß gerathenen Frage von nega=
tiver Seite bisher vorgebracht worden ist. Herr Zeller, bekannt
als einer der namhaftesten Vertreter der aus der Hegel'schen
Linken hervorgegangenen Tübinger Schule, bewährt darin wieder
jene Schärfe des Urtheils und Klarheit der Darstellung, denen
wir auch sonst in seinen wissenschaftlichen Darlegungen begegnen,
in nicht geringem Maaße, so daß es jedenfalls eines schärferen
kritischen Zusehens oder einer gefestigten christlichen Ueberzeugung
bedarf, um am Ende sich des Eindruckes zu erwehren, daß
der Verfasser denn doch lauter wie Wasser klare Wahrheiten
ausgesprochen habe. Wir fassen zuerst die allgemeinen Dar=
legungen, welche Herr Zeller über das Verhältniß des Wissens
und Glaubens giebt, in's Auge, um sodann noch einige be=
sondere Fragen, welche der Verfasser seinem Thema einverleibt
hat, kritisch zu beleuchten. Zeller sagt:

„Die Untersuchung über Glauben und Wissen schien sich
seit längerer Zeit im Alleinbesitz der Theologen und Philoso=

phen zu befinden, die Naturforscher glaubten sich derselben, wenigstens in Deutschland, entschlagen zu dürfen, da sie sich auf ihrem Gebiete durch Dogmen, die ihnen meist gleichgültig oder unbekannt waren, wenig gehemmt fanden, und da andererseits die Vertheidiger der religiösen Ueberlieferung die Naturwissenschaft in der Regel als einen neutralen Boden betrachteten. . . Die Naturwissenschaft verhält sich aber in keiner Hinsicht anders zum Glauben, sie steht ihm um kein Haar breit näher oder entfernter, als die Wissenschaft überhaupt; eine Zoologie nach biblischen Grundsätzen oder eine lutherische Botanik ist kein größerer Widerspruch, als eine christliche Metaphysik oder eine Weltgeschichte vom katholischen Standpunkte. Das Ziel und Verfahren der Wissenschaft ist auf allen Gebieten das gleiche; ihr höchstes Gesetz ist die Wahrheit und nichts als die Wahrheit, ihre Werkzeuge sind die Beobachtung und die Logik, und sonst nichts, und das ist im historischen und philosophischen Fach nicht anders, als in den übrigen. . . Es giebt kein Fach, für das es seinem besonderen Inhalte nach gleichgültig wäre, wie das Verhältniß der Wissenschaft zum Glauben bestimmt wird. Versteht man unter dem Glauben nicht bloß die religiösen, sondern überhaupt alle diejenigen Ueberzeugungen, welche mehr auf Autorität, Gewohnheit, unbestimmten Eindrücken, gemüthlichem Bedürfniß, als auf klar erkannten Gründen beruhen, so liegt am Tage, wie viele von den wissenschaftlichen Fragen auf allen Gebieten der Glaube in seiner Weise beantwortet, wie hartnäckig dieser Glaube der Wissenschaft ihre Befugniß der obersten Entscheidung bestreitet, und wie bedeutend sein Einfluß auf die Wissenschaft selbst, in älterer und neuerer Zeit gewesen ist. Handelt es sich aber auch nur um den religiösen Glauben, oder genauer um die Glaubenssätze der christlichen Kirche, so ist es doch gleichfalls eine Täuschung, wenn irgend eine Wissenschaft und insbeson-

dere die Naturwissenschaft, meint, der Streit zwischen Glauben
und Wissen gehe sie nichts an. Ist es denn nicht gerade die
Naturwissenschaft, welche im 15. und 16. Jahrhundert zur
Befreiung von der mittelalterlichen Dogmatik einen der bedeu=
tendsten Beiträge geliefert hat, welche auch heute noch einen
Grundpfeiler der modernen, mit dem alten Kirchenglauben in
so vielfachem Widerspruch stehenden Weltanschauung bildet,
welche daher von jedem Versuch, die wissenschaftliche Forschung
jenem Glauben aufs Neue zu unterwerfen, aufs empfindlichste
getroffen wird? Wo bleibt die neuere Sternkunde, wenn die
Bibel Recht hat, die sich den Himmel als feste Bedachung
und die Erde als den Unterbau der Welt vorstellt, über dem
Sonne, Mond und Gestirne, so, wie es unsern Augen er=
scheint, sich bewegen? Was soll aus der Geologie werden,
wenn die Chronologie und Schöpfungsgeschichte der Genesis;
was aus der Zoologie, wenn die Erzählung von der Sündflut
unantastbar feststeht? was aus der Geographie, wenn es wahr
ist, daß die Erde vier Ecken hat, in denen die Völker Gog
und Magog hausen? was aus der ganzen Naturwissenschaft,
wenn die Voraussetzung eines durchgängigen Naturzusammen=
hanges, einer unzerreißbaren Verkettung von Ursachen und
Wirkungen in der Welt falsch ist, wenn ehedem zahllose Wun=
der geschehen sind, und jeden Tag wieder geschehen können,
wenn außer den Wundern der göttlichen Allmacht auch noch
die übernatürlichen Kräfte von Engeln und Teufeln uns um=
geben; wenn wir bei keinem Schritt wissen, ob unsre Schlüsse
von der Wirkung auf die Ursache richtig sind, weil jede Er=
scheinung möglicherweise statt der natürlichen übernatürliche,
von keiner Vernunft aufzuspürende Gründe haben kann? Die
Naturwissenschaften und ihre Vertreter haben gewiß allen An=
laß, sich über ihr Verhältniß zum Glauben in's Klare zu setzen,
und wenn sie sich dieser Aufgabe früher vielleicht mit geringe=

rem Schaden entziehen und unbekümmert um Andere ihren
eigenen Weg gehen konnten, so können sie dieß doch in einer
Zeit nicht mehr, wo die Andern anfangen sich gar sehr um
sie zu bekümmern, und ihnen den Weg, den sie verfolgen
sollen, vorzuschreiben."

„Und daß man nur nicht meine, wie das so Viele in
ihrer Unkenntniß zu meinen scheinen, es handle sich hier nur
um ein Kleines, um unbedeutende Grenzstreitigkeiten, von denen
die Substanz der Sache, der Wissenschaft und des Glaubens
(nicht) berührt werde! Wie unrichtig das hinsichtlich der Naturwissenschaft wäre, ist so eben gezeigt worden. Daß es
aber in Betreff des Glaubens nicht minder falsch ist, wird
Jeder zugeben, der mit dem Zusammenhang der christlichen
Dogmen mehr als nur oberflächlich bekannt ist. Die Religion
selbst freilich, die fromme Gemüthsbeschaffenheit und Gesinnung,
kann bei den verschiedensten Formen der theoretischen Weltan-
sicht bestehen; aber die religiöse Vorstellung, die Dogmatik
(und das versteht man ja bei dieser Verhandlung zunächst
unter dem Glauben), ist bei den Ergebnissen der Naturforschung
auf's tiefste betheiligt. Die mosaische Schöpfungsgeschichte
z. B. ist nicht bloß ein verlorener Posten, den man verlassen
kann, ohne die Hauptwerke des christlichen Systems zu gefähr-
den, sondern mit dieser Erzählung fällt die ganze geschichtliche
Begründung seiner Anthropologie und seiner Heilslehre, die
überlieferten Vorstellungen von der Erbsünde und der Erlösung
müssen verlassen, die ganze Auffassung des Verhältnisses, in
welchem der Mensch zu Gott steht, muß einer durchgreifenden
Umgestaltung unterzogen werden. Das Kopernikanische Weltsystem tritt nicht bloß mit der Erzählung des Buches Josua
in Widerspruch, die von Galilei widerlegt wurde, es fragt sich
vielmehr, wie viel von der geltenden Dogmatik überhaupt noch
mit der jetzigen Ansicht vom Weltgebäude zusammen bestehen

kann. Denn wenn die Erde aus dem Mittelpunkte der Schö=
pfung zu einem verschwindend kleinen Theil derselben, zu
einem Tropfen im Weltenmeer herabgesetzt wird, so läßt sich
nicht annehmen, daß der Herr der Schöpfung auf sie allein
unter den Myriaden von Welten herabkam, um hier als
Mensch zu leben und zu sterben, und wenn das Himmelsge=
bäude über uns in einen unendlichen Luftraum sich verflüchtigt,
so kann weder Gott von den Engeln umgeben im Himmel seinen
Thron haben, noch kann Christus aus dem Himmel herabgekom=
men und leiblich dahin zurückgekehrt sein, um am Ende der Tage
von da wiederzukommen, noch kann es dieser Ort sein, der den
Seligen zu ihrem dereinstigen Aufenthalte bestimmt ist. Wie tief
vollends der Wunderglaube, dieser Antipode der Naturwissen=
schaft, mit allen Wurzeln der überlieferten Dogmatik verflochten
ist, liegt am Tage. Es handelt sich daher hier nicht bloß um
vereinzelte und unwesentliche Bestimmungen, sondern um ganze
in ihrem Grund und Wesen verschiedene Weltanschauungen.“

Wir haben diese allgemeinen Auslassungen Zellers ihrem
ganzen Umfange nach mitgetheilt, weil sie eine gute, summa=
rische Zusammenfassung aller wesentlicheren Gründe, welche
gegen die christliche Weltanschauung von negativer Seite vor=
gebracht zu werden pflegen, enthalten. Uebersieht man diese
Reihe von Sätzen, so ergiebt sich für das Verhältniß des
Glaubens, mit dem wir es hier allein zu thun haben (da die
Apologie des Materials der christlichen Dogmatik uns hier
ferne liegt), etwa Folgendes:

Der Glaube im Allgemeinen ist die Summa derjenigen
Vorstellungen, welche „mehr auf Autorität, Gewohnheit, unbe=
stimmten Eindrücken, gemüthlichem Bedürfniß, als auf klar
erkannten Gründen beruhen.“ Ihm steht gegenüber das Wis=
sen, das zwar nirgends bestimmt definirt wird, das aber, wie
schon aus dem Gegensatze hervorgeht, die Summa aller auf

klar erkannten Gründen ruhenden Vorstellungen wäre. „Das
Ziel des Wissens ist die Wahrheit, seine Werkzeuge sind die
Beobachtung und die Logik." Nun hält Herr Zeller die Ein=
heit des Bewußtseins entschieden fest und vindicirt, jede faule
Halbirung verwerfend, in der Consequenz jenes von ihm auf=
gestellten Gegensatzes dem Wissen, der Wissenschaft in seinem
Sinne alleinige Berechtigung, so daß es also die wesentliche
Aufgabe der Wissenschaft ist, das, was unter dem Namen des
Glaubens von willkührlichen und unwissenschaftlichen, blinden
Vorstellungen sich noch erhalten hat, gründlich aus Kopf und
Herzen der Menschen auszutreiben und durch die Klarheit des
wissenschaftlichen Erkennens zu überwinden. Leider wird diese
anerkennenswerthe Offenheit in der Bestimmung des gegen=
seitigen Verhältnisses dadurch wieder getrübt, daß jene Be=
stimmung des Glaubens und Wissens doch einen Mangel an
wissenschaftlicher Schärfe verräth und zugleich als Voraussetzung
bereits hereinnimmt, was doch wesentlich eben erst bewiesen
werden muß. Sie giebt im Grunde nur eine formelle, eine ne=
gative, nicht eine Wesensbestimmung. Es wird nur gesagt,
mit welchen Werkzeugen nach Zeller Wissen und Glauben operi=
ren, aber keine materiale Unterscheidung gegeben. Der Glaube
ist die Summa von Ueberzeugungen, welche „mehr auf Autori=
tät, Gewohnheit, unbestimmten Eindrücken, gemüthlichem Be=
dürfniß, als auf klar erkannten Gründen beruhen." Was be=
deutet dieses „mehr auf — als auf?" Ist der Uebergang von
diesem Standpunkte des Glaubens zu dem des souveränen Wis=
sens denn doch ein flüssiger? Nach jenem mehr auf — als auf
kann es wohl nicht anders sein. Dann muß es aber auch auf
dem Standpunkte des Zeller'schen Wissens noch irgend einige
Abhängigkeit von „Autorität, Gewohnheit, unbestimmten Ein=
drücken und gemüthlichem Bedürfniß" geben, und jener Gegen=
satz ist doch kein solch' distinkter, wie es Anfangs schien, ja

jene ganze Bestimmung wird unklar und wenig oder nichtssagend. Oder will Herr Zeller auf seine Unterscheidung „der religiösen Vorstellung" und „der Religion selbst, als fromme Gemüthsbeschaffenheit und Gesinnung" sich berufen, obwohl er nirgends sagt, ob und wie die Werkzeuge und Aeußerungen der religiösen Vorstellung und der frommen Gemüthsbeschaffenheit sich unterscheiden, ob jene und diese in einem willführlichen oder nothwendigen Zusammenhange stehen. Nehmen wir aber eine solche Unterscheidung einmal an, dann fragt sich zunächst, ist die Religion selbst als fromme Gemüthsbeschaffenheit etwas Zufälliges oder Nothwendiges? Ist sie etwas Zufälliges, so konnte sie doch wohl nur „durch Autorität, Gewohnheit" u. s. w. gewirkt sein, ihre Aeußerung wäre die religiöse Vorstellung, und jene Unterscheidung widerlegte sich selbst als ein dialektisches Spiel. Oder ist die fromme Gemüthsbeschaffenheit etwas Nothwendiges und Allgemeines, dem Menschen etwa Eingeborenes? Herr Zeller nimmt wohl dieß an, und behauptet später ja ausdrücklich, daß strenge Moral und tiefe Religiosität sich selbst mit Materialismus wohl vertrage. Wie soll aber diese also nothwendig zu postulirende fromme Gemüthsbeschaffenheit sich äußern? Soll sie nicht schlechthin blind und damit ohnmächtig und nichtswirkend sein, so muß sie nothwendig zur „religiösen Vorstellung" weiter führen. Und wirklich bethätigt dieß ja auch die Erfahrung. So haben, um bei den von Zeller gewählten Stoikern stehen zu bleiben, z. B. auch diese ein bestimmtes System religiöser Vorstellungen (Dogmatik) sich gebildet, von dem, wie es scheint, Einiges oder Vieles sich mit dem klar erkannten Wissen Zellers verträgt, Anderes wohl auch nicht, und daher „mehr auf Autorität, Gewohnheit" u. s. w. beruht. Und so wird und muß bei allen jemals dagewesenen Formen der Religion für Herrn Zeller mindestens ein Rest „religiöser Vorstellungen" zu beseitigen sein. Oder

wir können auch sagen: die Geschichte bezeugt in ununterbro=
chener Constanz, daß jede Weise der frommen Gemüthsbeschaf=
fenheit nothwendig ein irgendwie beschaffenes religiöses Denken
erzeugt. Es giebt also ein auf dem Wege des Denkens zu
erfassendes religiöses Wissen; und jede Religion, d. h. Weise
der frommen Gemüthsbeschaffenheit hat mit Nothwendigkeit den
Trieb in sich, sich ihrer selbst bewußt zu werden, sei diese Er=
kenntniß thatsächlich eine klar und allseitig entwickelte oder nicht.
Ja, Zeller gesteht dieß gegenüber der religiösen Vorstellung
des Christenthumes ausdrücklich zu. Es giebt nach ihm „einen
Zusammenhang der christlichen Dogmen", und dieser Zusammen=
hang ist ein so fest gefügter, daß nach ihm die christliche Dog=
matik sogar eine systematische „Weltanschauung" ist, die, von
der seinigen zwar „in Grund und Wesen verschieden", dieser
doch gegenüber steht und mit ihr ringt. Es kann sonach, wenn
das Postulat der frommen Gemüthsbeschaffenheit doch ein noth=
wendiges ist, nur die Aufgabe des Wissens sein, eine dem
jeweiligen Wissensstandpunkt entsprechende Reform der religiö=
sen Vorstellung zu vollziehen, und also sei es mehr oder min=
der auf den Trümmern des alten ein neues religiöses Wissen
zu begründen. Damit ist dann aber nicht nur das Bedürfniß
eines solchen religiösen Wissens überhaupt zugestanden, sondern
zugleich, daß eben, da eine distinkte Grenzlinie zwischen dem
alten oder veralteten religiösen Wissen und dem modernen reli=
giösen Wissen nicht aufgezeigt werden kann, immer religiöses
Wissen religiösem Wissen, Weltanschauung der Weltanschauung
gegenüber steht.

Was folgt aus diesem? 1) daß jene „mehr auf — als
auf" Definition Zellers willkührlich und unklar ist; 2) daß
sich, wenn diese Unklarheit aufgelöst wird, ergiebt, daß die
von Herrn Zeller beliebte Scheidung des Glaubens und Wis=
sens eine lediglich formale und keine materiale ist; 3) daß es

eine willkührliche Behauptung ist, wenn er ohne jeden Beweis seinem Wissen die klare Erkenntniß als immanent, dem Glauben aber die blinde Vorstellung zuschreibt, da eine Entscheidung darüber nur aus der Materie des Gewußten oder Geglaubten selbst gegeben werden kann; 4) daß, sowie man aber das Materiale in's Auge faßt, der Gegensatz nicht mehr der des Wissens und Glaubens, sondern entweder ein Gegensatz des Glaubens und des Glaubens, oder des Wissens und des Wissens wird.

Wir können diese Sätze, für welche wir zugleich auf den achten Brief verweisen, und die geeignet sind, ein ebenso weit verbreitetes, als immer wieder mit der naivsten Selbstzuversicht behauptetes Sophisma aufzudecken, aus Herrn Zeller noch nach einer besondern Seite hin begründen. Die Welt ist nach Zeller ewig. „Auch das Verkehrte, Sinnlose, Thörichte ist ein Theil der Weltordnung; es geht aus der Beschaffenheit der menschlichen Natur unvermeidlich hervor, es ist eine nothwendige Folge nicht etwa nur von der geistigen und sittlichen Beschränktheit, sondern von der sittlichen und geistigen Anlage des Menschen, etwas, das nur dann aufhören könnte, wenn der Mensch in moralischer und intellektueller Beziehung des Fortschritts fähig zu sein aufhörte." Es giebt also gemäß dieser Ansicht eine end- und ziellose Perfektibilität. Wir wissen nicht, wie sich Herr Zeller dieß Verhältniß näher denkt. Es ließe sich auf doppelte Weise fassen; entweder so, daß das Vernünftige und Gute, das mit dem Schlechten und Verkehrten im Kampfe liegt, in einem wenn auch unendlich langsamen Wachsthume über dieses allmählig die Oberhand bekommt; dann müßte aber doch, wenn auch in Millionen Jahren das Verkehrte noch überwunden werden, und ein idealer Zustand eintreten, etwa jene Sublimität des Wissens, von der schon Lichtenberg einmal mit drastischer Ironie geweissagt hat — aber

das hübe ja dann das Zeller'sche Axiom, daß das Verkehrte
eine Folge der geistigen und sittlichen Anlage des Menschen
sei, wieder auf! Wir müssen daher, um nur irgendwie den
Gedanken jener endlosen Zeller'schen Perfektibilität zu vollziehen,
nothwendig die Czolbe'sche Stabilitätstheorie zu Hülfe nehmen.
Da ergiebt sich dann, daß, wie nach der Angabe der Physiker
die Gesammtmasse der Materie des Erdballes und wohl auch
des Universums selber ewig die gleiche bleibt und kein Atom
verloren werden kann, so auch die Entwicklungsgeschichte der
Menschheit in der Quantität und Qualität nie ändernden
Balance zwischen Verkehrtem und Vernünftigem, Gutem und
Schlechtem herumbaumelt; und sich sonach recht eigentlich im
Zustande ewiger Impotenz befindet. Alle Entwicklungsphasen
sind ein: Parturiunt montes — nascetur ridiculus mus, ein
Kreißen, bei dem es nie zu einer Geburt kommt. Wird hier
ein Mensch um so und so viel Procent besser, oder gar aufge-
klärter, so muß die Schlechtigkeit und Thorheit anderswo um
ebenso viele Procente zunehmen, und die ganze Culturgeschichte
ist höchstens ein geographisches Pfänderspiel. Man könnte noch
allerlei unterhaltende Folgerungen aus jener Theorie ziehen,
doch versparen wir solches Spiel auf leichteren Kampf, als der
ist, in den wir hier mit Herrn Zeller verwickelt sind. Will
man die volle Consequenz, so bleibt auch hier nur der Rückzug
auf Czolbe's Stabilitäts-Atomistik, der wir auch wirklich noch
eine große Zukunft zu weissagen uns erlaubten. In ihr sind
wenigstens alle Halbheiten und sophistischen Wortspiele, mit
denen sich Pantheismus, Sensualismus und Rationalismus noch
abschleppen, gründlich überwunden; und es wird kein solches
Spiel mit Begriffen getrieben, wie auf anderen Standpunkten,
wo, wie bei Herrn Zeller z. B. „die Wahrheit, nichts als
die Wahrheit" zum Ziel der Wissenschaft gemacht, schließlich
aber doch dabei angelangt wird, daß es eben nie und nirgends

eine objektive Wahrheit giebt, sondern diese eben nur im Begriffe des zum souverainen Wissen Hindurchgedrungenen als Fata morgana sich realisirt. Wunder über Wunder! muß man dabei in Wahrheit ausrufen. Die Erde „ein Tropfen im endlosen Aethermeer", der Mensch — die Worte fehlen, diese Gleichung würdig zu vollenden — ein Atömlein an diesem Tropfen, und siehe da, dieses Atömlein erzeugt aus sich mit souverainer Machtvollkommenheit die Wahrheit — den Begriff, jenes wunderbare, mystische Wesen, dem es ein Leichtes ist, die Gesammtsumme aller religiösen Vorstellungen, wie zum Nachtisch, zu verspeisen, ja das in Ewigkeit mit ungestörten Verdauungskräften diese Procedur zu wiederholen bereit ist! Aber die unendliche Wiederholung dieser Procedur beruht offenbar auf der Annahme eines endlosen Nachschubes religiöser Vorstellungen. Die endlose Perfektibilität des Wissensstandpunktes erfordert eine endlose Ueberwindung des Blinden und Verkehrten, der religiösen Vorstellung. Da aber die fromme Gemüthsbeschaffenheit auch dem Wissenden noch zukommt, die religiöse Vorstellung aber niemals vollendet und rein sein kann, und auch das Wissen nur vollendet wäre, wenn es den Gegensatz vollkommen überwunden hätte, so müssen auch diesem jederzeit Ueberzeugungen anhängen, die „mehr auf Gewohnheit, Autorität, unbestimmten Eindrücken, gemüthlichem Bedürfniß" beruhen, und die die Wissenschaft im Fortschritt auch noch widerlegen muß. Da aber dieser Fortschritt selbst andererseits ein end= und zielloser ist, der Summa des Guten immer die gleiche Summa des Schlechten, der des Wissens die der Unwissenheit gegenüber steht, so ist dieser Fortschritt selbst nur eine Fiktion, und — Alles bleibt eigentlich dann doch, wie Czolbe richtig erkannt hat, ewiglich beim Alten. Herr Zeller selbst — will er nicht etwa die Lehre von der unendlichen Perfektibilität zurücknehmen und sein eigenes souveraines Wissen als

die Spitze alles Wissens, das den Gegensatz völlig überwunden hat, ansehen — bleibt sonach immerhin trotz aller Verwahrung — noch ein Gläubiger, nicht nur sofern alles Erkennen überhaupt auf einem Glaubensakte basirt (s. später),
sondern nach seiner eigenen Umschreibung des Glaubens, insofern ja seine eigene wissenschaftliche Ueberzeugung noch Elemente enthalten muß, die mehr „auf Autorität, Gewohnheit,
unbestimmten Eindrücken und gemüthlichem Bedürfniß, als auf
klar erkannten Gründen beruhen". Man sieht aber, wie will-
führlich und apodiktisch es ist, wenn solch' eine Wissenschaft
sich als die schlechthinige Inhaberin „der Wahrheit" hinstellen
will. Auch die Zeller'sche Argumentation orientirt in keiner
Weise gründlich über das Verhältniß des Glaubens und Wissens, ja sie dient zuletzt nur zu einem neuen Beweis mehr,
daß jedem Wissen ein Glauben zu Grunde liegt, in natürlichen,
wie göttlichen Dingen, und daß in Bezug auf letztere der
Glaube sich in dem Gegensatze eines religiösen und eines irreligiösen Wissens schließlich vollendet. Wir sagen aber jetzt
irreligiöses Wissen aus folgendem Grunde: Es gehört zum
Wesen der Religion, als frommer Gemüthsbeschaffenheit und
Gesinnung, eine objektive Wahrheit zu postuliren und anzunehmen; wenn nun aber nach Zeller und vielen Anderen es
eben die Aufgabe des Wissens ist, nachzuweisen, daß es keine
objektive Wahrheit giebt und geben kann, so negirt und vernichtet dieses Wissen eben die Religion (der Begriff die Vorstellung), und ist damit ein anti- oder wenigstens irreligiöses
Wissen.

Es ist eben immer wieder die alte Sache. Mit pantheistischen, materialistischen, atheistischen Grundanschauungen geht
man an die Kritik der Thatsachen des religiösen Glaubens und
Wissens, stellt gläubig das Axiom, die Definition des Wissens
von vornherein so, daß es alles religiöse Glauben und Wissen

ausschließt, und beweist dann recht gründlich — was man vorausgesetzt hat. Durch gefärbte Gläser erscheint aber sehr natürlich die ganze Erscheinungswelt grün, blau, roth; und wer erst an den Atheismus glaubt, dessen Wissen findet nirgend einen Gott. Zwischen der sinnlichen Beobachtung und dem „logischen Schluß", die nach Zeller die einzigen Faktoren der Wissenschaft und der Wahrheit selbst sind, liegt eben, soferne der Schluß das Gebiet der Sinnlichkeit, sei es setzend oder leugnend, transscendirt, ein Akt des Glaubens, dieß oder jenes wissenschaftliche Axiom: aber diesen Glaubensakt suchen eben die irreligiös Wissenden in jeder Weise zu verbergen, und als ein pudendum zuzudecken.

Was speciell die Politik Herrn Zellers gegen Herrn Rudolf Wagner und dessen Erörterungen über Glauben und Wissen betrifft, so sind wir nicht im Stande, dem von letzterem aufgestellten Dualismus das Wort zu reden und können nicht umhin, Herrn Zeller in dieser Beziehung in der Hauptsache wenigstens beizutreten. Wir halten die Wagner'sche Aufstellung gleichfalls für unhaltbar und behalten uns vor, dieß später näher noch zu begründen. Wir ehren die offene und freie Art, mit der Herr Wagner sich zum Evangelium bekannt hat, den Muth, mit dem er es wagte, ein solches Bekenntniß vor einer großen Versammlung von Naturforschern auszusprechen. Wir können aber den Hauptwerth der beiden bezüglichen Brochuren („Menschenschöpfung und Seelensubstanz" und „Ueber Glauben und Wissen" 1854) auch nur in diesem persönlichen Bekenntnißakte erkennen, ohne daß wir glauben, daß durch dieselben die Sache selbst, wenigstens in Bezug auf die Frage über das Verhältniß des Wissens und Glaubens, wesentlich gefördert worden wäre.

Hiemit wollen wir aber in keiner Weise Alles, was Zeller in seiner Bestreitung Wagners vorgebracht hat, uns aneignen,

ja wir halten überhaupt dessen Versuch, die Einheit des Bewußtseins durch die schlechthinige Souverainetät des irreligiösen
Wissens zu begründen, im letzten Grund jedenfalls für nicht
minder unhaltbar, als den Wagner'schen Dualismus, und haben dieß im Vorstehenden zu begründen versucht. In Bezug
auf mehrere Punkte seiner gegen Wagner gerichteten Kritik
müssen wir auch noch einige besondere Bemerkungen machen.
— Herr Zeller geißelt, um uns eines Vogt'schen Ausdruckes
zu bedienen, das „neue Glaubens-Organ", von dem Wagner
geredet hat; er findet die betreffende Vorstellung mechanisch und
vergleicht jenes Schenken des neuen Glaubens-Organes dem
„Einsetzen eines Stuhlbeines" — ein von Vogt natürlich begierig erhaschtes Witzwort. Wir geben auch zu, daß die Aus-
drucksweise Wagners nicht geschickt gewählt ist und zu Mißverständniß leicht Anlaß bietet. Aber Zeller glaubt ja selbst,
daß Wagner im Grunde nur habe sagen wollen, „daß beim
Glauben durch höhere Einwirkung eine Geistesthätigkeit hervorgerufen werde, die dem Menschen bis dahin nicht möglich
war, etwa wie bei einer Staaroperation das Sehorgan zu
einer Thätigkeit befähigt wird, an der es vorher gehindert
war." Sagt er aber dann gegen diese Fassung: „wenn der
Glaube aber nur in einer bestimmten Anwendung von Kräften
besteht, die der Mensch auch schon vorher gehabt hat, so ist
er nichts anderes, als ein Erzeugniß der Vernunft", so trifft
diese Einwendung die vorausgehende Bestimmung über das
Wesen und die Wirkung des Glaubens nicht, weil sie gerade
die Hauptsache übergeht. Denn es wird ja gesagt, daß der
Glaube eine durch höhere Einwirkung hervorgerufene und gesteigerte Geistesthätigkeit sei, bei welcher eben diese Steigerung
bestimmte, vordem verschlossene Erkenntnisse ermögliche. Wie
kann da der Glaube ein Erzeugniß der Vernunft genannt
werden, da, wäre er dieß, eben keine höhere Einwirkung statt-

finden könnte, sondern die Vernunft eben auch im Glauben sich
schlechthin selbst bestimmen müßte? Zur Widerlegung ist diese
Behauptung Zellers also jedenfalls ungenügend, da sie eine
einfache Verneinung des ersten Satzes ist und wir werden
später zeigen, daß der Glaube allerdings, wie das Organ alles
Erkennens und Wissens überhaupt, so auf das Höhere und
Uebersinnliche gewendet, das Organ für jede höhere Erkenntniß wirklich ist. Es ist auch schwer einzusehen, mit welchem
Rechte Vogt und viele Andere die Zeller'sche Abfertigung in
diesem Punkte gegenüber der Fassung wenigstens, die Zeller
selbst dem Wagner'schen „Glaubens-Organ" gegeben hat, so
überaus treffend finden können. Herr Zeller wird dann freilich jene höhere Einwirkung überhaupt leugnen und bestreiten
müssen, da nach seinem System von einem Höheren und von
einem Empfangen überhaupt keine Rede sein kann. Dieß führt
aber zu der Frage von der Realität eines Uebersinnlichen und
Uebernatürlichen überhaupt, jener Grundfrage, auf deren Erörterung Herr Zeller sich nicht weiter eingelassen hat, und über
welche im letzten Grunde auch nur die Thatsache, die „Beobachtung", die Erfahrung entscheiden kann.

Zum Schluß heben wir noch zwei Fragen hervor, in denen
wir uns entschieden für Rudolf Wagner erklären müssen. „Für
den Naturforscher, sagt der letztere, ist die Welt eine höchst
künstlich zusammengefügte Uhr, welche, einmal aufgezogen, einen
ungestörten Gang zeigt. Fragt er nach dem Ursprung dieses
Kunstwerkes, so muß er sich nach zwei Seiten entscheiden.
Entweder er nimmt an, daß sich dieses Kunstwerk selbst gemacht habe, oder daß es gemacht worden ist. Entscheidet er
sich für die erste Ansicht, so wird er Pantheist; die Annahme
der zweiten Ansicht führt ihn zu einem Schöpfer." Mit der
Bestreitung dieser „einfachen und schlichten Betrachtung" hat
Herr Zeller es sich etwas gar leicht gemacht, so daß man fast

vermuthen möchte, dieselbe sei ihm schließlich etwas ungelegen
gekommen. Wagners Auseinandersetzung, bemerkt er, bewege
sich in einem Cirkel: „weil die Welt ein Kunstwerk ist, muß
sie das Werk eines Künstlers sein." „Wer anderer Ansicht
ist, wird ihm natürlich nicht zugeben, daß die Welt ein Kunstwerk sei, sondern wird sie als ein natürliches, organisches Ganzes
betrachten; er wird auch nicht zugeben, daß sie entweder von
sich selbst oder von einem Andern gemacht sei, weil er gar
nicht zugiebt, daß sie gemacht ist; er wird ihm überhaupt nicht
erlauben, nach ihrem Ursprung zu fragen, weil nur das Einzelne einen Anfang hat, das Ganze dagegen, außer dem nichts
ist, von dem es verursacht sein könnte, kann weder entstanden
sein, noch kann es zu sein aufhören. Die Sache ist so klar"
u. s. w. Wir erlauben uns zunächst zu bemerken, daß der
Wagner'sche Cirkel hier jedenfalls mit einem Zeller'schen Cirkel
beantwortet wird: die Welt ist ein Ganzes außer dem nichts
ist, von dem es verursacht sein kann — folglich ist sie nicht
verursacht, also weder entstanden, noch kann sie aufhören. Von
dem Standpunkte dieser „so klaren" Voraussetzung aus thut
freilich Zeller wohl, kategorisch überhaupt Niemanden zu „erlauben", nach einem Ursprung der Welt zu fragen. Wer das
thut, ist von selbst ein Ignorant, der noch nichts von dem Wesen
der Immanenz begriffen hat. Das ist so die Art dieses souve-
verainen Wissensstandpunktes, daß er da, wo seine Ignoranz
zu Tage kommen müßte, das Fragen und Forschen überhaupt
kurzweg verbietet, und wo Jemand doch die Prüfung seiner
Axiome wagt, zuletzt oft noch in den Mantel der Demuth und
Bescheidenheit sich wickelt und solches Unterfangen als ein hof-
färtiges und vermessenes, wo nicht lästerliches bezeichnet. Zeller
weiß doch auch zweifelsohne, daß jene von ihm zurückgewiesene
Vorstellung von dem Verhältniß Gottes zur Welt, als dem
des Künstlers zum Kunstwerke eine philosophisch weitverbrei-

tete war und zum Theil wohl noch ist; und daß z. B. die
Widerlegung jener mechanischen, deistischen Vorstellung einen
Haupttheil des Scharffinnes und der Gedankenarbeit Hegels
in Anspruch genommen hat. Da wäre es doch wohl gerathen,
jene Vorstellung nicht so kurzweg mit einer vornehmen Behauptung auf die Seite zu schieben, sondern lieber wirklich etwas
zu deren Widerlegung beizubringen. Aber jene Behauptung
soll, wie es scheint, nur dazu dienen, Zellers eigene mechanische
Vorstellung vom Universum zu verdecken. Denn warum verwahrt sich Zeller überhaupt so sehr gegen die Welt als
„Kunstwerk“, da er doch auch mit seinem „organischen Ganzen“
aus dem Cirkel nicht herauskommt? Ist ihm das „Kunstwerk“
eine zu mechanische Vorstellung? Aber er ist doch ein Anhänger der rein physikalischen Naturerklärung; er weiß doch, daß
die moderne Naturforschung ausdrücklich die Mechanik des Universums behauptet, und die Astronomen eine „Mechanik des Himmels“ lehren. Und gerade der Astronomie gebührt ja doch,
wenn es sich um das Weltganze und nicht um „den Tropfen
im Aethermeer“ allein handelt, das Hauptwort. Kann man
ja diese von den Astronomen gelehrte Mechanik doch auch wirklich, wie z. B. mit unserem Sonnensystem öfter schon geschehen
ist, in einem mechanischen Apparate zur Darstellung bringen
und durch ein aufgezogenes Uhrwerk auch die Bewegung der
planetarischen Weltkörper nachahmen. Und überdieß ist ja die
ganze heutige Naturbetrachtung, nicht blos die des gestirnten
Himmels, eine immer völliger mechanische. Haben doch schon
Physiologen den Menschenleib zur Dampfmaschine, den Geist
zur mechanischen Druck- und Schwerkraft, zum Dampf gemacht.*)

---

*) Unter solchen Umständen kann es nicht wundern, wenn Einige immer
wieder mit mehr oder weniger Glück den Versuch machen, die Grundlagen, die solch eine mechanische Gesammtauffassung hervorgerufen haben,

Will Herr Zeller im Gegensatz hiezu, um die „organische" Ge=
staltung des Universums zu betonen, vielleicht auf die Sphären=

---

zu widerlegen. Der neueste Versuch dieser Art findet sich in der Schrift:
Briefe über die Schwere von Joh. Richers, Leipzig 1855.
Richers bestreitet, indem er die Newton'schen Gesetze der Bewegung einer
eingehenden Kritik unterstellt, die Fundamente der heutigen, mechanisch
physikalischen Naturbetrachtung. Er versucht die Identificirung der Schwere
und des Falls als einen Irrthum nachzuweisen; er erklärt es für thöricht,
die Gesetze des Lebens am Cadaver, die Gesetze der Bewegung am Pendel,
die „organische Einheit" an der Mechanik suchen und finden zu wollen.
Wir lassen den Werth der Richers'schen Aufstellungen und der von ihm
versuchten Beweisführungen dahingestellt; aber auffallend ist doch, daß ihm,
wie früheren Forschern in dieser Richtung, wo nicht mit einigen wegwer=
fenden Phrasen, doch mit vornehmer Ignorirung geantwortet wird. Ob=
wohl die Naturforschung die Wahrheit, nichts als die rückhaltslose Wahr=
heit im Auge zu haben behauptet, giebt es eben doch auch eine natur=
wissenschaftliche Dogmatik, deren Grundthesen zu bezweifeln oder gar zu
ignoriren dieselben Erscheinungen des Fanatismus und der Intoleranz
hervorruft, die man sonst an den kirchlichen Parteien, oft nicht mit Un=
recht, zu rügen und als deren ausschließliches Eigenthum auszugeben pflegt.
Der Beweis durch die bloße Majorität ist aber immer bedenklicher, und die
moderne Naturforschung, welche lehrt, daß die Menschheit über Grund=
fragen der Gesetze des Universums Jahrtausende lang in totalem Irrthum
sich befunden, sollte so billig sein, zu keiner Zeit die neue Untersuchung
ihrer Grundanschauungen als überflüssig von vorneherein abzuweisen.
Es gilt heutzutage für Thorheit, den Stein der Weisen und das perpe=
tuum mobile zu suchen; es will uns aber mindestens ebenso thöricht er=
scheinen, zu behaupten oder doch zu thun, als habe man den Stein der
Weisen und mit Newton das δός μοι πᾶ ςῶ gefunden. Es wäre
immerhin nicht überflüssig, auch solche naturwissenschaftliche Ketzereien, wie
sie Richers u. A., nicht ohne bei Manchen Eindruck zu machen, vorführen,
wenigstens zu widerlegen. Lassen ja doch wir Theologen uns die Mühe
auch nicht verdrießen, gegenüber einer vor lauter Wissen religiös total
unwissend gewordenen, gebildeten Welt das ABC der christlichen Lehre
immer auf's Neue zu wiederholen, obwohl wir sonst lieber die Anfangs=
lehre hinter uns ließen und mit schwierigeren Aufgaben uns beschäf=

Lehre der Alten und den Gesang der Sphären zurückgehen?
Wir würden uns zwar über solchen wissenschaftlichen Muth
freuen, doch möchte er sich dabei in einen sehr bedenklichen
Conflikt mit der rein physikalischen Naturerklärung verwickeln.
Was denkt sich Herr Zeller wohl überhaupt unter dem „orga=
nischen Ganzen" im Gegensatz zum mechanischen Kunstwerk?
Hat sein organisches Ganzes am Ende gar eine Art von Be=
wußtsein? Wie wäre dieses beschaffen? wo nicht, wodurch un=
terscheidet sich das organische Ganze vom Kunstwerk? Nichts
verräth uns eine Antwort auf diese Fragen. Was gewinnt
denn aber Herr Zeller überhaupt durch die „organische Ein=
heit", mit der er einem Schöpfer des „Kunstwerks" zu ent=
gehen sucht? Setzt etwa das Organische weniger, oder umge=
kehrt nicht noch viel mehr einen intelligenten Urheber voraus,
als das Mechanische? Ist dieß schon zweckvoll, wie viel mehr
jenes! Dem Pantheisten liegt Alles daran, den Begriff des
Zweckes, der auf einen bewußten Schöpfer zurückweist, ferne
und die Behauptung der Souverainetät und Autonomie des
Menschengeistes aufrecht zu erhalten. Gerade mit der Behaup=
tung des Universums, als einer organischen Einheit im Gegen=
satze einer mechanischen, dürfte aber Herr Zeller im eigenen
Garne sich etwas verfangen haben. Eine Mechanik, ein Kunst=
werk zusammenzusetzen und zu gestalten, vermag bekanntlich der
Mensch; die Produktion eines Organischen, und wäre es die
kleinste Zelle, ist ihm verwehrt, und weder die Alchemie, noch

tigten. Wir glauben zwar nicht, daß es solchen Versuchen, wie denen von
Richers, gelingen wird, die wesentlichen Grundlagen der modernen Natur=
betrachtung als irrig zu widerlegen; jedenfalls sind diese immer wiederkeh=
renden Versuche aber ein Zeugniß mehr, daß die heute herrschende, rein
mechanische Betrachtung des Universums für ein tieferes Verständniß nicht
ausreicht, und daß sie einer umfassenden, geistigen Betrachtung als ihrer
Ergänzung bedarf. Siehe den neunten Brief.

die rationelle Chemie hat bis jetzt den Homunculus zu Stande
gebracht. Es fehlt eben dem Menschen trotz alles Souverai=
netäts=Schwindels jene überschüssige und schöpferische Kraft, die
dem Todten Leben und dem Starren Selbstbewegung einzu=
hauchen vermöchte. Das Organische, von innen heraus Leben
und Bewegung Schöpfende, führt daher noch bestimmter, als
das bloß Mechanische auf eine schöpferische Intelligenz, als die
Grundursache alles Seienden. Es ist hier bei Herrn Zeller
derselbe dialektische Kunstgriff, mit dem auch Herr Strauß in
seiner Dogmatik z. B. der Probabilität des physiko=theologi=
schen Beweises die Spitze abzubrechen sucht. Es ist darum
vor Allem nöthig, an diesem Punkte dem Phantheismus scharf
zuzusehen, so wird man des künstlich verdeckten Fehlers im gan=
zen Calcul leicht inne werden. — Nehmen wir aber auch den
Ausdruck, mit dem Zeller dem Wagner'schen Kunstwerk zu ent=
fliehen sucht, an, nehmen wir an, daß die Welt ein organi=
sches Ganzes sei, das weder entstanden sei, noch aufhören
könne, wie reimt er eine solche von ihm selbst als eine uner=
klärbare Hypothese hingestellte Behauptung, die er uns blind
zu glauben zumuthet, mit der Kosmogonie der modernen Na=
turforschung? Nimmt er die von der Geologie gelehrten Um=
wälzungsperioden und stufenweise Entwicklung an oder nicht?
Zeugt die Materie frei oder nicht? Giebt es eine generatio
aequivoca oder eine mitgetheilte Lebensbewegung? Herr Zel=
ler verwirft diese entschieden, denn die Mechanik des Himmels
ist nach ihm in Bewegung gekommen ohne Motor, und ohne
daß irgendwer die Mechanik construirt hätte. Ja, das ist eben
das Mirakel, daß sie sich bewegt, ohne je einen Anfang der
Bewegung gehabt zu haben. Wenn er aber generatio aequi=
voca oder freie Zeugungskraft der Materie annähme, warum
wirken dieselben „Ursachen", die jene großen Umwälzungsperio=
den mit jeweilig verschiedenen Resultaten und Entwicklungsreihen

hervorriefen, nicht noch fort! Was hat sie gewirkt? was hat
sie sistirt? Mit der Unterscheidung des organischen Ganzen und
des Einzelnen reicht er jedenfalls nicht aus. Denn wenn wir
auch zugeben wollten, daß die Gesammtmasse der Materie, die
Atome, ewig wären, so kann es doch jene Aggregation, die das
gegenwärtige Universum bildet, nicht sein, und die Atome müssen
doch irgend einmal in Bewegung gekommen sein, um z. B. bei
dem Erdballe jenen geologischen Gang vom feuerflüssigen Zu=
stand bis zur gegenwärtigen Bildung der Erdrinde zu durch=
laufen, den unsere Geologen mit Evidenz in ihr zu lesen be=
haupten. Es wird am Ende eben auch Herrn Zeller nichts
übrig bleiben, als sich Herrn Czolbe anzuschließen; dann über=
lassen wir es aber auch den Naturforschern mit ihm weiter hier=
über zu streiten und seine Alles in ein mystisches, undurchdring=
liches Dunkel hüllende Stabilitäts=Theorie zu widerlegen.

Wo möglich noch unglücklicher scheint uns Herr Zeller
in dem Versuche gewesen zu sein, nachzuweisen, daß Rudolf
Wagner doch eigentlich selbst im Materialismus befangen sei.
Die bezüglichen Aeußerungen Zellers sind auch noch um deß=
willen wichtig, weil sie uns zugleich die willkührliche Hypothese,
auf welche die ganze biblische Kritik der Tübinger Schule sich
erbaut hat, bloßlegen. „Fürs Erste, sagt Zeller, dürfte es
schwer sein, die Immaterialität der Seele aus der Bibel zu
beweisen; wir wenigstens nach unserer Kenntniß der biblischen
Schriften getrauen uns durchaus nicht, diese Beweislast zu
übernehmen, und auch in der ältesten Kirche hatte die materia=
listische Ansicht bekanntlich einige Jahrhunderte lang eine sehr
bedeutende Parthei für sich, bis sie nach und nach durch den
Spiritualismus der Platonischen Schule verdrängt wurde.....“
„in der älteren christlichen Kirche ist die Meinung, daß auch
der Geist, selbst der göttliche Geist etwas Körperliches sei, sehr
verbreitet.“ Wie so die Bibel, so denkt nach Herrn Zeller

auch Rudolf Wagner materialistisch, weil er glaubt, die Seele
sei (in einem gewissen Sinne) theilbar, sie habe nach dem Tode
eine andere lokale Existenz, werde in einen anderen Weltraum
übergepflanzt u. s. w. „Was aber, sagt Zeller, theilbar ist,
das muß auch ausgedehnt sein, und was ausgedehnt ist, ist ein
Körper; was sich von einem Raum in den anderen bewegt, das
muß im Raum sein, mithin einen Raum einnehmen; was aber
einen Raum einnimmt, das ist ganz gewiß etwas Körperliches.“
Kein Mensch wird zweifeln, daß mit diesen Worten die Eigenschaften der sinnlich wahrnehmbaren, materiellen Körperlichkeit und ihres Verhaltens zum Raume richtig beschrieben sind.
Was beweist aber diese sehr schlichte und einfache Betrachtung
gegen Wagner? Nimmt denn etwa Rudolf Wagner an, daß
für die vom Körper losgetrennte immaterielle Seele noch dieselbe
Körperlichkeit und Räumlichkeit besteht, wie für die noch an
den materiellen Leib gebundene? Es wird schwerlich einem denkenden und in der Schrift bewanderten Kopfe dieser Einfall
jemals gekommen sein, und nur gegen eine solch' thörichte Annahme hätten Zellers Worte eine Beweiskraft. Wir gewahren
aber hier eine Zellers unwürdige Sophistik; er weiß, daß jener
Unsinn Herrn Wagner nicht in den Sinn gekommen ist; er
weiß, daß die Leiblichkeit und Räumlichkeit, die Wagner der
immateriellen, vom Leibe losgelösten Seele zuschreibt, nicht die
der sinnlichen Wahrnehmung ist, unterschiebt Wagner aber dennoch
diese absurde Vorstellung. Er sagt, Wagner stelle sich die
Seelensubstanz nur deßhalb immateriell vor, weil er sich dieselbe
nicht grob materiell, sondern nach Analogie der unwägbaren
Stoffe, die aber doch gleichfalls Stoffe seien, vorstelle. Heißt
das: Wagner läßt die immaterielle Seele aus unwägbaren
Stoffen zusammengesetzt sein? Mit nichten; Herr Zeller sagt
ja selbst nach Analogie der unwägbaren Stoffe; d. h. doch
klar und deutlich, in der sinnlichen materiellen Welt sind die

unwägbaren Stoffe dasjenige, das sich noch am ersten mit dem leiblichen Substrat der vom Körper entbundenen Seele vergleichen läßt. Nirgends aber hat Wagner diese höhere Leiblichkeit selbst mit den unwägbaren Stoffen identificirt. Der ganze Nachweis Zellers, daß Wagner denn doch eigentlich Materialist sei, bewegt sich darum in einer Wagner rein angedichteten Meinung; und wenn Wagner es auch unterließ, jene höhere Leiblichkeit und ihre Raumgesetze näher anzudeuten (was aber auch kein Ding der Unmöglichkeit ist),*) so hat er

---

*) Franz v. Baader ist es, der auch hier unter den Neueren die Bahn gebrochen und das Verhältniß der höheren Natur und Leiblichkeit zur Materie, sowie deren eigentliche Zeit- und Raum-Gesetze mit ebenso viel Tiefe, als Gedankenschärfe entwickelt hat. Es dürfte auch vielleicht bald eine Zeit kommen, in der man die Bedeutung dieses, als Denker, wie als Charakter, gleich großen Mannes richtiger würdigen wird, als es bisher fast allgemein der Fall war. Man wird dann namentlich erkennen, daß die Apologie der christlichen Wahrheit und der biblischen Urkunden noch von keinem Philosophen so tief und umfassend geführt worden ist, als von Baader. Darum dürfte er auch recht eigentlich als der moderne philosophus teutonicus bezeichnet werden, indem er nicht nur fast als der Erste ein richtigeres Verständniß des früheren, Jakob Böhme's, in der Neuzeit wieder eröffnet, sondern jene Schätze tieferer Erkenntniß auch mit dem modernen Wissen und Bewußtsein kräftig und geistvoll vermittelt hat. Jedenfalls ist das von Franz Hoffmann ausgeführte Unternehmen einer Gesammt-Ausgabe der Schriften Baaders ein Unternehmen, dem, wenn auch die Gegenwart nur zögernd und zu einem kleinen Theile, desto gewisser die Zukunft ihren Dank bezahlen wird. Das von Seite des Herausgebers unter den größten Schwierigkeiten mit der seltensten Energie und Aufopferung begonnene und fortgeführte Unternehmen wird demnächst mit dem 16. Bande seinen Abschluß finden. — Wer im Allgemeinen sich über die Grundgedanken Baaders orientiren will, den verweisen wir außer auf Hoffmanns Vorreden und Einleitungen auf die zwei kleinen Schriften: „Ueber den philosophischen Standpunkt Baaders. Ein Beitrag zur Orientirung in der Gesammt-Ausgabe seiner Werke von A. Lutterbeck, Mainz

dieselben doch jedenfalls von der sinnlich materiellen unterschieden.

Verstünden freilich Herr Zeller und so viele Andere, die
ihre Harfen an den Wassern der modernen Aufklärung aufge-
hängt haben, etwas von jener höheren Leiblichkeit und einer
realen, nicht grob sinnlichen Existenzweise, so würden tausend
Mißverständnisse sich mit Einemmale lösen und hundert Absurditäten, die sie der Bibel andichten, ihnen selbst eben als
erdichtete Absurditäten erscheinen. Dann würde z. B. Herr
Zeller nicht mehr mit dem Pathos der Indignation auszu-
rufen nöthig haben: „Wagt wohl Jemand heute noch im
Ernst zu behaupten, und ohne Erröthen offen von sich zu bekennen, daß er keinen Grund sähe, nicht zu stehlen, zu mor-
den, zu betrügen, wenn er sich nicht vor der Hölle fürchtete,
daß er für die Seinigen nicht sorgen, seinen Freunden keine
Treue halten, seinem Vaterland kein Opfer bringen würde,
wenn er nicht die baare Bezahlung für das Alles im Himmel
zu erhalten hoffte?" Ist das etwa die Meinung und Lehre
der materialistisch denkenden Bibel? Bei etwas unbefangenem
Zusehen würde Herr Zeller vielmehr erkennen, daß diese eine
immanente Bestrafung des Bösen und eine immanente Belohnung des Guten lehrt, wie es schon die gemeine Erfahrung
täglich bezeugt, daß diese immanente Belohnung und Bestrafung aber auch eine kommende immanente und (um in Analogie zu reden) dennoch zugleich leibliche und lokale Fixirung
nicht nur nicht ausschließt, sondern vielmehr fordert. Wir
sind hier recht eigentlich an dem entscheidenden Punkte, der
als solcher zugleich aber der Scheidepunkt alles religiösen und
irreligiösen Wissens ist. Je mehr der Kampf wider das

1854", und „die Cardinalpunkte der Franz Baader'schen Philosophie. Von
Julius Hamberger. Stuttgart 1855."

Christenthum heutzutage bis zur Leugnung jeder übersinnlichen Realität vorgeschritten ist, und sich um die Bejahung und Verneinung dieser concentrirt, desto mehr ist nöthig, daß im Gegensatze zum Sensualismus die Lehre der Schrift von der höheren Natur und Leiblichkeit deutlich entwickelt und wenigstens in christlichen Kreisen wieder zu einer lebendigeren und einsichtsvolleren Anerkennung gebracht werde, als es in der mittleren und neueren Zeit so oft der Fall war.

Herrn Zeller und so vielen Andern wird diese Behauptung einer höheren Natur freilich als eine Thorheit erscheinen. Das mag, das muß so sein. Nur bitten wir unsere Gegner zu bedenken, daß sie von ihrem Standpunkte aus schlechterdings nicht im Stande sind, gegen diese Annahme einer nicht sinnlichen höheren Realität zu argumentiren, da ihre ganze Weltanschauung auf dem Axiome, daß es nichts objektiv Uebersinnliches giebt, sich erbaut. Mit allen aus diesem Princip entwickelten Gründen thun sie aber selbstverständlich dann auch nur Luftstreiche, da ja die Annahme jener höheren Leiblichkeit schon unmittelbar die Uebertragung der Gesetze des materiellen Lebens auf dieselbe ausschließt. Es stehen sich eben hier im Princip geschiedene Weltanschauungen gegenüber, wo alles Hinüber- und Herüber-Reden ziemlich nutzlos sein wird, so lange der Dissensus ein principieller ist. Den einen Vorzug hat aber jedenfalls die christliche Weltanschauung, daß sie Alles das, was die sensualistische auf Grund wirklich bewährter Empirie aussagt, sich aneignen, und die Wirklichkeit der beobachteten Naturgesetze und ihres Zusammenhangs (den die Gegner so gerne als ihre Domäne bezeichnen) zugeben kann, daß sie also an allen realen Früchten des Gegners particirt, während dieser von dem ihr Eigenen nichts sieht und nichts versteht, ihm vielmehr ihr Gesammteigenthum als eine kolossale Fiktion erscheint und erscheinen muß. Uns deucht aber, jene Weltanschauung wäre sonach tiefer, reicher, umfassender, da sie auch das, was dem Gegner schlechthin als Widerspruch und Gegensatz erscheint, noch in Einen Ge-sammt-Rahmen zu fassen befähigt ist.

Die Tübinger Schule, die gesammte moderne negative Kritik hat zweifelsohne manches Gute gestiftet, manche mehr mechanische Ansicht entfernt und eine Menge von Fragen zu tieferer Erörterung angeregt. Immerhin macht es aber einen tragischen Eindruck, wenn man bedenkt, daß in der Haupt-sache, im Beweis des Materialismus (scl. Nazaräismus) wie der Schrift, so der ersten christlichen Zeiten viel Fleiß, Mühe und Scharfsinn von ihr doch eigentlich umsonst geopfert worden ist. Die Männer der Kritik haben eben nicht gemerkt, daß sie doch nur ihren eigenen Sensualismus und Pantheis-mus in die biblischen Bücher hineintragen. Wo von einer höheren, übersinnlichen oder himmlischen Realität und Natur die Rede ist — und die heil. Schrift ist von Anfang bis zum Ende voll von derartigen Aussagen —, da sehen diese scharfsichtigen Kritiker sofort die sinnliche, materielle Wirklich-keit, und wenn auch die biblischen Autoren hundertmal unter-scheiden zwischen dieser und jener: sie müssen doch Materialisten bleiben, denn die Herren Kritiker können sich jene höhere Natur nun einmal durchaus nicht vorstellen: wenn also jene Autoren nicht schlechthin Unsinn sagen sollen, so müssen sie materialistisch gedeutet werden.

Liebe Herren! wir bitten Euch, nehmt lieber fürder keine solche Rücksichten mehr, sondern sagt geradezu: das Christen-thum, die Bibel ist der baare, der vollendete Unsinn; sucht das Unsinnige nicht durch Eure eigene Weisheit länger noch auf-recht zu halten und zu stützen. Gebt sie nur Preis die Thor-heit derer, die Euch zu widersprechen wagen, die Sache wird sich dann viel einfacher, der Gegensatz viel klarer gestalten,

vielleicht zu Beider Frommen, jedenfalls zum Nutzen der Wahrheit. Die Zeit ist, so scheint es, bereits genugsam vorbereitet
zu diesem letzten Schritt des entfesselten Widerspruches. Herr
Vogt und Consorten winken bereits. Wir werden Euch dann
auch nicht mehr in Euren pantheistischen und materialistischen
Dichtungen zu stören brauchen, sondern uns allezeit einfach auf
den Nachweis beschränken können, daß eben das unbewiesene
und unbeweisbare Ariom Eures Denkens Euch nicht anders
zu reden und zu denken gestattet!

Sechster Brief.

„Denn was ist die hochgelobte Vernunft mit
ihrer Allgemeinheit, Unfehlbarkeit, Ueberschwäng-
lichkeit, Gewißheit und Evidenz? Ein ens rationis,
ein Oelgötze, dem ein schreiender Aberglaube der
Vernunft göttliche Attribute andichtet."

Hamann.

Es ist gewiß etwas Schönes um die Aufklärung und
Bildung der Menschen; und auch die bloße Bemühung um
Verbreitung gemeinnütziger Kenntnisse ist sicherlich eine respek-
table, der man Erfolg von Herzen wünschen muß. Doch wenn
diese Bemühungen sich zum Dogma verdichten, daß diese Verbreitung gemeinnütziger Kenntnisse und die durch sie bewirkte
Aufklärung das wesentliche Mittel zum Fortschritt der Cultur
des Menschengeschlechtes sei, so ist hie und da nöthig, zu erinnern, daß, wie die Geschichte lehrt, die einseitige Steigerung
der Verstandesbildung tausendmal nicht nur kein Damm, sondern geradezu eine Begleiterin, ja Mitwirkerin des politischen,
socialen und religiösen Verfalles der Völker gewesen ist. Obwohl diese Wahrheit sich nicht nur in Geschichtswerken, sondern
im täglichen Leben, nicht nur in Schulen und Gefängnissen,
sondern so zu sagen von Haus zu Haus, ja auf der Gasse
studieren läßt, wird sie im stets neuen Taumel des: Sieh',
wie weit wir's gebracht! immer wieder vergessen. Jene Meinung, auch wenn sie Empiriker im Munde führen, ist daher doch
eine sehr ideologische, deren Nichtigkeit schon die tägliche Erfahrung, soferne man nur die Augen aufthut, genugsam aufdeckt.

Die heutige Mode, die Naturwissenschaft zu popularisiren, dürfte zu einem großen Theile von dem eben erhobenen Einwurfe mit Recht getroffen werden. Zwar kann es keinem Verständigen in den Sinn kommen, zu leugnen, daß die populäre Darstellung der gesicherten, naturwissenschaftlichen Haupt-Ergebnisse nicht nur ihr Recht hat, sondern ein Bedürfniß für die Gegenwart ist. Denn wenn es für die wissenschaftliche Bildung des Einzelnen jedenfalls zuträglicher ist, einmal einen Cursus in der Botanik, Chemie oder Mineralogie durchzumachen, als botanische und geologische Briefe im Feuilleton zu lesen, so kann andererseits doch auch die leichtere Waare dem, der zu jenem keine Gelegenheit hat, nach dem Maaße seiner Muße für Erweiterung des Wissens und Urtheilens gut und förderlich sein. Doch kommt eben Alles bei jener Popularisirungsseuche, soll sie nicht wissenschaftlich wie sittlich gefährlich wirken, auf richtiges Maaß und richtige Schranke an. Vor Allem, daß das populär Mitgetheilte auch wirklich wissenschaftlich exakt gesichert sei; dann aber, daß man sich der Grenzen des „naturwissenschaftlichen Denkens“ genau bewußt bleibe, und nicht etwa unter dem Scheine naturwissenschaftlicher Ergebnisse seine anderswo gewonnenen materialistischen, pantheistischen oder rationalistischen Meinungen als exakte Folgerungen dem Leser unterschiebe. Leider haben nun aber gar manche der betreffenden Autoren dem Reiz der Versuchung zu derartigen Streifzügen nicht ganz zu widerstehen vermocht, und es ist auf diesem Wege allerdings dahin gekommen, daß es den Anschein hat, als wisse das lebendige Bildungsinteresse mancher Naturforscher nichts Nöthigeres zu thun, als „mit den verflüchtigten Ergebnissen naturwissenschaftlicher Forschungen einem gebildeten Publikum und einer verbildeten Damenwelt den Verlust der Religion vergessen zu machen und die Stelle, wo das Gewissen sitzen soll, mit dem Scheine eines dünkelhaften Halbwissens auszufüllen." Wir zweifeln nicht, daß diese Consequenz von den Meisten nicht beabsichtigt ist, sondern daß mehr ein unwiderstehlicher Drang zu recht allseitiger, populärer Bildung der Menge hiebei leitet. Aber eben unter dieser Voraussetzung erscheint es um so nöthiger, im eigenen Interesse ihrer Urheber solchen Ausschweifungen entgegen zu treten und die vielleicht in edlem Bildungsdrang umgerannten Gränzpfähle wieder aufzurichten und etwas schärfer zu markiren. Es ist ja bei der heutigen Ausbreitung des Wissens auch für den riesigsten Fleiß und geniale Begabung doch ein bischen zu viel, nicht nur das gesammte Gebiet der Naturwissenschaften, sammt dem sogenannten „Nachtgebiete der Natur" als Zuwaage, sondern zugleich Theologie und Philosophie zu umfassen und in gründlicher, wenngleich populärer Lehre, als magister trivialis mit Erfolg zu debutiren. Es giebt aber wirklich Autoren, bei denen, durchliest man ihre populären Briefe und Vorträge, für alles Mögliche gesorgt ist: sie bereichern nicht nur die Kenntniß der Natur und ihrer Lebensgesetze, sie sorgen auch für das gemüthlich religiöse Bedürfniß ihrer Leser als Priester und Propheten, und sitzen vom hohen Roß herab über die Gedankenarbeit ganzer philosophischer Schulen und Epochen nebenbei mit zu Gericht.

Herr Schleiden wird uns gestatten, daß wir ihn als Repräsentanten dieser Richtung hier wählen. Wir erlauben uns diese Wahl nicht nur, weil es diesem Forscher mehr, als wohl einem anderen, bisher gelungen ist, die Theilnahme eines großen Publikums an seine populären Darstellungen zu heften, sondern weil derselbe namentlich in seiner neuesten Schrift: „Studien. Populäre Vorträge. Leipzig 1855" direkter und eingehender denn andere und zugleich mit der herausforderndsten Selbstzuversicht jene Aufgabe, die Autorität des Evangeliums bei Vielen zu erschüttern, verfolgt hat. Indem wir

aber auf diese Seite der Schleiden'schen Schriftstellerei die Aufmerksamkeit des Lesers wenden, brauchen wir wohl kaum die
ausdrückliche Versicherung vorauszuschicken, daß wir all die
Verdienste, die dieser Naturforscher sich in seinem Fache erworben hat, auf's willigste anerkennen. Seine sinnige Beobachtung, seine geistreiche Combinationsgabe, seine treffliche
Darstellung sind ferner Gaben, denen wir gleichfalls die
schuldige Anerkennung freudig leisten. Aber mit all' dem haben
wir es hier nicht zu thun, und es kommt uns nicht in den
Sinn, uns auch nur mit Einem Worte gegen den Naturforscher Schleiden erheben zu wollen. Nur gegen den Naturforscher, soweit er Streifzüge in das Gebiet des religiösen
Wissens und Glaubens macht, und seinen philosophischen Rationalismus seinem Leserkreis octroyiren will, will und kann
sich unsere Kritik wenden. Ja, auch hiebei haben wir trotz
alles sonstigen Gegensatzes noch Mehreres gemeinsam, und
sehen mit lebhafter Befriedigung, wie auch Herr Schleiden den
neumodischen Materialismus Vogt's und seiner Gesinnungsgenossen entschieden bekämpft. Nichts desto weniger sind wir
überzeugt, daß die volle Consequenz des naturwissenschaftlichen
Rationalismus Schleiden's nicht nur keine genügende Waffe
gegen den modernen Materialismus bildet, sondern für Manche
vielmehr geeignet sein dürfte, den Uebergang zu diesem zu vermitteln, so wenig diese Consequenz von Herrn Schleiden selbst
irgendwie vorgesehen sein mag. Der Einzelne mag immerhin
auch bei negativen Grundprincipien gegen die volle Entfaltung
derselben, sei es durch ein mehr philosophisches Raisonnement,
sei es durch ethischen Instinkt sich zu schützen und zwischen den
treibenden Gegensätzen in einer subjectiv vermittelten Balance
zu erhalten wissen, nimmermehr aber wird ein solcher, sei es
philosophischer, sei es ethischer Dilettantismus die Wucht der
stets breiter werdenden negativen Strömung bei Vielen aufzu-

halten und deren letzte Entfesselung in einem kynischen Materialismus zu hindern vermögen. So wenig, als z. B. die Thatsache, daß Herr Schleiden auf dem philosophischen Standpunkte von Kant und resp. von Fries stehen geblieben ist, die Weiterentwicklung der Philosophie seit Kant sowohl nach rechts, wie nach links aufgehalten hat.

Herr Schleiden hat den Studien ein Motto vorgestellt, das er selbst als „die Richtschnur seiner eigenen Entwicklung" bezeichnet:

> „Licht und Schärfe in Gedanken,
> Die Gefühle stark und warm,
> Zwischen beide feste Schranken,
> Sonst bist krank du oder arm."

Treffend spricht dieser Vers den unversöhnten starren Dualismus, in dem die Grundgedanken des Schleiden'schen Philosophirens sich bewegen, aus. Zunächst auf die Persönlichkeit gerichtet, wird Schärfe des Gedankens und Wärme des Gefühles sich als gesonderte und scharf umgränzte Gebiete hier entgegengesetzt. „Feste Schranken" zwischen ihnen; also ähnlich wie etwa bei Herrn Rudolf Virchow das Verhältniß von Empirie und Transscendenz, „zwischen denen keine Verhandlung stattfinden kann . . .," bestimmt wird. Es wundert uns, daß Herr Schleiden, der ein so feiner Beobachter ist, durch einfache aber scharfe Selbstbeobachtung sich von der Unhaltbarkeit jenes psychologischen Dualismus noch nicht überzeugt hat. Wer nur einmal die Genesis eines Erkenntnißaktes im eigenen Innern belauscht und scharf beobachtet hat, der nimmt dabei wahr, daß jedes Erkennen von wesentlicherem Gehalte ein blitzähnlicher Lichtakt ist, der als solcher einestheils erhellt und leuchtet, und anderntheils erwärmt, und so jede neue Erkenntniß ebenso den Gedanken-, wie den Gemüths-Pol in uns irritirt und beflügelnd steigert. Schon der arme vielgescholtene Magister Wagner in Goethe's Faust hat diese Correspondenz zwischen dem Licht des Gedankens und der Wärme des Gefühles richtig erkannt. Nicht in deren gegensätzlicher Scheidung, sondern in dem Maaß der gesunden und harmonischen Verknüpfung des Geistes- und Gemüthslebens in einer Person liegt das Maaß wie ihrer geistigen Begabung, so auch des Charakters. Setzt man aber mit Schleiden willführlicherweise und im Gegensatz zur thatsächlichen Wirklichkeit feste und unübersteigliche Schranken, so ist die Folge dieser Zerreißung, daß die Gedanken kalt und herb (ihr Licht phosphorartig,)*) die Gefühle aber unklar und verworren werden. Zur Wärme und Stärke der Gefühle gehört nothwendig Licht und Schärfe der Gedanken, und wo beides nicht in dem richtigen lebendigen und ununterbrochenen Wechselverhältniß steht: „da bist krank du oder arm".

Dieser psychologische Dualismus Schleiden's führt ihn aber sofort weiter bis zur Consequenz eines entschiedenen Dualismus zwischen Geist und Materie, oder wie er gewöhnlicher sagt, Natur. Nachdem er in der Vorlesung: „die Beseelung der Pflanzen" über die Unfreiheit der Körperwelt sich näher ausgelassen und deren Abhängigkeit vom Naturgesetz dargelegt hat, stellt er unter bestimmter Bestreitung des Materialismus die Unabhängigkeit, Freiheit und Selbstständigkeit des Geistes, als ein nothwendiges Postulat des Bewußtseins neben jenes Gesetz der Naturnothwendigkeit. Er fährt darauf fort: „Unbefangen tritt der Mensch in das Leben und an die Welt heran. Sie erscheint seinem Blick als ein großes Ganzes, und

---

*) Wenn Feuerbach die Gedankenbildung eine Phosphorescenz des Gehirnes nennt, so hat er damit in trefflichster Weise die Impotenz der materialistischen Grundgedanken, die weder Licht noch Wärme zu erzeugen vermögen, sondern nur Schein- und Irrlicht geben, charakterisirt. —

seine erften geiftigen Anftrengungen macht er, um in diefer Welt
die Eine allgemeine Ordnung aufzufinden. In diefen Beftre=
bungen wird er aber bald dahin geführt, zwei durchaus ver=
fchiedene Gefetzgebungen anerkennen zu müffen, denen die Welt
unterworfen ift, das Naturgefetz, welches die Möglichkeit des
Ungehorfams ausfchließt, und das Sittengefetz, welches Ge=
horfam fordert, aber nicht erzwingt. Was ihm anfänglich
Eins gedünkt, zerfällt ihm bei näherer Betrachtung in zwei
getrennte Welten, indem ihm nicht entgehen kann, daß jene
beiden Gefetzgebungen nicht für alle Erfcheinungen in der Welt
zugleich Gültigkeit haben. Es trennt fich ihm die Welt des
Bedingten und abfolut Unfreien, die Materie unter dem zwin=
genden Naturgefetz, von der Welt des Unbedingten, abfolut
Freien, der Geifterwelt, unter dem Sittengefetz. Beides fteht
ihm hinfort unvereint und unvereinbar nebeneinander; das Freie
und Unfreie find ewig unverföhnbare Widerfprüche."

"Aber der Menfch kann den Geift nirgends in der Welt
in unmittelbarer Erkenntniß erfaffen; fo gewiß ihm die Exiftenz
deffelben wird, weil Unrecht und Irrthum nur für das Freie,
für den Geift möglich find, fo findet er ihn doch immer an
das Unfreie, an das Körperliche gebunden und bis zu einem
gewiffen Grade von demfelben abhängig. Was die Verbin=
dung knüpft, wie die Abhängigkeit befchaffen, bleibt ihm ein
unlösbares Räthfel. Sein Eintritt in das Erdenleben ift ihm
daher in ein abfolutes Geheimniß gehüllt in der Verknüpfung
feines freien geiftigen Wefens mit dem zur menfchlichen Form
zufammengeballten Erdenftaub."

"Und weiter, in fich verftändigt und durchgebildet, fühlt
er die Unmöglichkeit, daß jene zwei Welten, die er erkannt zu
haben glaubt, wirklich und in der That neben einander ge=
trennt beftehen; er fühlt, daß diefe Doppelfeitigkeit der Welt
nur als ein Räthfel daftehe, deffen Löfungswort ihm verborgen,

daß ein Einiges, Gleichartiges dem Ganzen zu Grunde liegen müße, daß Raum und Zeit, die mathematischen Formen des Naturgesetzes, nur der Ausdruck der Unvollkommenheit seien, welche seinen Erkenntnissen anklebt, so lange die Freiheit seines Geistes durch die Verbindung mit dem Körper gefesselt ist. Aber diese Verbindung wird sich lösen, und dann erkennen wir „von Angesicht zu Angesicht" — was? — darüber giebt uns nichts auf Erden Kunde; und kein Gott könnte es, wenn er auch wollte, da für den gebundenen Geist das absolut Freie ewig unfaßbar ist."

Offenbar wird in dieser Auseinandersetzung ein scharfer unlösbarer Dualismus zwischen Geist und Natur festgestellt. Das sittliche Bewußtsein läßt sich nach Herrn Schleiden auf keine andere Weise wahren. Der freie Geist ist durch die Verbindung mit dem Körper „gefesselt". Die Lösung dieses Gegensatzes ist nur durch die Lösung der Verbindung selbst möglich. „Der sittliche Zwiespalt liegt in dem Gebundensein des seinem eigentlichen Wesen nach sich frei fühlenden Geistes an das unfreie Körperliche, und nur in der völligen Trennung giebt es die Erlösung, an welche wir glauben, auf welche wir hoffen." In der That eine radikale Methode der Heilung, ähnlich wie, um mit Herrn Michelis zu reden, es ein probates Mittel gegen Zahnweh ist, sich den Kopf abzuschneiden. Die Natur und Leiblichkeit ist nach dieser scharf dualistischen Scheidung ein aufzuhebendes, zu tilgendes Etwas. Sie sind nur verschwindende Phänomene, aus denen der Geist zur schrankenlosen Freiheit sich hindurchringt. „Der Geist als freies Wesen gehört nicht dem Raume und der Zeit an; er ist unveränderlich, er hat nicht Anfang und nicht Ende; denn das sind Zeitbegriffe; er ist unverbesserlich und unverderblich; denn Beides sind Veränderungen, und Veränderung ist eine Funktion der „Zeit". „Die Unendlichkeiten der Sonnenwelten, die Aeonen der Welt-

geschichte sind nichts gegen die geringste Erscheinung geistigen
Wesens und Lebens." Diesem Satze gegenüber, dessen richtige
Entfaltung ihm die ursprüngliche Priorität und Superiorität
des Geistes über die Natur und damit die Lösung jenes absoluten Gegensatzes hätte an die Hand geben können, heißt
es dann aber wieder: „Das kleine Menschlein (in welchem nach
Schleiden'scher Anschauung der Geist doch allein zum Selbstbewußtsein kommt!), diese Eintagsfliege, die kaum das Sandkorn
vor ihrer Nase übersehen kann, bildet sich ein etwas Ganzes und
Großes zu sein"*).... „Was ist die Natur? Ein wesenloser
Schematismus, eine leere Form, unter welcher der unvollkommene und beschränkte Mensch das All aufzufassen gezwungen
ist? Was sollen wir sagen, wenn der Mensch, „die kleine

---

*) Hand in Hand mit jener modernen Autonomie, die im Bewußtsein
eigenen Werthes keines Gottes und göttlichen Beistandes mehr bedarf, geht
eine Demuth und Bescheidenheit höchst bedenklicher Art. Treffend sagt
einmal Franz v. Baader in Rücksicht auf diese: „Jene Religionsdifferen-
tisten, welche, ihren Stolz und ihre Widerspenstigkeit unter heuchelnder
Demuth verbergend, in der Größe, Macht und Weisheit des Schöpfers
selbst einen Grund suchen, ihr Beachtetwerden von Ihm zu bezweifeln, welche
also meinen, ihre Gleichgültigkeit gegen Gott durch eine präsumirte Gleichgültigkeit Gottes gegen sie zu bemänteln, gleich jenen obscuren Land-
streichern, welche der Aufmerksamkeit der Polizei entgehen und sich unbemerkt
von ihr durch die Welt schleichen zu können meinen. Wie sie sagen, wäre
Gott zwar nicht zu groß gewesen, um den Menschen zu erschaffen, wohl
aber wäre Er zu groß, um von ihm, nachdem er einmal erschaffen sei,
wieder Notiz zu nehmen, sowie dieser Gott zu weise und zu vernünftig sei,
um unter seinen Creaturen Ordnung und Gesetz d. i. Vernünftigkeit fest-
zusetzen und auf deren Beobachtung zu halten. Ihnen zufolge hätte also
Gott, nachdem er den Menschen ins Dasein gerufen, gleichsam gesagt: Ich
habe dich zwar erschaffen, es ist mir aber völlig gleichgültig, ob du mich
anerkennst oder verleugnest, ob du mir dienst oder dich gegen mich empörst;
denn du bist ein so nichtiges Produkt meiner Allmacht, daß ich dich in
Ewigkeit ignoriren werde und ein Gleiches von dir erwarte."

Narrenwelt", die Frechheit hat, nach Zweckbegriffen ein Unend-
liches beurtheilen zu wollen, von welchem er selbst kaum einen
kleinen Punkt kennt! Ist es von Wahnsinn groß verschieden,
wenn ein Mensch sich einbildet, in dem Innern seiner zeitlichen
Erscheinungsform irgend einen Maaßstab zu finden, mit dem
er das Ewige, das Zeitlose ausmessen könnte? — Das aber
ist die Teleologie."*)

Sieht der geniale Naturforscher nicht, daß er mit diesen
Gedanken sich selbst den Boden unter den Füßen wegzieht,
und Natur und Naturwissenschaft entgeistend zu einem im
Grunde eitlen und nichtigen Schein degradirt! Die Gegenwart
ist ja nur „eine Dämmerung, ein flüchtiges leicht täuschendes
Streiflicht aus der Welt ewiger Helle und ewigen Glanzes."
(Welche Welt übrigens nie und nirgends real existirt!) Es geht
eben auch Herrn Schleiden zuletzt, wie dem vollendeten Sensualismus, der mit dem Cultus der Materie beginnend, zuletzt
sich gegen den eigenen Götzen vernichtend wendet. Es wäre
leicht nachzuweisen, daß diese Schleiden'schen Philosophumena
nichts weiter sind, als eben eine moderne Reproduktion des
trüben Indischen und Manichäischen Dualismus. Wir müssen
abermal für die Natur und Leiblichkeit Parthei nehmen gegen
einen Naturforscher. Wer die Brücke zwischen Natur und
Geist niederreißt, feste unüberschreitbare Schranken zwischen beiden aufrichtet und die Natur zu einem „wesenlosen Schematismus", zu einer „leeren Form" menschlicher Abstraktion herab-
würdigt, der muß freilich zuletzt beim Materialismus oder einem
unklaren Dualismus, voll falsch mystischer Elemente anlangen.

————————

*) Die Polemik, die Schleiden u. A. gegen die teleologische Betrach-
tungsweise der Natur erheben, ist von Vielen, so neuerlich von Trende-
lenburg in seinen „Logischen Untersuchungen" bereits genugsam widerlegt
worden.

Wer ein starres, ewig unveränderliches Naturgesetz postulirt und als Axiom annimmt, dem bleibt, will er dem Materialismus entgehen, nichts als der Gegensatz eines schrankenlosen, im Universum sich verflüchtigenden Geistes; dort absolute Nothwendigkeit, hier absolute Willkühr. Und da nach Herrn Schleiden selbst das Gebiet des „entfesselten" Geisteslebens in ein undurchdringliches Dunkel gehüllt ist, und Räthsel bleibt (die absolute Willkühr läßt sich freilich nie denkend erfassen), so werden zuletzt schärfer Denkende denn doch lieber bei dem bekannten M des Materialismus stehen bleiben, als zu diesem unbekannten, schlechthin übersinnlichen und durch keine Rechnung zu entziffernden X der Schleiden'schen Weltanschauung sich bekehren; deren Summa in Anknüpfung an das oben Mitgetheilte Herr Schleiden noch in die Worte zusammenfaßt: „Also auch hier, am Schlusse unseres Lebens, ein unenthüllbares Geheimniß; am Anfang und am Ende eine undurchdringliche Nacht und zwischen beiden eine flüchtige Dämmerungsminute: das ist die Wahrheit des Wissens; daß jenes doppelte Dunkel in der That nur der Vorhang ist, welcher uns vom hellen, vollen Lichte, unserem eigentlichen Elemente, scheidet, ist die Wahrheit der Ueberzeugung im Glauben; und daß wenn auch keine Kraft uns befähigen kann, schon hier jenen Vorhang zu zerreißen, doch unser Glaube berechtigt ist, ist die Wahrheit unseres religiösen Gefühls; das Ganze aber das Resultat der vollendeten philosophischen Untersuchung, die Philosophie der Resignation." — Es ist gut, daß Herr Schleiden unmittelbar darauf selbst bekennt, daß bei diesen Expektorationen der gepreßte Athem ihm auszugehen drohe: „Laß mich wieder einlenken und von diesen Gipfelpunkten geistiger Erhebung, auf welcher die fast zu Aether verdünnte Luft dem schwachen Menschen ohnehin nur ein augenblickliches Verweilen verstattet, wieder herabsteigen zu geringeren Höhen, die längere Umschau gestatten und weniger angreifen. Von dort finden wir dann schon wieder den Weg zur friedlichen Hütte und zu blumigen Auen."

Mit solcher dilettirenden Mondschein-Philosophie also, die bei unklaren Köpfen und verbildeten Damen vielleicht auf Wirkung rechnen kann, unternimmt es Herr Schleiden gegen die Wahrheit und Macht der christlichen Offenbarung, wenn auch in meist vornehm verdeckter Weise Streiche zu führen, und uns zu seinem phantastisch aufgeputzten Deismus,*) als der wahren und vollendeten Religiosität, mit den Worten einzuladen: „Ueberall, in dem Rauschen der Wälder, in dem Rollen des Donners, im Knistern des brennenden Scheites, im Knarren der sich abkühlenden Ofenthür vernehmen wir die Stimme der Natur; und wahrlich, der muß mit blöden Augen hineinlauschen in den Tempel der Schöpfung, der nicht überall die Klänge vernimmt, welche sich zum großartigsten Gloria vereinigen. Aber unser Gott, dem dieses Gloria ertönt, ist nicht jener kümmerliche Maschinenmeister der Natur, der das Brennen eines dürren Traganthbusches oder das Zusammenschlagen zweier durch den Blitz getrennter Regenwolken braucht, um wie ein Gespenst hineinzuschauen in seine Werkstatt, damit er die etwas laut gewordenen Lehrjungen erschrecke. Unser Gott geht uns nicht verloren, wenn wir die Natur naturwissenschaftlich erklären und verstehen lernen. Wir können ihn entbehren in der Natur, die so vollkommen aus seiner schöpferischen Hand hervorging, daß er nicht mehr dem schlechten Uhrmacher gleich dabeistehen muß, um jeden Augenblick die in Unordnung ge-

---

*) Man ist in Verlegenheit, welche Bezeichnung man für die Schleiden'sche Weltanschauung wählen soll, denn Schleiden ist Dualist, Pantheist, Rationalist, Deist — kurzum alles Mögliche, nur sicherlich kein Monotheist; und seine „Studien" sind, wie man aus den oben mitgetheilten Proben ersehen mag, eine wahre Musterkarte von Widersprüchen.

rathenen Zeiger und Räder wieder zurecht zu rücken. Gerade
daß wir ihn unmittelbar in der Natur niemals finden, macht
uns ihn unverlierbar und groß." — Es ist freilich ein wahres
Wunder, daß das Streiflicht, die Dämmerung, die uns um=
giebt, die vom Geist dualistisch geschiedene Natur noch solchen
reinen, klaren, großen und unverlierbaren Gottesbegriff wirkt
— doch dieß ist nur einer der zahlreichen Widersprüche, in
denen die Schleiden'sche Weltanschauung befangen ist. Auf dem
Standpunkt der eben gezeichneten, tiefen religiösen Grundan=
schauung kann es freilich nicht befremden, jenen, wie Mi=
chelis treffend sagt, in der ganzen „Weltgeschichte, in ihrer
tief innersten, sittlich=religiösen Entwicklung wiederhallenden
Donner vom Sinai auf das Rasseln von Sandkörnern, die
der Wind durch eine Felsenspalte treibt, oder den geistigen
Wunderbau der Sprache auf das Naturphänomen gewisser un=
erklärter in Hochasien, wie man sagt, in der Luft vernehmbarer
Töne" zurückgeführt zu sehen.*) Es ist schon viel, daß Herr

---

*) Zwar ist die betreffende Stelle nicht ganz deutlich, Michelis dürfte
aber mit obigen Worten den eigentlichen Sinn doch richtig angegeben
haben. Im Gegensatz gegen die moderne, bekanntlich neuestens selbst von
Jakob Grimm vertretene Meinung, die die Sprache ein Selbstgemächte
des Menschen sein läßt, sagt Franz v. Baader einmal die schlagenden
Worte: „Die Absurdität jener Hypothese leuchtet sogleich ein, wenn man
nur bedenkt, daß der Mensch seine Sprache oder Worte erst denkt, ehe er
sein Denken sagt, oder daß er sein Denken nur insofern zu sprechen vermag,
als er sein Sprechen denkt. Da die Sprache dem Menschen folglich bereits
nöthig war, um nur an ihre Erfindung denken zu können, so hätte der
Erfinder der Sprache sich hiemit das Werkzeug alles Erfindens erfinden
müssen. In der That muß man dagegen das Wort jenes Licht der mo=
ralischen Welt nennen, welches jeden Menschen erleuchtet, der in diese tritt,
und welches noch täglich jeden einzelnen Menschen als intelligent und sich
selbst bewußt seiend aus dem Nichts hervorruft und emporhält, sowie jenes
schaffende Wort diese Welt dem Chaos enthob; und der Mensch konnte

Schleiden dem Christenthume einmal sogar „einen wenigstens (gegenüber dem Heidenthum) einigermaßen geläuterten Gottesbegriff" zugesteht, wobei freilich schwer einzusehen ist, worin nach seinen Auslassungen über „Aberglauben" diese Läuterung eigentlich bestehen soll, um so mehr, da ja schon die antike heidnische Welt, Griechenland und Rom, „die Entwicklungsgeschichte der Menschheit umfassen, und schon Plato und Aristoteles die ewig unerschütterlichen Grundlagen für geistige Entwicklung gelegt haben." Wie wenig aber jene Phrase, die wie eine Art Zugeständniß aussieht, bedeuten will, davon mag noch folgende in der gewöhnlichen anmaßenden Weise gehaltene Diatribe gegen die christliche Lehre von der Auferstehung einen Beleg geben: „Nur dieser letzteren gemeinen Auffassung aber gehören alle jene Bilderreihen und Vorstellungsspiele an, mit welchen die ungezügelte Phantasie sich die Dunkelheit nach Beendigung unseres Erdenlebens herausputzt, mag das in kühnerer und wenigstens scheinbar sittlich begründeter Fassung sich als orientalische Seelenwanderung darstellen, oder sich in roh sinnlicher Gestaltung des abendländischen sogenannten Christenthumes, welches sich von den Freuden des körperlichen Daseins mit seinen Lüsten und Befriedigungen nicht trennen mag, als mehr oder minder fein gefaßte Auferstehung im Fleische gestalten, ein Dogma, welches dieses Afterchristenthum mit den allerrohesten Nationen, mit Samojeden und Eskimos gemein hat." —

Die Berechtigung des Glaubens, die Wahrheit des reli-

---

sich diese Sprache so wenig erfinden, daß er sie vielmehr als das mysterium magnum seines Geisteslebens nicht einmal zu begreifen vermag." Die schier allgemein eingerissene Theophobie erzeugt eben fortwährend solche Absurditäten, wie die hier gerügte und macht selbst verdiente und geistvolle Männer zu ihren Vertheidigern. —

giösen Gefühles „entwickelt" Herr Schleiden weiter in folgender Weise: „Alles Positive in der Religion ist so gut Aberglaube, als die Astrologie." „Von der nothwendigen Symbolisirung der Ideen, damit sie der religiös-ästhetischen Gefühlsstimmung im Leben dienen können, bis zu den furchtbarsten Erscheinungen des Aberglaubens im finstersten Mittelalter haben wir nur einen stetigen Fortschritt in einem und demselben Gebiete des menschlichen Geisterlebens" . . . „Aber auch der gerechtfertigte und unvermeidliche religiöse Aberglaube hat seine sehr gefährlichen Seiten" . . . „Der Glaube aber lebt unvertilgbar in jeder Brust; es gehört zu den Bedingungen der Existenz des Menschen, daß er um sich her geistiges Leben und nicht todte Körperlichkeit fühle. Der noch ungeläuterte Glaube vertheilt dieses Geistige an die einzelnen sinnlichen wahrnehmbaren Gegenstände; der über die höchsten Güter verständigte Mensch versammelt alle Strahlen des Lebendigen in einen einzigen Brennpunkt, den er Gott nennt; aber damit allein ist noch wenig gebessert, denn man irrt sehr, wenn man Vielgötterei und Götzendienerei als Wechselbegriffe betrachtet. Auch der Monotheismus kann die widerlichsten Fratzen des Heidenthumes annehmen, wenn er selbst nicht auf die reinsten Formen zurückgeführt und zu einer Monarchie im Geisterreiche entwürdigt wird" . . . . „Nicht der Glaube, daß es einen Gott, eine Unsterblichkeit, ein Jenseits und darin ein freies Reich der Geister gibt, ist es, was den Menschen erhebt über den sinnlosen Kampf todter Massen und Kräfte um ihn her, sondern die Ueberzeugung ist es, daß Gottes lichte Himmelswelt nicht in der That von der uns umgebenden Welt verschieden sei, sondern nur unserer beschränkten menschlichen Auffassung verschieden erscheine" . . . . „Nun aber bleiben Gott, Unsterblichkeit, freie Gemeinschaft der Geister dem Menschen stets ein Unbegreifliches, seiner Einsicht Ueberlegenes; aber weil das

Gemüth des Menschen nicht sein kann, ohne dieses Unbegreif=
liche sich nahe zu wissen, es auszusprechen, es überall zu er=
kennen, so muß er sich für dasselbe begreifliche Zeichen wählen,
welche unter einem Bilde ihm das Unbegreifliche erfaßbar ma=
chen. Die Bilder sind die Symbole, in ihnen bewegt sich
unser ganzes religiöses Leben" .... "Es ist Sache der Philo=
sophie (nicht der Naturforschung) nachzuweisen, daß wir nicht
im Stande sind, ein Wunder, als solches, anzuerkennen." Für
das religiöse Gefühl aber "schließt jeder Glaube den Wunder=
glauben nothwendig ein. Ja, ich behaupte, kein Mensch ist
frei von diesem Wunderglauben" .... "Das Gesetz der Schön=
heit ist das Mittel, um der Ausartung des Aberglaubens ent=
gegenzuwirken, denn zunächst ist alle Symbolisirung und also
auch die der religiösen Ideen von ästhetischer Bedeutung. Ver=
werflicher Aberglaube ist daher jede häßliche, jede geschmacklose
Aussprache unserer höheren Ueberzeugungen." Es kann kaum
wundern, wenn auf solche Grundlagen hin Herr Schleiden den
Egoismus für das eigentlich treibende, moralische Princip
erklärt: "Wo wir, sagt er, in der Geschichte der Menschheit
Einzelne oder größere Gesellschaften mit Aufopferung von Zeit,
Geld oder physischem Wohlbehagen ringen und kämpfen sehen,
wird es uns nicht schwer werden, nachzuweisen, daß die eigent=
lich treibende Kraft der menschliche Egoismus, die Begierde
nach der Erlangung wirklicher oder erträumter Vortheile sei;
selbst in die noch am meisten geistig erscheinenden Anstrengun=
gen für das religiöse Bewußtsein, in den Fanatismus der
Märtyrer, mischt sich für den unpartheiisch forschenden Psy=
chologen zu viel Irdisch=Menschliches ein, um sich mit reiner
ungetrübter Begeisterung diesen Erscheinungen hingeben zu
können. Auch finden wir dabei größtentheils nur ein rasches
Handeln in der leidenschaftlichen Erregung des Augenblicks,
während die Ausdauer, die sich durch kein schon erduldetes

Elend von der Verfolgung des einmal gesteckten Zieles abbringen läßt, nur den nach Befriedigung materieller Interessen ringenden Menschen eigen ist." Vollkommen richtig, Herr Schleiden, werden Vogt und Feuerbach zu dieser interessanten Aufklärung sagen. Vollkommen richtig, sagen auch wir, denn der auf dem Scheiterhaufen unter Qualen endende Märtyrer giebt ja in der That einen Anblick, der das Gesetz der Schönheit grausam verletzt! und der Cultus des Genius und die Pflege der materiellen Interessen sind ja die einzigen Objekte, die eines Martyriums würdig wären — doch ja kein ästhetisch verletzendes Martyrium, damit es sich „mit einer ungetrübten Begeisterung" betrachten läßt!

Genug dieses widerspruchsvollen Raisonnements, dessen ganze Summa auf den Satz hinausläuft: es giebt keine objektive Wahrheit, aller religiöser Glaube ist eine rein subjektive ästhetische Idee, eine symbolische Luftspiegelung. Luftspiegelung, sagen wir; denn sieht man näher zu, was es denn eigentlich mit den von Schleiden noch zugelassenen religiösen Begriffen: Gott, Freiheit, Unsterblichkeit, Vorsehung für eine Bewandtniß hat, so ist es ein reines Gaukelspiel, das Herr Schleiden mit denselben zu treiben beliebt. Denn wer im Vertrauen auf jene Kategorieen zu Herrn Schleiden sagte: also giebst Du die Existenz Gottes zu, eine Freiheit, Unsterblichkeit, Vorsehung, dem antwortet er: Nicht so, mein Freund, ich sage nicht, daß Gott als ein freies, persönliches, alldurchdringendes Wesen existirt, „diese Betrachtung gehört einer ganz rohen Stufe religiöser Ausbildung an, und es ist im Grunde ganz dasselbe Heidenthum, ob wir den ganzen griechischen Olymp unter der Herrschaft Jupiters, oder die Legionen der Teufel, Dämonen und Geister und anderen Firlefanz unter der Herrschaft eines mit schnöder Lästerung so genannten christlichen Gottes anbeten." Ich behaupte vielmehr nur, daß die Idee

Gottes eine „religiöse Idee von ästhetischer Bedeutung ist." Auch ist an keine individuelle persönliche Fortdauer nach dem Tode zu denken, denn auch Geister, Heilige, Dämonen, Teufel u. dergl. Firlefanz sind eben nur eine rohe, religiöse Vorstellung; nur das Gesetz der Schönheit bedingt, wie alle religiösen, so auch die Idee der Unsterblichkeit. Und auch der Begriff der Vorsehung, „welcher in seiner Anwendung am reichsten und lebendigsten unser religiöses Gefühl anregt, in welchem sich am sichersten und eigenthümlichsten unsere Frömmigkeit bewegt, und welche zugleich auch den reinsten und edelsten Aberglauben einschließt", ist eben nichts anderes, als der Reflex unserer eigenen (teleologischen) Weltbetrachtung. Ja, um im Vertrauen, mein Freund, Dir Alles zu sagen: auch jenes „Dämmerlicht, jenes flüchtige leicht täuschende Streiflicht" unserer gegenwärtigen Existenz ist im Grunde nichts anderes, als „die Welt ewiger Helle und ewigen Glanzes" selbst, nach der wir uns sehnen!

Es kann Niemanden verwehrt werden, an solcher etwas abgestandenen und sich selbst widerlegenden Weisheit sich „die Gefühle stark und warm" machen zu lassen. Doch wäre es gut, wenn denn doch der Naturforscher durchaus als magister trivialis dociren will, seine philosophischen und religiösen Trivialitäten ein bischen bescheidener vorzutragen, und festgebannt in den engen Zauberkreis einiger wesentlich inhaltsleeren Kategorieen, ein tieferes philosophisches und religiöses Denken als das seinige ist, als eben wesentlich seinen Horizont übersteigend, lieber unangetastet zu lassen. Ein wahrhaft fanatischer Eifer überkommt aber den Schüler von Kant und Fries, so oft er nur von fern an Schellings Naturphilosophie und Verwandtes sich erinnert. Wenn aber vollends, was sehr häufig geschieht, ein Forscher „aus dem Nachtgebiete der Natur" ihm in den Weg kommt, dann strömt über die Lippen

des sonst so feinen und geschmeidigen Darstellers eine wahre
Fluth von Schmäh- und Schimpfworten: „Bornirtheit, Ignoranz oder bewußte Schlechtigkeit, rohe Unwissenheit und schmu-
tzige Dürftigkeit, süßlicher Kinderbrei, mystische Phantasiespiele,
Charlatanerien, Thorheiten, Nichtswürdigkeiten, Faseleien, unsaubere in Ammen- und Spinnstuben gehörige Geister, After-
philosophen, Menschen mit zerrüttetem Unterleib und Nervensystem, faselnde Kinder" u. a. m. sind wörtlich die Kraftaus-
drücke, welche Schleidens Mund oft in Einem Zuge (man
vergl. S. 207) auf Männer wie Eschenmeyer, Kerner, Enne-
moser, Schubert, Stilling und Andere, die das Unglück gehabt haben, in Gebieten, bei deren bloßer Nennung Vielen
der Verstand sofort ausgeht, noch zu beobachten und ihrer
Realität sich zu vergewissern, herabregnen läßt. Seltsame
Ironie! Herr Schleiden begründet philosophisch die Nothwendigkeit und Allgemeinheit des Aberglaubens, und scheidet dabei
in allerwillführlichster Weise den „reinen und edlen" Aberglauben vom „verkehrten". Denn nicht der Inhalt unterscheidet ja, wie wir oben gehört, den „reinen" vom „verkehrten"
Aberglauben, sondern bloß die Form, die mehr oder minder
ästhetische Weise, in der ich jenen beidemale eingebildeten Inhalt ausspreche. Und doch hört Herr Schleiden sogar „im
Quacken des Frosches und im Kreischen der verrosteten Thür-
angel die Stimme seines Gottes"! Im Gefühle der Schuld
über solch' eine Philosophie des Aberglaubens, und als eine
Regung des durch jene unwissenschaftliche, rein subjektiv-äußer-
liche Bestimmung verletzten wissenschaftlichen Gewissens geht
nun das Gespenst des „verkehrten" Aberglaubens Herrn
Schleiden überallhin nach, und so oft er desselben ansichtig wird,
erfolgt eine mehr als drastische Erpektoration in der bezeichneten
Richtung.

Wir sind weder ein Anhänger der Schelling'schen, von

ihrem Urheber in der ursprünglichen Form ja selbst aufgegebenen Naturphilosophie, noch ein Nachbeter der Herren Eschenmeyer und Kerner. Wir glauben vielmehr, daß die letzteren
und noch mancher Andere gar manchmal der nöthigen Kritik
und Nüchternheit mögen ermangelt haben; sowie daß an die
Erscheinungen des Magnetismus und Verwandtes häufig
grober und feiner Betrug sich gehängt hat und noch hängt.
Ueberhaupt legen wir auf dieß ganze Gebiet im Sinne der
Apologie der christlichen Wahrheit und der h. Schrift, die ganz
andere Stützen noch haben, keinen unmittelbaren und über-
großen Werth. Die unwissenschaftliche und leichtfertige Weise
aber, mit der die Mehrzahl der Naturforscher und Gelehrten
heutigentages die Realität einer Reihe solcher Erscheinungen
kurzweg mit Leugnen und Schimpfen umgeht, oder gar, wie
Herr Schleiden in seinem Zorne ausdrücklich thut, Jeden, der
an solchen Realitäten festhält, ethisch verdächtigt, wäre unwürdig, wenn sie Angesichts von Männern, wie die oben genannten sind, nicht einfach lächerlich wäre. Wir weisen hier,
näheres Eingehen auf spätere Gelegenheit ersparend, wo wir
dann zeigen wollen, daß auch mit der Annahme der Realität
solcher Erscheinungen sich bestimmte und nüchterne Principien der
Beurtheilung verbinden lassen, nur noch auf Einen auffallenden
Widerspruch hin. Die Naturforscher verlangen sonst überall
erakte, ausdauernde und vorurtheilsfreie Beobachtung, um zu
sicheren Resultaten zu gelangen. Herr Schleiden (der in diesem
Gebiet ohne eigene Beobachtung zu sein scheint) erzählt von
seinem Gewährsmanne Himly, daß derselbe bei der Beobachtung einer Somnambule einen Betrug entdeckt habe, und darauf „natürlich sogleich völlig aufgeklärt abgereist sei". Was
beweist dieses oder viele dem ähnliche Fakta? Nicht mehr und
nicht weniger als daß in dem Zustande des Somnambulismus
manchmal oder auch oft Betrug (sei er der Somnambule als

solcher bewußt oder nicht) mit unterläuft. Aber so ist's in fast allen Fällen: die meisten Naturforscher treten mit entschiedener innerlicher Leugnung der Möglichkeit einer nicht-sinnlichen Wirkungsweise auf die Natur und den Menschen an die Beobachtung, und kommt nun irgend eine Täuschung, so laufen sie, die Hände reibend, „völlig aufgeklärt" weiter. Wir erlauben uns, die so schnell aufgeklärt Weglaufenden als die eigentlichen dupés zu bezeichnen. Die Aufgabe wäre doch in jenem Falle gewesen, die übrigen Erscheinungen bei der betreffenden Somnambule auch durch Betrug oder sonstige rein natürliche Ursachen zu erklären, und an eine solche Beobachtung noch eine längere Reihe anderer mit gewissenhafter Aufmerksamkeit zu knüpfen. Es ist sehr leicht, macht aber auf den Unbefangenen auch leicht einen ergötzlichen Eindruck, nachdem man erst die Unmöglichkeit und Unwirklichkeit einer unmittelbaren Manifestation der Jenseitswelt in das Diesseits ariomatisch festgestellt hat, recht gründlich zu beweisen, daß es keine solche Manifestationen gebe. Ueberdieß müßte ja, wenn auch nur Ein Faktum aus jenem Gebiete wirklich erwiesen wäre, das ganze System revidirt und geändert werden, und zu solcher Revision entschließt man sich begreiflich nur äußerst schwer.

Herr Schleiden hat sich nun in seinen „Studien" Swedenborg ausgesucht, um an diesem auch in der bezeichneten Richtung seinen Scharfblick zu erproben. Das kurze Resultat ist: „Swedenborg war ein Wahnsinniger, aber ein gutmüthiger und völlig ungefährlicher"! Sein Aberglaube ist ein verwerflicher, obwohl, wie Schleiden erklärt, die Aussprache desselben „eine dichterisch schöne, zarte und verklärte ist" — also dem Alles entscheidenden Gesetze der Schönheit entspricht! Natürlich ist aber Swedenborg dennoch ein Wahnsinniger, denn die Philosophie des Herrn Schleiden hat eben für eine solche Erschei-

nung keine andere Kategorie im Vorrathe. Sonst sind gegenwärtig die Naturforscher mit dem oft bedenklich bescheidenen:
„ich weiß nicht!" und der Suspension der Erklärung ziemlich
freigebig; warum nicht vor Allem in einem Gebiete, von dem
sie ja selbst gestehen, nichts zu wissen? Hätte Herr Schleiden
einfach erklärt: ich verstehe von Swedenborg nichts, und muß
von meinem philosophischen Standpunkte aus die Realität des
von ihm behaupteten Geisterverkehres überhaupt leugnen, so
wäre dieß Urtheil nicht nur aufrichtiger, sondern auch wissenschaftlicher, als jene thöricht apodiktische, nichts erklärende und
doch Alles sehr summarisch erklären wollende Phrase. Er selbst
redet einmal „von der Erbärmlichkeit der gemeinen und geist-
losen Aufklärer des vorigen Jahrhunderts, welche Alles, was
sie psychologisch zu begreifen zu dumm und zu roh waren, mit
Phrasen ‚von willführlichem Unsinn, Aberwitz, Betrug und
Gaukelei' abfertigten". Es dürfte schwer sein zwischen den Auf-
klärern des 18. Jahrhunderts und der Aufklärung, die Herr
Schleiden sich zur Aufgabe gesetzt hat, irgend einen wesentlichen
Unterschied zu entdecken. Dann hat aber er selbst mit jenen
Worten in der herbsten und schärfsten Weise sich das Urtheil
gesprochen. Und Herrn Schleiden wäre jene Rückhaltung doch
um so näher gelegen, da er selbst ausdrücklich sagt: „Ueberhaupt charakterisirt sich der ächte Naturforscher durch die größte,
aber ihrer selbst wohl bewußte Unwissenheit und ist stets der
bescheidenste Mensch von der Welt . . . von der allgemeinen
Eitelkeit ist fast nur der wahre Naturforscher mehr oder
weniger frei." Trotzdem passirt es eben Herrn Schleiden jener
wohlbewußten Unwissenheit manchmal zu vergessen, und in
seinem unwiderstehlichen Drang, an die Stelle des „verkehrten" den „reinen und edlen Aberglauben" zu setzen, kommt er
schließlich dabei an, daß er, um wirklichen oder vermeinten
Aberglauben auszurotten, einen so filtrirten Glauben predigt,

der bei näherer Besichtigung einfach als ein ästhetisch aufge=
putzter und philosophisch verbrämter Unglaube bezeichnet
werden muß. Jedenfalls dann ein Tausch von zweifelhaftem
Werthe; denn wenn „der Aberglaube, wie Friedrich v. Meyer
einmal sagt, einem scheuen und unerfahrenen Kinde gleicht,
welches über Alles erstaunt, was es noch nicht gesehen hat,
und es einer fremden Macht zuschreibt, wenn auch bei näherer
Untersuchung die bewunderte Erscheinung eine ganz alltägliche
wäre und in ein Nichts zerfiele, so der Unglaube einem über=
klugen Jüngling, der schon Alles gesehen, erfahren hat und
weiß — nur seine eigene Unwissenheit ausgenommen". Der
Teufel läßt sich aber bekanntlich nicht mit Beelzebub austreiben,
und zwischen Aberglauben und Unglauben steht erhöht der
Glaube, eine Macht, von deren Wesen und Leben freilich
Herr Schleiden und so viele Andere, die wider denselben
deklamiren, leider noch niemals etwas erkannt und erfahren
haben!

Siebenter Brief.

„Le catholicisme fait la force du papisme et le
papisme fait la faiblesse du catholicisme."

St. Martin.

Wir haben uns im vorausgehenden Schreiben mit der
Kritik des modernen naturwissenschaftlichen Rationalismus be=
schäftigt und dabei Herrn Schleiden als Repräsentanten dieser
Richtung gewählt. Wir können es nicht wohl umgehen, noch
ausdrücklich einer Darlegung zu gedenken, welche kürzlich vom
römisch=katholischen Standpunkte aus über das Verhältniß
des kirchlichen Glaubens zur Naturwissenschaft, und zwar gleich=
falls in unmittelbarer Beziehung auf Herrn Schleiden gegeben
worden ist. Wir meinen die Schrift: „Der kirchliche Stand=
punkt in der Naturforschung. Ein Wort zur Verständi=
gung über das Verhältniß der Naturforschung zu dem Glauben
und zu der Hoffnung des Christen. Sendschreiben an Dr. M.
J. Schleiden, Professor der Botanik zu Jena, von Dr. F.
Michelis, Direktor des Collegium Borromäum zu Münster.
1855." Vor Allem begrüßen wir in Herrn Michelis einen
Mann, der mit entschiedenem Ernste an den christlichen Grund=
wahrheiten festhaltend, von der Möglichkeit wie Nothwendigkeit
einer wissenschaftlichen Apologie derselben auch gegenüber den
an die Naturwissenschaft sich lehnenden Gegnern des Evange=
liums überzeugt ist, und in der genannten Schrift einen schätz=
baren Beitrag hiezu bringt. Trotz dieser gemeinsamen, allge=

meineren Grundlagen sind aber zunächst die Ergebnisse der oben
von uns und der von Herrn Michelis geübten Kritik ziemlich
verschieden ausgefallen. Schleiden's „Studien" haben zwar
auf Herrn Michelis bei der ersten Lesung einen niederschla-
genden Eindruck gemacht, so daß er das Buch mißmuthig bei
Seite legte. Doch bei erneuter, sorgfältiger Lesung verwandelte
sich dieser Eindruck in sein Gegentheil: in den einer erquicken-
den inneren Befriedigung. Woher kommt es nun wohl, daß
der schließliche Eindruck bei Herrn Michelis und dem Schreiber
dieser Zeilen, obwohl wir zuerst die Schrift des Herrn Michelis
gelesen haben, und so mit dem besten Vorurtheil an die Lektüre der „Studien" giengen, ein so verschiedener geworden ist?
Einmal war es, wie Herr Michelis sagt, für ihn wohlthuend,
aus mehreren Aeußerungen Schleidens „einen über die gewöhnlichen Vorurtheile seiner Confession erhabenen Geist" zu
erkennen; doch nicht dieser Umstand allein entschied schließlich
zu Gunsten der „Studien", sondern vielmehr die Wahrnehmung, „daß Schleiden nicht nur den die Menschheit schänden-
den kynischen Materialismus eines Vogt auf eine seiner wür-
dige Weise abfertigt, sondern weit über dieses hinaus die
Nebelschicht des feineren, pantheistischen und hylozoistischen Materialismus, der auf unserer ganzen neueren und neuesten Naturforschung lagert, auf eine ganz entschiedene und unzweideutige
Weise durchbricht, ja daß der eigentliche Kern und Lebenspunkt
der Studien in dem tiefgefühlten Bedürfniß des Herzens ihres
Verfassers erkannt werden muß, über die wichtigsten und höchsten Fragen des Menschen, über die reale Existenz und was
damit steht und fällt, die persönliche Fortdauer des menschlichen
Geistes, sowie über den Glauben an einen persönlichen Gott
im vollen Bewußtsein als Naturforscher sich auszusprechen."
Oder, wie Herr Michelis später bemerkt: „ich erkenne, daß
Schleidens ‚Studien' die Studien eines Meisters auf dem

Gebiete der Natur in dem Gebiete des Uebernatürlichen sind." Auch wir erkennen neben ihrem ersten populär-naturwissenschaftlichen Zwecke in den Studien diese Absicht; waren aber bei dem besten Willen, und je schärfer wir die Schleiden'schen Philosophumena in's Auge faßten, desto weniger im Stande, jene oben behaupteten Eigenschaften, daß es ein tiefgefühltes Bedürfniß Schleidens sei, über die reale Existenz und persönliche Fortdauer, über den Glauben an einen persönlichen Gott sich und seine Leser zu vergewissern, zu finden. Es drängte sich uns vielmehr mit unerbittlicher Logik die Ueberzeugung auf, daß das Schleiden'sche Philosophiren den gerade entgegengesetzten Effekt bewirken müsse, ja daß dasselbe trotz des mit Freuden anerkannten Bestrebens, den Materialismus zu bestreiten, dualistisch beginnend, doch zuletzt entweder zu einem wenn auch feineren Hylozoismus oder zu einer vollkommenen Skepsis mit Nothwendigkeit führen müsse, und eben deßhalb geeignet sei, für Manche eine Brücke zum entschiedenen Sensualismus zu werden. Wir glauben dieß auch im vorhergehenden Schreiben mit einiger Evidenz nachgewiesen zu haben. Es ist uns daher zunächst ein Räthsel, wie der so fein und scharf denkende Herr Michelis dieß nicht gleichfalls erkannt und durchschaut hat. Um so mehr, da er doch den Spiritualismus Schleidens, der das Ideale und Reale dualistisch trennt, und in der Leiblichkeit nichts als eine den Geist bindende und darum schließlich aufzuhebende Fessel erkennt, deutlich selbst hervorhebt! Wie konnte Herr Michelis gänzlich übersehen, daß Schleiden diesen Ausgangspunkt zuletzt dahin entfaltet, daß das Ideale im Realen wiederum untergeht, der Geist in der Natur, in derselben Natur, die doch nur eine leere Form und Abstraktion sein soll, so daß die ganze Entwicklung zuletzt in einem sich selbst aufzehrenden Gegensatze, in Nihilismus, endigt! Wie kann da Herrn Schleiden die Ueberzeugung von der realen Existenz und persönlichen

Fortdauer des Menschen, der Glaube an einen persönlichen
Gott nur mit einigem Schein angedichtet werden! Und doch
bemerkt Herr Michelis selbst andererseits ausdrücklich, daß die
von Herrn Schleiden versuchte Verständigung zwischen der Natur=
wissenschaft und dem Glauben „nur um den Preis des ganzen
objektiven Offenbarungsinhaltes erlangt wird und die Religion
als einen freilich ehrwürdigen und in sich moralisch gerecht=
fertigten Aberglauben bestehen läßt.“ — Doch wir lassen dieß
Räthsel billig ungelöst, denn weder die große Hochachtung,
die Herr Michelis vor Schleiden als Naturforscher hat, und
die auch wir mit Vielen theilen, noch jene Wahrnehmung, daß
Schleiden von gewissen confessionellen Vorurtheilen frei erscheine,
genügt uns bei Herrn Michelis, dem die geoffenbarte Wahr=
heit über Alles geht, jenes seltsame Mißverständniß zu erklären.

Was aber weiter die positiven Erörterungen des Herrn
Michelis betrifft, so sind wir im Wesentlichen mit denselben
von Herzen einverstanden und glauben, daß die Art, wie er
in gedrängten Zügen „das sophistische Gaukelspiel“ des Mate=
rialismus aufdeckt und bekämpft, sowie seine Erörterungen
über den Gegensatz des Realen und Idealen, als das Zeugniß
einer in der sittlichen, wie natürlichen Welt eingetretenen Zer=
rüttung, und deren Restitution in der Erlösung durch den Gott=
menschen Christus u. s. f. ganz geeignet sind, Manchen von
denen, die nicht bereits vornehm abgeschlossen haben, sondern
die Wahrheit noch suchen, ein heilsamer Fingerzeig zu sein,
um eine befriedigende und ihrer selbst gewisse religiöse Erkenntniß
zu gewinnen. Wir lassen uns aber hier, wo wir mit keinerlei
Untersuchungen positiv religiösen Gehaltes, sondern wesentlich
mit Kritik von Principien es zu thun haben, an dieser Hin=
weisung genügen.

Weniger einverstanden können wir uns erklären mit dem,
was Herr Michelis am Schluße seiner Darlegungen über das

Verhältniß und die Versöhnung des Realen und Idealen, oder specieller der Offenbarung und der Empirie, des kirchlichen Standpunktes und der Naturwissenschaft beibringt. Zwar ist es unzweifelhaft richtig, wenn Herr Michelis bemerkt, daß „die Offenbarung und der Glaube es an und für sich, und zunächst mit der Naturwissenschaft nicht zu thun habe", und dieser also Selbständigkeit und Freiheit innerhalb ihrer Sphäre gewahrt bleiben muß. Es genügt hier aber nicht allein die äußerlich richtige Gränzbestimmung; denn wenn die Offenbarung „ihrem Wesen nach wahrhaft universal und allumfassend ist," so muß eben auch die höhere Einigung des zunächst gegensätzlichen Idealen und Realen in ihr behauptet und aufgezeigt werden. Dann darf aber die Offenbarung auch nicht wieder als das Ideale dem Realen, oder als das „objectiv=Ideale dem berech= tigten subjectiv = Empirischen" gegenübergestellt werden, denn sonst hebt der Nachsatz den Vordersatz wieder auf, und die Einigung und Versöhnung bleibt eine fictive. Es fragt sich dann eben, wie wird aus dem Idealen, das der Gegensatz des Realen ist, auf einmal das „objektiv=Ideale"? Durch die still= schweigende Supposition „der Kirche"? Und welches ist die Stellung des objektiv=Idealen zum „berechtigt subjektiv=Empiri= schen"? Das wirklich objektiv=Ideale muß eben als solches schon auch das objektiv=Reale sein und dieses in sich befassen. — Wir leugnen nicht die Schwierigkeit dieses Nachweises, geben auch gerne zu, daß die volle Begründung desselben in der Auf= gabe, welche sich Herr Michelis in seinem Sendschreiben ge= stellt hat, nicht nothwendig bedingt war. Doch bleibt hier und zwar an der entscheidenden Stelle ein unausge= glichener Rest, und wir müssen, wie uns noch andere Aeuße= rungen deutlich verrathen, zuletzt behaupten, daß auch die Mi= chelis'sche Anschauung im Princip in einem mehr oder minder scholastischen Dualismus befangen bleibt. Er bewahrheitet dieß

auch durch die geringschätzige Weise, in der er, wenn auch
nur im Vorübergehen, der Mystik begegnet. So lange man
das Grundprincip dieser letztern noch so sehr verkennt, wie es
bei Herrn Michelis der Fall zu sein scheint, wird man auch
die wesentliche Einheit des Realen und Idealen in der Offen=
barung wissenschaftlich und theologisch nicht genügend nach=
weisen können, sondern in einem mehr oder minder verdeckten
und nur äußerlich ausgeglichenen Dualismus hängen bleiben.

Hier aber ist der Punkt, wo wir nach einer besonderen
Seite hin entschiedene Verwahrung gegen Herrn Michelis ein=
legen müssen. Nur ungerne entschließen wir uns dazu, da
der betreffende Stoff dem Gebiete, mit dem wir es in diesen
Untersuchungen zu thun haben, eigentlich ferne liegt, und wir
uns viel lieber mit Herrn Michelis über die eben angeregte
Differenz nach ihrer wissenschaftlichen Seite hin weiter aus=
einander gesetzt hätten, als mit ihm in eine confessionelle Po=
lemik, deren es bereits so viel giebt, einzugehen. Aber Herr
Michelis nöthigt uns, insofern wir seine Schrift doch einmal
in's Auge fassen mußten, hiezu, und da es in diesem eitlen
Leben auch nur durch Kampf zur Einigung und Versöhnung
geht, so wollen wir der von Herrn Michelis angebotenen
Polemik uns nicht entziehen.

Wir haben gesehen, wie Herr Michelis in der Contro=
verse mit Schleiden mit der entgegenkommendsten Liberalität
verfährt, ja mit einer Liberalität, von der, hätte er nicht
Herrn Schleiden in der Hauptsache geradezu mißverstanden,
wir sagen müßten, daß sie sich mit der Gewißheit seiner katho=
lisch=christlichen Ueberzeugung etwas in Conflikt setzt. Doch
davon abgesehen, wie kommt nun Herr Michelis dazu, die
geistige Latitude, die er gegenüber einem wenigstens entschieden
rationalistischen Princip in der Controverse mit Schleiden
bewährt, dem gläubigen Protestantismus gegenüber in auf=

fallender Weise zu verleugnen! Er wird nicht leugnen wollen
— und er könnte dieß nur im Gegensatze zu dem wahrhaftigen
und sonnenklaren Thatbestande —, daß die evangelische Kirche,
wie groß auch sonst der Gegensatz sein mag, im Glauben an
die Schöpfung, an die Abhängigkeit der Creatur von Gott,
an den Sündenfall und die durch ihn bewirkte Zerrüttung, an
die durch Christum geschehene Erlösung und Wiederherstellung,
sowie an die durch den Erlöser noch zu geschehende Verklärung
— mit der katholischen Kirche übereinstimmt. Es findet zwar
in der Auffassung des Urzustandes eine nicht ganz unwesentliche
Differenz statt, die in ihren Folgerungen die katholische Lehre
einem auch an Herrn Michelis zu beobachtenden feineren Dualismus zwischen Natur und Geist und einer vorwiegend mechanischen Auffassung des Verhältnisses von Physik und Ethik
geneigt macht; doch können wir diese Differenz hier füglich bei
Seite lassen, da gegenüber gemeinschaftlichen Gegnern die Uebereinstimmung eine in der Hauptsache genügende ist. Eben deßhalb müssen wir aber bedauern, daß Herr Michelis sich den
Anschein giebt, als ließen sich jene Grundelemente der christlichen Wahrheit, über deren Realität er sich mit Herrn Schleiden verständigen will, nur in der katholischen Kirche finden!
Warum verschmäht er es dabei nicht, allerhand verdächtigende
Seitenblicke auf die evangelische Kirche zu werfen? Warum verleugnet er, wenn es ihm um eine Verständigung der Naturwissenschaften mit dem Offenbarungsglauben so sehr zu thun
ist, da, wo eine Uebereinstimmung in den getrennten Kirchen
thatsächlich besteht, diese, statt vielmehr im Kampfe gegen
einen die Grundwahrheiten des Christenthumes frech leugnenden und lästernden Materialismus mit Dank gegen Gott jene
Uebereinstimmung anzuerkennen und statt allerlei Verdächtigung
vielmehr zu gemeinsamem Kampfe aufzurufen! — Schreiber
dieses besitzt in Bezug auf die geschichtliche Entfaltung der

christlichen Wahrheit eine Ueberzeugung, die es ihm ermöglicht,
dem Katholicismus weitgehende Zugeständnisse zu machen; er
ist weit davon entfernt, in der Reformation und deren fernerer
historischer Entfaltung lauter Gold zu sehen; aber weil er sich
mehr als tausend Andere in den Grundlehren des Heils mit
der katholischen, mit der griechischen Kirche, mit vielen Sekten
eins weiß, muß und darf er um so mehr jene befangene und
unverständige Weise beklagen, mit der immer wieder auch jener
Rest der Unität von römisch-katholischer Seite, wenigstens wo es
gerade in den nächstliegenden Zweck zu passen scheint, verleugnet
wird. Geschieht es bewußt, geschieht es von Männern, die sonst
eine gewisse Freiheit geistigen Umblickes besitzen und auch zur
Schau tragen, in einer Zeit, von der sie selber sagen, daß „in
ihr dem Materialismus, als der Theorie des Fleisches, nicht bloß
eine ungeheure natürliche Macht in seiner eigenen Sippe zur
Seite steht, sondern welchem überdieß noch die Unklarheit, Un-
einigkeit, Zerrissenheit und subjektive Zerfahrenheit des höheren
Bewußtseins in der Menschheit und die Verkommenheit der
Zustände im Allgemeinen zu Hülfe kommt", so bleibt eigentlich
nichts übrig, als ihnen dieß Verhalten ins G e w i s s e n zu
schieben.

Leider wird diese wenig aufrichtige, confessionelle Haltung
des Katholicismus, je mehr das römische Element in ihm über-
wuchert, in neueren Zeiten immer allgemeiner. Aber es bleibt
dabei, wie schon St. Martin, einer der glaubensinnigsten, geist-
vollsten und erleuchtetsten Katholiken aller Zeiten erkannt und
ausgesprochen hat: gerade dieser Romanismus, d. h. Papis-
mus ist die Schwäche des Katholicismus; wenn schon früher
wie jetzt Viele diese Schwäche für ihre Stärke achten. Je
mehr daher der Katholicismus im Widerspruch mit der Geschichte die ethische Berechtigung der Reformation wieder leugnet, und der evangelischen Kirche den Mitbesitz der Grundwahr-

heiten des Evangeliums bestreitet, je mehr er sich mit dem
Romanismus identificirt, desto mehr ruft er nicht nur nothwendig die confessionelle Fehde wieder wach, sondern entfernt
sich von den Wegen eines inwendigen Christenthumes, ver-
äußerlicht und verweltlicht sich und baut auf Stützen, die früher
oder später als morsche zusammenstürzen. Es ist aber eine für
jeden seines Glaubens gewiß gewordenen Christen tief betrü-
bende Erscheinung, daß die Zahl der Katholiken täglich kleiner
wird, die das Siegel jener Geistestaufe an sich tragen, welche
das Eine, was noth ist, unablässig suchen lehrt, und in Kraft
dieses herrschenden Grundtriebes bei aller Achtung des noch
bestehenden, äußeren Unterschiedes sich im Bunde einer geistigen
Union mit allen wahren Anbetern Gottes in Christo weiß!

Wenn nun auch in Kürze, und wie bemerkt, nicht ohne
Widerstreben, müssen wir aber die betreffenden Auslassungen
des Herrn Michelis noch etwas näher ins Auge fassen. Zuerst aber einige allgemeine Worte.

Die mittelalterliche, speciell die scholastische Wissenschaft,
deren Vorzüge wir kennen und schätzen, hat zuerst während des
christlichen Zeitlaufes einen Gegensatz des Wissens und Glaubens systematisch ausgebildet. In so bestimmten Zügen derselbe
im späteren Mittelalter auftritt, so war er doch durch die äußere
Autorität der Kirche und speciell des römischen Stuhles ver-
deckt und durch die Unterwerfung unter diesen mechanisch aus-
geglichen. Wir werden im folgenden Briefe etwas näher darauf eingehen; hier fragt sich nur, ob und wie der römische
Katholicismus jenen Gegensatz seitdem innerlich, organisch aus-
geglichen und überwunden hat? Es ist nirgends geschehen; und
auch jene Ausgleichung, die Herr Michelis zwischen Wissen und
speciell zwischen Naturwissenschaft und Glauben versucht hat,
bleibt im letzten Grunde in jenem mechanischen Charakter befangen. Oder findet sich jene objektive Ausgleichung im katho-

lischen Dogma, auf die er uns hinweisen will? Wie dieses so
scheint ja auch er selbst im Princip der späteren Scholastik und
zwar im Gegensaße zur Mystik befangen geblieben zu sein.
Will er diese Mystik des Mittelalters uns unbestritten zum
Eigenthume überlassen, wir acceptiren sie mit Freuden; um so
mehr, da die Reformation thatsächlich an dieselbe angeknüpft
hat. Ja, wir seßen hinzu, jene Mystik ist so reich und tief,
daß es dem Protestantismus lange noch nicht gelungen ist,
dieselbe genügend nach der Seite der Erkenntniß, wie des Lebens,
zu verarbeiten. Willig überlassen wir dagegen, doch ohne sie
einseitig gering zu schäßen, dem Herrn Michelis und der rö=
mischen Kirche die Aristotelifer zum Eigenthum. Aber er zeige
uns, wie diese, und wie die katholische Kirche bis auf den
heutigen Tag den Gegensaß des Wissens und Glaubens or=
ganisch gelöst hat. Das ist nichts Neues, katholische Theo=
logen gegen rationalistische und negative Richtungen zuvorkom=
mend zu sehen; hat man doch öfter als einmal den antik
heidnischen Humanismus, mit dem Purpur und der Tiara
geschmückt, alle Prätensionen Roms mit Macht, im Namen der
christlichen Wahrheit und als im Namen Christi selber festhalten
sehen! Bekanntlich auch noch nach dem Tridentinum. Will
Herr Michelis nach einer dieser Seiten hin Concessionen machen,
nun gut; wir lassen ihm willig dann diesen Schein, daß der
Katholicismus wissenschaftlich freier sei, als der Protestantis=
mus. Es wird zwar schwer sein, entgegen der allgemeinen
Meinung, diesem Saße Anerkennung zu verschaffen. Doch
wollen wir den Versuch, den Herr Michelis nach dieser Rich=
tung macht, hier mittheilen. Er stellt ohne jede unmittelbare
Veranlassung durch den Stoff seiner Controverse mit Schleiden
zuleßt noch folgende Säße auf:

„Aber die unerbittliche Richterin, die Geschichte, bestätiget
folgende Thatsachen:

„1. Das neue Aufblühen der klassischen Studien, die Erfindung der Buchdruckerkunst, die Entdeckung von Amerika und
des Seeweges nach Ostindien, das Kopernikanische System endlich, alle jene großen Geistesthaten also, welche den Umschwung unmittelbar eingeleitet haben, entspringen auf dem
Boden und aus dem Schooße der alten Kirche, im Wider-
spruche wohl mit dem Geiste der veralteten Schule, aber nicht
mit der Kirche, vielmehr als eine geistige Frucht dessen, was
jene nun veraltete Schule in der Kirche geleistet hatte.

„2. In Mitten dieses so mächtig angeregten geistigen Um-
schwunges hat Luther, jenes Credo quia absurdum est, auf
sein Panier schreibend, seinen durch die Zustände gewiß nahe
genug gelegten (ob dadurch subjektiv gerechtfertigten?) von Gott
zugelassenen Reformationsversuch im Namen des moralischen
Bewußtseins unternommen, dessen nächster Erfolg eine Hemmung dieses universellen geistigen Aufschwunges war, indem
einerseits die alte Kirche dadurch zu einer ernsten, fast alle ihre
Kräfte in Anspruch nehmenden sittlichen Reformation auf dem
Boden des überlieferten Glaubens aufgerufen, andererseits aber
Deutschland in jenen unblutigen und blutigen Krieg gestürzt
wurde, der zunächst seinen geistigen Aufschwung, dann seine
alte moralische und politische Größe untergrub. Eine richtige
Würdigung der moralischen und historischen Bedeutung der durch
Luther versuchten Reformation liegt, wie Sie leicht sehen werden,
durchaus nicht außer dem Wege dieser Betrachtung.

„3. In dieser gehemmten geistigen Entwicklung und vorzugsweise gegenüber dem starren keine Vermittlung in sich tra-
genden Princip der außerkirchlichen Orthodoxie und des einseitigen Supernaturalismus hat sich dann der aus dem Mittelalter entsprungene und nicht erst durch .die Reformation angeregte Strom der Wissenschaft und der empirischen Forschung
mehr und mehr in eine unchristliche Richtung geworfen, die ge-

genwärtig bis zu jenem Aeußersten der Einseitigkeit fortgeschritten ist, daß sie entweder im Materialismus sich erhärten und darin untergehen, oder einer höheren idealen nur in der unwandelbaren göttlichen Wahrheit des Glaubens Grundlage und Bestand habenden Richtung — nicht weichen, wohl aber mit ihr wieder zum wahren Aufbaue der Menschheit Hand in Hand gehen muß."

Wieder einmal eine kleine Musterprobe, wie man die Geschichte, die unerbittliche Richterin, behandeln muß, um sie bezeugen zu lassen, was man gerne hören möchte. Wir überlassen die nähere Kritik der vorstehenden Sätze dem Leser und deuten nur auf ein Paar Widersprüche hin. Der mächtig angeregte geistige Umschwung bei der Wende des Mittelalters und dem Beginne der neueren Zeit ist, wie Herr Michelis durch die Taufscheine von Columbus, Johann Fust, Copernicus, Reuchlin und Erasmus nachweist, aus dem Schooße der alten Kirche entsprungen; er steht im Widerspruch mit dem Geiste der (die Kirche bis dahin beherrschenden) veralteten Schule, und ist doch zugleich eine Frucht dieser Schule. Sonach scheint der ganze Zusammenhang der des Gegensatzes zu sein! Doch nein, nur der von Gott zugelassene Reformationsversuch hat die alte Kirche gehindert jenen Umschwung weiter zu führen, und sie vielmehr genöthigt zu einer ernsten sittlichen Reformation. Sie bedurfte dieser also in jedem Falle, um so mehr, da dieselbe „alle ihre Kräfte in Anspruch nahm." Eben diese Nothwendigkeit einer sittlichen Reformation „auf dem Boden des überlieferten Glaubens" (meint Herr Michelis mit diesen Worten wohl „die veraltete Schule"?) raubte der alten Kirche leider die Gelegenheit, jenen von ihr so glücklich begonnenen, universalen geistigen Umschwung weiter zu führen; und eben diese durch den im Namen des moralischen Bewußtseins unternommenen Reformationsversuch herbeigeführte Hemmung jenes Aufschwunges hat, wie die Größe Deutschlands untergraben, so

auch den aus dem Mittelalter entsprungenen Strom der Wissen=
schaft mehr und mehr zu einer unchristlichen Richtung geführt.
Daß eine auf beiden Seiten ethische Reformation solch üble
Folgen hatte! Herr Michelis gibt, wahrscheinlich ohne es zu
wollen, mit jenen Sätzen die beste Apologie der Reformation.
Räumt man einmal ein, daß der von Gott zugelassene Re=
formationsversuch im Namen des moralischen Bewußtseins
geschah, so zwar, daß er auch die katholische Kirche zu einem
ernsten sittlichen Reformationsversuch nöthigte, so ist die Haupt=
sache, auf die es ankommt, zugegeben, und man begreift nicht,
mit welchem Rechte dann immer wieder zugleich eine Menge
verdächtigender Seitenhiebe auf die Reformation geführt werden,
und heute der Protestantismus mit dem Rationalismus iden=
tificirt, morgen aber das „Glaubensprincip der alten protestan=
tischen Orthodorie" als ein im Verhältniß zur katholischen
Theorie bornirtes und illiberales hinzustellen versucht wird.
Herr Michelis thut beides. Er stellt mehrmals mit demon=
strativer Betonung in seinem Sendschreiben sich als „den ka=
tholischen Priester" „dem protestantischen Professor" gegenüber.
Als wenn der Botaniker Schleiden zu einem Vertreter des
Protestantismus, gegen den er selbst da und dort Streiche zu
führen sucht, berufen wäre, oder auch nur jemals sich selbst
als einen solchen ausgegeben hätte! Aber das ist eben die alte
Taktik, hier den Protestantismus als religiöse Negation und
dort das evangelische Glaubensprincip als ein engherziges,
und der Wissenschaft feindliches erscheinen zu lassen. Herr
Michelis mag es immerhin versuchen, katholisch, wie evangelisch
geborenen Rationalisten und Pantheisten zuzurufen: kommt zur
katholischen Wahrheit! Wir wünschen ihm vielmehr in seinem
Bestreben aufrichtig Erfolg, wenn es ihm gelingt, auf diese
Weise jene wirklich, wenn auch in katholischer Form, für die
christliche Wahrheit zu gewinnen. Wir zweifeln aber auf's

Erste am Erfolg. Herr Michelis ist ein sinniger und geistreicher
Beobachter der Natur; er ist aber auch katholischer Priester,
und weiß und bekennt es, wer im Falle eines Dilemmas
weichen muß. Wir achten, fast möchten wir sagen, wir bewundern diese, tritt der Fall ein, unbedingte Unterwerfung
unter die äußere kirchliche Autorität. Wir glauben aber auch,
daß, so lange die ultima ratio alles katholischen Wissens und
Denkens ein Machtspruch des römischen Stuhles bleibt, und
selbst philosophische Verfechter des Dogmas, wie Günther,
(wenn schon dessen Apologie allerdings eine etwas zweideutige
ist) vor diesem erzittern müssen, so lange die höhere Einheit
der Wissenschaft und des Glaubens durch den Index librorum
prohibitorum nebst, wo es eben noch angeht, anderen inqui-
sitionellen Apparaten vermittelt wird, es mit der Propaganda
des katholischen Bewußtseins unter den rationell und negativ
Wissenschaftlichen keinen besonderen Succeß haben werde.

Die evangelische Kirche geizt nicht nach dem Beifall derer,
die die Grundlagen der Offenbarung verkennen und mit Bewußtsein sich von dieser abwenden,*) denen gegenüber mag

---

*) Herr Michelis oder doch viele seiner Glaubensgenossen haschen
förmlich nach vereinzelten Aeußerungen der Anerkennung, welche der katholischen Kirche aus dem Munde dieser oder jener wissenschaftlichen, wenngleich in den Principien negativen Größe werden, und sind bereit, sie sofort als bedeutsame Zeugnisse der Wahrheit zu verwenden. Wir erlauben
uns aber hiebei auf Folgendes aufmerksam zu machen. Einer großen
Menge von Gebildeten ist heutzutage alle positive Religion ein thörichter,
wesentlich nur als ein Zaum der Massen noch berechtigter Aberglaube.
Schrift, wie Tradition verwerfend, kommt es ihnen dabei auf ein bischen
„Aberglaube" mehr oder weniger gerade nicht an. Die Trinität erscheint
ihnen so gut als ein thörichter Unsinn, als etwa das modernste (so tief
beklagenswerthe) Dogma von der unbefleckten Empfängniß Mariä. Das
hat neulich ein auch von Carl Vogt mit Freude herbeigezogener Aufsatz
im „Deutschen Museum" deutlich genug zu verstehen gegeben. Da nun

das Credo, quia absurdum est (das übrigens noch eine viel andere Deutung, als jene oberflächliche zuläßt, die ihm Herr Michelis giebt, und worüber er sich z. B. 1. Cor. 1, 25 Belehrung holen kann), immerhin als Loosung ihr aufgebürdet werden — das erschreckt sie um so weniger, da ja das Kreuz selbst in den Augen der Welt immer eine Thorheit und ein Aergerniß bleibt. Aber sie behauptet auch von sich, daß sie die Elemente zur innerlichen Lösung jenes Gegensatzes des Glaubens und Wissens aus der heil. Schrift wieder in sich aufgenommen hat, und daß, was auch in der Praxis da und dort gefehlt worden sein mag, oder noch gefehlt wird, sie wenigstens im Princip nicht mechanisch gefesselt ist, wie die katholische Kirche durch ihre römische Kirchen= und Papal=Theorie.

Wir bedauern lebhaft, Herrn Michelis in solcher Weise entgegentreten zu müssen; hätte er seine verdienstliche Bestreitung der Schleidenschen Anschauungen nicht ohne alle Noth zu beiläufiger confessioneller Polemik benützt, und statt dieser vielmehr der Gemeinsamkeit des Bekenntnisses wider die modern destruktiv-wissenschaftlichen Richtungen sich gefreut, so würden wir seinen Erörterungen, trotz eines nicht unwesentlichen wissenschaftlichen Dissensus, nur Anerkennung haben zollen müssen. So aber mag auch dieses wenngleich uns unliebe Intermezzo schließlich wenigstens dazu dienen, den Standpunkt der in diesen Briefen vertretenen Ueberzeugung nach den verschiedensten Seiten hin deutlich zu firiren.

---

aber die durch ihre geschlossene äußere Einheit und straffe Organisation ausgezeichnete Erscheinung der römisch=katholischen Kirche, als solche, wenigstens dem natürlichen Menschen imponirt, so spenden sie ihr nach dieser Seite hin wohl bereitwillig da und dort eine Anerkennung. Anerkennende Aeußerungen, bei deren Anwendung es doch wohl gut wäre, ein bischen schärfere Kritik zu üben, damit nicht der Lobende selbst schließlich mit hämischer Freude über den hingeworfenen Köder sich die Hände reibe!

Achter Brief.

„Unſer eigen Daſein und die Exiſtenz aller
Dinge außer uns muß geglaubt und kann auf
keine andere Weiſe ausgemacht werden... Glaube
hat Vernunft ebenſo nöthig, wie dieſe jenen."

Hamann.

Es ist eine ziemlich moderne Rede, von einem Gegen-
ſatze des Glaubens und des Wiſſens zu ſprechen.
Zwar weiſt die Erfahrung die uralte Thatſache auf, daß der
Verſtand, kritiſch reflektirend über die religiöſen Dogmen, zu
dieſen nicht ſelten in ein gegenſätzliches Verhältniß gerathen
iſt, indem er von dem Kanon ausgehend, daß das ſubjektiv
Vernünftige auch das allein Mögliche und Wirkliche ſei, eben
nach dieſem Kanon den objektiven Glaubensgehalt abmaß und
corrigirte. So uralt dieſe Thatſache iſt, ſo war ſie doch immerhin mehr eine vereinzelte und man dachte um deßwillen in
früheren Zeiten doch noch nicht daran, dieſelbe als den Ge-
genſatz des Glaubens und Wiſſens zu bezeichnen. In der
antiken heidniſchen Welt ſehen wir im Gegentheile, daß, die in
beſonderem Sinne als Träger des Glaubens und des Cultus
erſcheinen, auch als die vorzugsweiſe „Wiſſenden" gelten, bei
welcher Bezeichnung man freilich nicht gerade an einige „ge-
meinnützige Kenntniſſe" denken darf. Es beſtand noch, ſo zu
ſagen, eine Einheit der vier Fakultäten, ermöglicht nicht allein
durch das noch unendlich geringere Material des Wiſſens in
den einzelnen Disciplinen, das allein ſchon ſpäter eine Tren-

nung nothwendig machte. Man hatte vielmehr auch noch das Bewußtsein, daß es eine über den subjectiv raisonnirenden Verstand hinausliegende objektive Wahrheit gebe, deren Erfassung zwar immer zunächst durch einen Akt der Unterwerfung bedingt sei, aber nur um durch denselben zu desto reicherer, neuer und tieferer Erkenntniß hindurchzudringen. Wenn also jener Akt als Glaube (im allgemeinsten Sinne) bezeichnet wird, so wurde derselbe nicht im Mindesten zum Wissen und Erkennen in Gegensatz gestellt, sondern vielmehr als das dieses Wissen tragende und nährende Princip erkannt. Und selbst bis in's Mittelalter hinein war dieses Verhältniß nicht wesentlich verändert. Zwar begann mit der Ausbildung der Scholastik mehr und mehr eine gewisse Spannung, die aber zunächst nicht in dem Sinne eines Gegensatzes von Glauben und Wissen, sondern eines Gegensatzes zwischen dem rein dialektisch-logischen Wissen und dem religiösen Wissen, so zwar, daß zur Aufrechthaltung der Einheit die höhere substantielle Wahrheit des letzteren immer noch feststand, sich ausprägte. Eine reiche lebensvolle Mystik, deren Grundwesen es ist, die Einheit des Glaubens und Wissens festzuhalten, stand erst als Correktur, dann als Warnung der Ausbildung eines einseitig rationellen Denkens entgegen. Freilich wurde diese Warnstimme mehr und mehr überhört, die Spannung zwischen Theologie und Philosophie steigerte sich allmählig bis zum Gegensatze, die in dem bekannten Satze sich ausprägte, daß etwas in der Philosophie wahr sein könne, was in der Theologie falsch sei und umgekehrt. Den hiemit eingeleiteten Bruch zwischen Wissen und Glauben, der nothwendig auch zu einem Gegensatze zwischen der Theorie und Praxis der Kirche sich gestaltete, konnte die im Papsthume gipfelnde Kirchengewalt durch ihre Autorität wohl verdecken, nimmermehr aber auf diesem äußerlichen Machtwege wahrhaft heilen und überwinden. Es ist

das tragische Geschick des Katholicismus, in diesem unwahren
Zustande sich befestigt und beharrt zu haben bis auf diese
Stunde, und statt die Lösung jenes Gegensatzes sich angelegen
sein zu lassen, sich zu begnügen, denselben bis auf den heuti=
gen Tag durch die Macht einer äußerlichen Autorität zu ver=
decken und zu leugnen. Auf Grund dieses unwahren Verhält=
nisses gewahren wir, nebenbei bemerkt, die eigenthümliche That=
sache, daß da, wo die äußerliche kirchliche Autorität am straff=
sten noch festgehalten wird, die Verweltlichung am größten ist,
und ein äußerlich mehr oder minder noch zugedeckter, aber
grundstürzender Unglaube am weitesten verbreitet (Italien,
Spanien). Und bei den vielbesprochenen Jesuiten = Missionen
konnte man die sonst auch wahrnehmbare Erfahrung recht deut=
lich machen, daß neben der unbedingten Verkündigung römi=
scher Prätensionen meist eine wesentlich rationalistische Moral
gepredigt ward.

Der Protestantismus, zunächst hervorgerufen durch eine
Reaktion des Gewissens gegen jene bereits stabil gewordene
Unwahrheit, hat Angesichts dieses innerlichen Bruches zwischen
Glauben und Wissen, zwischen Theorie und Praxis, den der
heil. Schrift, wie der Tradition der Kirche entsprechenden rich=
tigen Ausgangspunkt wieder gewonnen, indem er den Glau=
bensakt in seiner innerlichen sittlichen Bedeutung wieder als
fundamentalen zur Anerkennung brachte. Weil aber der Glaube,
als sittlicher Akt, nur ein Akt freiwilliger Unterwerfung
unter die wahre Autorität sein kann, mußte er nothwendig
gegenüber einer äußerlich zwingenden, kirchlichen Autorität auch
das Recht der Subjektivität wieder zur Anerkennung
bringen. Hiemit war freilich, wie mit jedem Fortschritt in
der inneren Geschichte der Menschheit, auch eine neue Gefahr
verbunden, die Gefahr einer falschen subjektiven Autonomie,
die Gefahr, daß Viele, indem sie sich losbinden ließen von

einer äußerlich stationär gewordenen Autorität, es versäumten, sich nun auch freiwillig einer besseren und wahren Autorität, als welche die Reformatoren die heil. Schrift erkannten, zu unterwerfen. So groß diese Gefahr sein mochte, so unvermeidbar war es, auch auf sie hin jenen Fortschritt zu wagen. Bekanntlich ist nun auch dieser Mißbrauch bald genug eingetreten, und es hat sich in fortschreitendem Wachsthum und in stets neuen Gestaltungen eine Autonomie der autoritätslosen Subjektivität ausgebildet, die namentlich in der Gegenwart immer massenhafter ihre Triumphe feiert.

Es ist ein platter, wenn auch tausendmal wiederholter Unverstand, dem Protestantismus, der, indem er die äußerliche Autorität der römischen Kirche verließ, sofort an die innerliche und lebensvolle Autorität der heil. Schrift in der bestimmtesten Weise anknüpfte, jene Thatsache der Entwicklung der autoritätslosen Subjektivität in die Schuhe zu schieben. Christen, seien es auch römisch-katholische, sollten doch bedenken, daß, wenn moderne Radikale Luther als einen Fortschrittsmann in ihrem Sinne preisen, dieß nur auf Kosten der historischen Wahrheit geschieht, und daß das Glaubensprincip des Reformators in einem diametralen Gegensatze zu der autoritätslosen, vogelfreien Autonomie des Radikalismus steht. Wirklich verstummen auch in der Gegenwart die radikalen Hymnen um so mehr, je mehr die historische Forschung sich einer einläßlichen Betrachtung des 16. Jahrhunderts zugewendet hat. Sie sollten bedenken, daß lange vor der Reformation durch die scholastische Rationalisirung des Dogmas jener Gegensatz des Wissens und Glaubens bereits eingeleitet war, und die Entwicklung eines die antike Welt vergötternden Humanismus gleichzeitig und zum Theil in ausgesprochenem Gegensatz gegen das ihm so sehr widerstrebende Glaubensprincip der Reformatoren sich entwickelt hat, daß er die von diesen erstrittene Freiheit der

Subjektivität sich wohl begierig aneignete, die Grundlagen der neuen Glaubenslehre aber entschieden bestritt. Sie sollten bedenken, daß, um das Höchste mit dem Niederen zu vergleichen, aus dem gleichen Munde auch Christus selbst nicht nur als der Weise von Nazareth, sondern als ein Vertreter, ja ein Begründer eines neuen und schönen Humanismus, selbst als der eigentliche Begründer des modernen Socialismus und Communismus unzähligemale schon gepriesen worden ist.

Jener beschränkte und bigotte Vorwurf hätte nur dann einen Sinn und eine Wahrheit, wenn es keine Geschichte der Kirche und der Welt überhaupt gäbe, wenn das Evangelium eine schlechthin stationäre und keiner Bewegung und Entwicklung fähige Sache wäre, die in unbeweglich starrer Gestalt, in firer dogmatischer Formulirung, wie die Mumie im Reliquienschrein, nur so von einer Hand in die andere übergeben zu werden brauchte. Diese Auffassung, die allerdings so ziemlich die des reinen Romanismus ist, verwickelt aber in die unlösbarsten Widersprüche mit der heil. Schrift, mit der Tradition und Kirchen-Geschichte, sowie mit einer denkenden Erfassung der Weltgeschichte überhaupt.*) Da der Beweis hiefür an dieser

---

*) Weil der strikten römischen Theorie alle innere Bewegungs= und Entwicklungsfähigkeit mangelt, darum sieht sie sich auch genöthigt, in autonomer Willkühr das, was ewig und ein für allemal im Kreuzestode Christi geleistet ist, im Meßopfer zu wiederholen. So rächt sich ihre falsche Objektivität darin, daß sie das wahrhaft Objektive zum Subjektiven macht und dagegen das, was flüssig und beweglich bleiben sollte, zur starren und leblosen Mumie. Es verräth wenig Nachdenken, daß heutzutage wieder so Viele diese mumienhafte, leblose Objektivität bewundernd preisen und dem Protestantismus durch möglichst straffe Firirung der äußeren kirchlichen Autorität einen rettenden Dienst zu erweisen und dem Abfall wehren zu können meinen. Man ersieht auch aus Obigem auf's Neue, wie wenig jemals eine „Umkehr" zum Ziele führen kann, und daß

Stelle nicht näher gegeben werden kann, so bemerken wir zur Beseitigung eines möglichen Mißverständnisses nur noch Eines. Das Evangelium, die Thatsache der Erlösung durch den Tod Christi, ist zwar zunächst eine in sich vollkommen fertige Heils-Thatsache, an der sich in alle Ewigkeit nichts zu- und abthun läßt. Was aber nach der objektiven Seite, nach der Seite des in Liebe und Erbarmen das Heil der Welt suchenden Gottes ein für allemal geschehen ist, ist nach der subjektiven, d. h. in Rücksicht auf die Menschen und die Entwicklung der Menschheit nicht fertig, nicht vollendet. Was dort Gott ge = geben, ist hier für die Menschen eine zu lösende Aufgabe. Was der Herr einmal für Alle geleistet, muß in steter, persön = licher Heils-Aneignung von den Menschen reproducirt werden, auf daß der Christus für uns, je mehr und mehr ein Christus in uns werde. Die Geschichte der Kirche ist nichts anderes, als die Darstellung des Ueberganges (oder auch Nicht = Ueber = ganges) des für in das in, modificirt nach dem Maaß des Ortes und der Zeit. Weil aber die Wahrheit in dieser Welt = zeit nur durch den Kampf hindurch in ihrer progressiven Ver = wirklichung weiter gehen kann, so ist es eine unvermeidliche Nothwendigkeit, daß bei jeder einen neuen Fortschritt bedin = genden Epoche mit der neuen Vertiefung in die Wahrheit auch die Macht des Widerspruches sich in sich selber concentrirend vertieft und damit gefährlicher wird. So gewiß nun die mo = derne, mehr und mehr jeder Autorität widerstreitende Autonomie in ihrer gegenwärtigen Erscheinungsform nicht mög = lich gewesen wäre, ohne die in der Reformation wiedergewon = nene Entbindung der Subjektivität von einem äußerlich aufge = drungenen Glaubenszwang, so gewiß ist gerade jene das hand =

---

dieses Postulat, auch wenn es näher limitirt wird, zum Mindesten doch eine mißverständliche Formel bleibt.

greiflichste Zeugniß, daß in der Reformation eine neue Vertiefung und Verinnerlichung des christlichen Geistes stattgefunden hat.

Wie stellte sich aber in der modernen Geschichte jener vor
der Reformation eingetretene und ausgebildete Gegensatz des
Wissens und Glaubens, der mit Nothwendigkeit zugleich zu
einem Zwiespalt zwischen christlicher Theorie und Praxis geführt hatte? Hat die Reformation mit Entschiedenheit wieder
die Einheit des Wissens und Glaubens behauptet und festgehalten? Ist sie nach dieser Seite hin frisch und fröhlich wieder
auf den Standpunkt des göttlichen Wortes zurückgetreten?
Wir beantworten diese Frage zwar mit einem Ja!, aber doch
mit keinem ganz frischen und freudigen Ja. Wir müssen Ja
sagen, weil die Reformatoren es deutlich ausgesprochen haben,
daß aus dem Glauben und der aus ihm entspringenden Wiedergeburt allein dem Menschen eine wahrhaft höhere und essen-
tielle Erkenntniß erwachse. Unsere Bejahung ist aber keine ganz
freudige, weil sie von dieser Erkenntniß nicht den gehörig umfassenden, sondern fast ausschließlich einen auf den ethischen
Pol gerichteten Gebrauch machten. Dieß ist kein Vorwurf;
es war unumgänglich nothwendig, den Glaubensakt als die
eine Allen nöthige sittliche That zunächst wieder festzustellen,
und unverrückbar muß an dieser Basis festgehalten werden; es
lag jene Beschränkung in dem Maaße ihrer Zeit und der ihnen
gewordenen Aufgabe. So gewiß dieß, so gewiß ist es heute
an der Zeit, sich bewußt zu werden, daß die Art jener refor-
matorischen Bestimmung doch zugleich eine unvollendete ist, die
hinter dem Maaß des göttlichen Wortes zurückbleibt. In der
weiteren Ausbildung der Dogmatik zeigt sich dieß in wachsender Deutlichkeit; sie bildet sich eine theologia naturalis aus,
die nur propädeutisch, ohne organischen Zusammenhang mit
der Heilslehre, den Zusammenhang von Natur und Geist mehr

und mehr verliert und vom biblischen Realismus immer weiter
abkommend, die Theologie überhaupt spiritualisirt. Das Auf=
kommen des Rationalismus war die nothwendige Folge dieser
unbiblischen Scheidung von Geist und Natur. Warum sollte
man denn, da die natürliche Theologie lange genug als selbst=
ständige Größe neben der Soteriologie friedlich einhergegangen
war, nicht einmal versuchen, ob mit jener allein nicht auch
auszukommen wäre? Der Rationalismus ist dieser Versuch.
Der Kampf gegen diesen, soweit er ein wissenschaftlicher und
negativ=kritischer ist, ist gegenwärtig so ziemlich beendet, nicht
aber seine positive Ueberwindung, so wenig, als seine Austrei=
bung aus den Herzen der Masse. Zu jener bedürfen wir eines
vollen kräftigen, sich seiner selbst bewußten biblischen Rea=
lismus. Und zu einer wenn auch nur annähernden Gewin=
nung eines solchen bedarf es vor Allem wieder die Identität
des Glaubens und Wissens zu begründen. Es muß das
Grundsophisma der neueren Zeit von einem (wie man behaup=
tet, sogar nothwendigen) Gegensatze des Glaubens und Wissens
mit allem Aufgebote der Wissenschaft aufgedeckt und widerlegt
— es muß gezeigt werden, daß alles Wissen und Erkennen
ein Glauben zur Voraussetzung hat, daß es darum auch bei
der Apologie der christlichen Wahrheit sich nicht um einen
Kampf des Wissens mit dem Glauben, sondern um einen
Kampf des religiösen Glaubens mit dem irreligiösen
Glauben, oder um den Kampf des religiösen Wissens
mit dem irreligiösen Wissen handelt.

Freilich, wir sind weit, sehr weit von der Erkenntniß
dieser Wahrheit abgekommen, und man hat sich auch in christ=
lichen Kreisen in jene Trennung des Glaubens und des Wissens,
als in eine culturgeschichtliche Nothwendigkeit ergeben. Man
hat dabei in harmloser Gutmüthigkeit die Schalkheit, die
hinter dieser „reinlichen Scheidung" sich verbirgt, übersehen,

kraft deren zuletzt der Sensualismus zum einzigen Erkenntniß=
princip, die materielle Welt zur einzigen Realität, und dann
ganz folgerichtig eine sensualistische Naturwissenschaft zur ein=
zigen Inhaberin alles Wissens und Erkennens erklärt wird.
Wahrlich, die Kinder der Welt sind noch allewege klüger, als
die Kinder des Lichts! Die Operation ist klug, und die Autor=
schaft dieser listigen Taktik reicht wohl noch etwas weiter, als
in das phosphorescirende Gehirn Feuerbachs und seiner Freunde!
Laßt euch nur erst die Natur entreißen und zur unbestrittenen
Domäne eines gottleugnenden Materialismus werden, laßt
diese Ueberzeugung in der Menge sich ungestört befestigen —
nun so werdet ihr mit dem gar freundlich euch überlassenen
Gebiete des blinden Köhlerglaubens nicht nur wenig Zeichen
und Wunder mehr thun, sondern auch mehr und mehr, wo
ihr anklopft, als die Betrogenen lächelnd die Thüre gewiesen
bekommen.

Wie unbefangen aber selbst in christlichen Kreisen jenes
Zugeständniß eines nothwendigen Gegensatzes von Wissen und
Glauben gegenwärtig gemacht wird, dafür soll eine Stelle aus
Herrn Rudolf Wagners Schrift: „Ueber Wissen und Glau=
ben" (Göttingen 1854) mitgetheilt werden. „Mir, schreibt der=
selbe, sind der Glaube und die Wissenschaft zwei Welten, von
denen jede einem System von concentrischen Kreisen gleicht, so
zu einander gestellt, daß beide Systeme sich in gewissen Punkten
berühren und schneiden, daher auf einander wirken, deren Curven
aber niemals in einander, sondern in sich selbst verlaufen.
Ich kenne keinen Uebergang von der Natur zur Gnade. Wie
sich der Gegensatz in der zukünftigen Welt lösen wird, weiß
ich nicht. Es giebt Menschen, deren geistigem Vermögen eines
dieser beiden Systeme von Gedankenkreisen, andere, denen beide
offen stehen. Es gibt Naturforscher, welche glauben, es sei
möglich, die Curven in einander überzuleiten. Es giebt andere,

die ihren Glauben, ihre Wissenschaft neben einander ablaufen
lassen. Zu diesen letzteren rechne ich mich, und mit diesem
Bilde habe ich meinen ganzen Standpunkt bezeichnet. In
Sachen des Glaubens liebe ich den schlichten, einfachen Köhlerglauben am meisten, in wissenschaftlichen Dingen rechne ich
mich zu denen, welche gerne die größte Skepsis üben." Wir
wollen hier nicht in eine ausführliche Kritik dieser Stelle, der
wir sonst ihrem ganzen Inhalte nach entgegentreten müßten,
eingehen, verdient sie ja doch auch als ein offenes und klares
Bekenntniß, das des Gegners Spott nicht scheut, unsere
Achtung. Abgesehen aber von allen christlichen Grundgedanken,
wird diese Anschauung schon vom Standpunkte des einfachen
Theismus aus, da ein alldurchdringender, persönlicher Gott
zu der von ihm geschaffenen und erhaltenen Natur unmöglich
in einem indifferenten und excentrischen Verhältnisse stehen
kann, genügend widerlegt. Denn ein lebendiger das Leben
des Geistes und der Natur tragender und durchdringender
Gott kann auch sein Ebenbild im Menschen unmöglich so realisirt haben, daß für diesen eine Trennung des Bewußtseins
in den Gegensatz des Glaubens und des Wissens nothwendig
wäre. Würde aber Herr Wagner sagen, das sei eben eine
Folge der mit der Sünde eingetretenen Zerrüttung, so wäre
daran zwar ohne Zweifel etwas Wahres, da schon beim Sündenfall selbst wirklich eine solche Trennung eingetreten ist, aber
eben damit ist zugleich die Anormalität dieser Trennung zugestanden, und Herr Wagner muß einräumen, daß dann diese
Anormalität wieder getilgt werden, und die Möglichkeit, das
normale Verhältniß wieder herzustellen, im Christenthum auch
wirklich geboten sein muß. Da Herr Wagner dieß übersieht,
so bleibt ihm allerdings zuletzt nichts übrig, als den hier bestehenden Conflikt auf eine mehr mechanische Weise auszu-
gleichen, und er thut dieß, wie wir schon früher gesehen haben,

indem er „ein eigenes Glaubens-Organ" dem Menschen geschenkt werden läßt, eine Lösung, die zum mindesten mißver-
ständlich ist und weder seinen Gegnern, noch dem Standpunkte
der christlichen Wahrheit wirklich Genüge thun kann. Aber
im Grunde giebt Herr Wagner eine gewisse Mangelhaftigkeit
seines Standpunktes selbst zu; er leugnet nicht geradehin die
Concentricität des natürlichen, geistigen und religiösen Lebens,
er sagt nur, daß er selbst diese nicht erkennend finden könne,
und daher eine spätere, außerzeitliche Lösung erwarten müsse.
So in der Form des persönlichen Bekenntnisses bedarf es dann
aber auch weiter keiner eingehenderen Widerlegung.

Nur in Betreff des „einfachen, schlichten Köhlerglaubens"
müssen wir uns eine Verwahrung und Erläuterung noch erlauben. Herr Wagner will, wie er in einer Anmerkung sagt,
damit nichts weiter aussagen, „als daß die Fundamentalwahr-
heiten des Christenthumes dem gemeinsten Mann, wie dem
höchstgebildeten, wissenschaftlichen Theologen gleich zugänglich
und gewiß sein müssen." Darauf ist vor Allem zu erwidern,
daß, wenn man so eben mit klaren Worten eine Trennung
des Bewußtseins in zwei Pole, den der Skepsis und den des
schlichten Köhlerglaubens statuirt hat, es dem Gegner doch
etwas zu viel zugemuthet ist, wenn er glauben soll, daß solcher
einfache Köhlerglaube ein „zweifellos gewisser" sei. Zur Gewißheit gehört nothwendig ein Wissen, sei es ein mehr oder
minder entfaltetes. Herr Wagner und so viele Andere übersehen aber bei dem ehrenwerthen Streben, die fundamentale,
sittliche Bedeutung des Glaubensaktes recht deutlich in's Licht
zu stellen, daß der Akt der Subjektion, den wir Glauben nennen,
nur da ist, und von Gott gefordert wird, um auf und durch
denselben sofort eine Erhöhung und Steigerung unseres ethischen
und intellektuellen Ichs folgen zu lassen, und daß jeder Glaubensakt, der von uns an der rechten Stelle und in der rechten

Weise geleistet wird, Licht erzeugend wirkt und unsere Erkenntniß
und unser Wissen bereichert und steigert; so daß also jede zunächst hörende und lernende Unterordnung*) unserer raisonnirenden Verstandeskraft, unserer Vernunft vor Gott und Seiner
Offenbarung nicht den Verstand uns nimmt (dann hätten die
Gegner allerdings Recht, wenn sie uns Obscurantismus vor-
wärfen), sondern vielmehr die Vernunft von Irrthümern in
uns entbindet, und einen desto kräftigeren Vernunftgebrauch
uns ermöglicht. Leider hat man dieß vielfach übersehen, und es
namentlich im Kampfe mit dem Rationalismus dahin kommen
lassen, daß schier allgemein die Meinung sich festgesetzt hat, der
Rationalismus sei zu vernünftig, während man vielmehr hätte
zeigen sollen, daß er einen schlechten und unvernünftigen Gebrauch von der Vernunft mache.

Jener Dualismus des Glaubens und Wissens, der sich,
wie schon gegen Schleiden bemerkt wurde, auf eine falsche, der
Erfahrung widersprechende Psychologie stützt, bringt es über den
Standpunkt Jacobi's, den dieser selbst in dem bekannten Wort
ausgesprochen: Mit dem Kopf ein Heide, mit dem Herzen ein
Christ, nie hinaus. Eine Meinung, die auf doppelter Täuschung
beruht, indem man auf diesem Wege weder ein herzhafter Christ,
noch ein consequenter Heide wird, sondern zwischen beiden in
der Schwebe bleibt —, ein Standpunkt, der freilich heutzutage
wirklich die Stellung der Mehrzahl der Christen charakterisirt,
und aus dem eine Masse von Vorurtheilen und Mißverständ-
nissen stammt. Ganz unpsychologisch und der Erfahrung widersprechend wird auf diesem Standpunkte dann das Gefühl ein-

---

*) Alles Wissen, alle Weisheit hebt mit Schweigen (mit Hören und
Lernen) an, eine Wahrheit, die schon Pythagoras und das ganze hohe
Alterthum besser erkannt hat, als die von vorlautem Wissensdünkel so sehr
erfüllte Gegenwart.

seitig dem Glauben (Religion), der Verstand dem Wissen (Philosophie) zugewiesen. So gewiß Gefühl und Verstand, Gemüth und Geist unterschieden werden müssen, so falsch ist es, sie gegensätzlich zu scheiden.

Hegel hatte ganz Recht, gegenüber einem falschen Dualismus von Glauben und Wissen, Religion und Philosophie, deren Einheit wieder zu behaupten. Leider fiel er aber dabei in den Irrthum, die religiöse Vorstellung (Glauben), statt sie im Begriff (Wissen) emporzuheben, in diesem untergehen zu lassen, was schließlich doch nur eine Aufhebung des Glaubens selber wurde, und den Unglauben förderte. Es war dieß derselbe Mißverstand, wie wenn Jemand ein Haus in natürlicher Aufeinanderfolge bauen, dann aber die Mauern einreißen und vom Dach verlangen wollte, daß es sich nun frei schwebend in der Luft erhalte, oder von einem vollständig entwickelten Baume, daß er nun der Wurzel nicht weiter bedürfe und auch nach deren Abschneidung weiter leben müsse. Der Glaube ist in der That nichts Anderes als die Basis, aus der das Wissen herauswächst, die es trägt, und beide bedingen sich zu ihrem Bestande fortwährend mit derselben Nothwendigkeit, wie der Baum seine Wurzel. Franz v. Baader, der auch hier wie sonst mit ebenso viel Tiefe als Klarheit das richtige Verhältniß sein Lebtage vertreten hat, sagt darum mit Recht: "Es mangelt eben ihnen allen (Servilisten, Pietisten und Rationalisten) die klare Einsicht, daß der Mensch, er mag wollen oder nicht, sich so wenig des Glaubens als des Wissens zu entschlagen vermag, und daß er also wissen muß, um zu glauben, und glauben, um zu wissen, entgegen jener schlechten Schulweisheit, die alles Wissen aus dem Zweifel per generationem aequivocam entstehen läßt. Welche Solidarität des Wissens und Glaubens vorzüglich für den historischen (religiösen) Glauben gilt, wenn schon das sämmtliche, geflügelte und ungeflügelte rationalistische Gewild in unserer Zeit neuerdings wider denselben sein Geschrei erhebt."

Wir wollen hier aber im Vorbeigehen, zwar nicht für unsere materialistischen Gegner, sondern für solche, die mit uns die geoffenbarte Wahrheit anerkennen, noch in der Kürze andeuten, wie sehr jene gegensätzliche Scheidung des Wissens und des Glaubens der heiligen Schrift widerspricht. Es kann kaum etwas geben, das zu den Grundgedanken derselben in so entschiedenem Gegensatze stünde, als diese moderne Scheidung des Glaubens und Wissens. Die Schrift kennt kein wahres Wissen und Erkennen, als ein durch den Glauben begründetes. Wer recht glaubt, der empfängt nach ihr nicht nur Friede und Freude, sondern auch Licht und Weisheit. Die Subjektion ist da um der Elevation willen; wir müssen uns unterwerfen, auf daß der Herr uns erhöhen könne. Dieses Verhältniß des descensus und des durch ihn bedingten reascensus kannten schon die Gottesmänner des Alten Bundes aufs genaueste. Wenn Du mich demüthigst, machst Du mich groß — ist ein Gedanke, der z. B. bei dem Psalmisten in allen Formen wiederkehrt. Die Neutestamentlichen Schriftsteller aber wissen nicht stark genug die Nothwendigkeit der Unterwerfung im Glauben an's Herz zu legen; aber sie thun es nie für sich, immer hinweisend auf den dadurch bedingten Wiedereingang in Gottes Nähe und Gemeinschaft, und eine durch diese von selbst gewirkte Erleuchtung. Die Apostel sagen wohl ebenso oft: wir wissen, wir haben erkannt, als sie sagen: wir glauben. Paulus nennt sich „eine unzeitige Geburt" und lange nicht werth, ein Apostel Christi zu heißen, aber unmittelbar darauf sagt er: „aber von Gottes Gnade bin ich, das ich bin, und Seine Gnade an mir ist nicht vergeblich gewesen." Und wenn bei ihm von einem „Gefangennehmen der Vernunft unter den Gehorsam Christi" die Rede ist, so ist nichts weniger darunter

verstanden, als das, was die homiletische und öfters auch
theologische Interpretation, den ausgesprochenen Gedanken i s o -
l i r e n d , darunter verstanden hat. Nicht der Vernunftgebrauch
soll gehemmt und gehindert werden, sondern der Akt der Unterwerfung im Glauben soll als ein Akt des Empfangens den
rechten Vernunftgebrauch steigern und beleben; denn der Apostel
will ja jene Gefangennehmung, wie er ausdrücklich sofort hinzufügt, zu dem Zwecke, damit man desto besser die Trugschlüsse
und eitlen Meinungen der autonom sich gebärdenden Vernunft
zerstören und in ihrer Nichtigkeit aufzeigen könne. Und die
constante E r f a h r u n g beweist die Richtigkeit dieser Auffassung;
sie zeigt, daß der schlichteste Mann aus dem Volke, der in
rechter und ganzer Weise — denn allerdings fordert Gott die
Unterwerfung unseres ganzen Menschen nach Leib, Seele und
Geist, und die mit halbem Winde segeln und mit getheiltem
Herzen sich unterwerfen wollen, haben keine Verheißung —
den Glaubensakt leistet, und in der Wiedergeburt sich firiren
läßt, in seiner Erkenntniß und seinem Wissen gesteigert und
bereichert wird. Wobei natürlich kein gelehrtes und gelerntes
Wissen, das wesentlich Gedächtnißsache ist, gemeint sein kann,
sondern eine essentiell reichere Erkenntniß, die über Gott und
Welt und den Menschen gesunde und lichtvolle Grundgedanken
gibt, zu einer klaren, ihrer selbst gewissen, wenngleich nicht unmittelbar systematisch entwickelten Weltanschauung verhilft, und
ein ebenso gesundes, wie von Weisheit getragenes, praktisches
Urtheil und demgemäßes Handeln erzeugt. Man übersieht aber
leicht, von welchen bedenklichen Folgen die Verkennung dieser
Wahrheit, des gegenseitigen Wechselverhältnisses zwischen Glauben und Erkennen sein muß. Unzählige Mißverständnisse, viele
kirchliche Streitfragen wurzeln in ihr, und namentlich in der
Polemik mit den Gegnern des Evangeliums hat man mit jener
ebenso kritiklosen und unwissenschaftlichen, wie schriftwidrigen

Entgegenſetzung von Glauben und Wiſſen die Waffe des Gegners, ſo zu ſagen, ſelber geſchmiedet. Es genügt aber heutzutage am allerwenigſten, ſich hinter die Mauern eines mehr oder minder blinden Autoritätsglaubens*) zurückzuziehen und deſſen Selbſtgewißheit zu behaupten, es muß vielmehr gezeigt werden, daß z. B. der wiſſenſchaftliche Standpunkt des Herrn Vogt und vieler Anderer weniger weiß, als der ſchlichte, aber wirklich und recht=gläubige Köhler im Walde.

Und um denn ein weiteres Scherflein zu dieſer Beweis= führung beizutragen, wenden wir uns zunächſt der dialektiſchen Prüfung des Satzes zu, daß alles Erkennen und Wiſſen bedingt iſt durch ein Glauben. Da iſt nun ſo eben eine Schrift erſchienen, die in erſchöpfender Weiſe, reich an tiefe= ren Blicken und feiner ſchlagender Dialektik die Begründung eben dieſes Satzes und ſeiner weiteren Folgerungen ſich zum Gegenſtande geſetzt hat, und die wir daher Allen, denen es um eine Prüfung der Wahrheit wirklich noch zu thun iſt, beſtens empfehlen. Der Titel iſt: „Controverſen mit den Un= gläubigen. Ueber die Realität des Wiſſens und die Logik des Glaubens. Von Friedrich Pilgram.**) Freiburg 1855.“

---

*) Womit natürlich nichts gegen die Berechtigung und Nothwendig= keit des religiöſen Autoritätsglaubens geſagt ſein ſoll und kann, da ja auch das Wiſſensmaterial der ſouverän Wiſſenden zu neun Zehntheilen auf purem Autoritätsglauben beruht. Nur wer ein Bedürfniß fühlt, ſich über das Weſen des Wiſſens und Glaubens näher zu verſtändigen, oder gar öffentlich über daſſelbe ſich auszulaſſen, muß jedenfalls über das Recht und Weſen des Glaubens und ſeiner Stellung zum Wiſſen näheren Aufſchluß geben.

**) Der Verfaſſer, früher Proteſtant, iſt vor mehreren Jahren zur katholiſchen Kirche übergetreten, aber dabei einer der ſeltenen Convertiten geblieben, die jeder Partheiung und allem fanatiſchen Eifer abhold, die Wahrheit, und nur dieſe, lieben und ſuchen. Wir ſtimmen faſt mit allen Grundgedanken ſeines Buches überein. Nur in Bezug auf den Begriff

Wir verweisen denn zur weiteren Begründung des unmittelbar Nachfolgenden auf diese Schrift.

Die vollendete Skepsis kann jede Unmittelbarkeit der Gewißheit leugnen, sie kann bis zur Leugnung der Thatsache: ich bin, ich denke — vorschreiten und also das eigene Denken sammt seinen Gesetzen in Frage stellen. Hiemit ist aber denn auch die Skepsis vollendet, vollendet bis zur Absurdität. Von diesem Standpunkte aus giebt es dann keinerlei Gewißheit, überhaupt kein Wissen und Erkennen mehr. Es ist dann aber auch von einem Gegensatze des Wissens und Glaubens keine Rede, und jede weitere Kritik überflüßig. Nehmen wir daher an, daß das Dasein ihrer selbst, ihres Denkens und der Wahrheit des Inhalts ihres Denkens unseren Gegnern unmittelbar gewiß sei. Worauf beruht diese Gewißheit? Auf der Nothwendigkeit unseres Denkens, wird zur Antwort gegeben. Wer beweist euch aber diese Nothwendigkeit und Gewißheit eures Denkens? Euer Denken selbst! Aber dann bewegt Ihr Euch ja im Kreise und setzet voraus als wahr, was bewiesen werden soll; und wenn Ihr auf dem rationalistischen Axiom beharren wollt, daß Alles erst bewiesen und dem Verstande dargethan werden müsse, bevor es geglaubt werden könne, so bleibt Euch schließlich doch nichts übrig, als jener absurde, alle Wahrheit und Gewißheit negirende Skepticismus. Wollt Ihr aber vielmehr dieser Folgerung entgehen, so bleibt Euch nichts übrig, als auf jene unmittelbare Gewißheit der Thatsache Eurer Existenz und Eures Denkens zurückzugehen. Worauf beruht aber, da Ihr nimmermehr vermöget die Wirklichkeit Eures Denkens durch Euer Denken selbst zu beweisen, jene unmittelbare

---

der Kirche und dessen geschichtliche Verwirklichung, auf das Verhältniß des Zeugnisses des göttlichen Geistes zum Zeugniß der Kirche wissen wir uns mit ihm in entschiedener Differenz.

Gewißheit? Auf einem Akte des Glaubens. Euer eigenstes innerstes Wesen sagt Euch, daß Ihr seid, denket, schlafet, träumet, wachet, und Ihr glaubt es und haltet es fest als eine unmittelbar gewisse und eines Beweises weder bedürftige noch fähige Thatsache. All Euer Beweisen hat also den Glauben an die Existenz und Denknothwendigkeit des menschlichen Geistes zur Voraussetzung. Da aber das Denken selbst niemals die Wirklichkeit seiner selbst beweisen kann, sondern sich nothwendig auf den Glauben an die unmittelbare Gewißheit seiner Existenz basirt, so folgt, daß der philosophische Beweis überhaupt niemals ein Objektives, wie es an sich ist, oder in seiner Wirklichkeit bewahrheiten kann.*) Alles Beweisen ist also nichts, als die Zurückführung irgend einer Wahrheit auf die (gläubig angenommene) Denknothwendigkeit des menschlichen Geistes; es ist nichts, als eine subjektive Vergewisserung, daß etwas wahr und wirklich sei.

Es ergiebt sich aber aus dieser Darlegung, daß im letzten Grunde auch der radikalste Unglaube mit dem Christenthum und überhaupt jeder positiven Religion ein und dasselbe Erkenntniß-Princip gemein hat — das Princip des Glaubens, des Glaubens an gegebene Thatsachen auf Grund des ursprünglichen unmittelbaren Zeugnisses des menschlichen Geistes.

---

*) Wenn Hegel in der Consequenz seines Systems einst bis zu dem Satze fortschritt, daß der Begriff einer Sache eigentlich die Sache selbst sei, so ist dieser Gedanke in dem Rahmen eines immerhin großartig concipirten Systemes zwar noch erträglich, aber im Grunde doch nur ein Beweis mehr, daß die autonome Vernunft ewig in einem Cirkel bleibt und nie an die Wirklichkeit herankommen kann. Jene Consequenz, und damit die Consequenz des ganzen Systemes ist aber heute auch wohl so ziemlich, sowohl von denen zur Rechten, als zur Linken aufgegeben; nur sollte man dann auch zu der Erkenntniß weiter schreiten, daß die Wirklichkeit als solche eben nie aus der Vernunft bewiesen und construirt werden kann.

Wie kommt nun der Unglaube dazu, das Erkenntnißprincip
des Christenthums zu lästern und zu verketzern! Er kann es
nur thun auf Grund einer Inconsequenz, eines Widerspruches.
„Euer gewöhnliches Denkverhalten, sagt Pilgram, ist der Ausdruck eines Princips, welches in der allgemeinen Natur des
Menschen und der Menschheit liegt, und Eure Verwerfung
des Zeugnißglaubens auf religiösem Gebiet ist eine Leugnung
eben dieses einen Princips, welchem Ihr überall folget; also
fallt Ihr in einen Widerspruch, nicht darum, weil Ihr nicht
nach Analogie verfahret, nicht darum, weil Euer Verhalten
auf religiösem Gebiete nicht mit dem im gewöhnlichen Leben
übereinstimmt, sondern darum, weil Ihr auf religiösem Gebiete
dasselbe reale Erkenntnißprincip verwerfet, welches Ihr sonst
überall praktisch anerkennet und thatsächlich verfolgt.“

Diese Gedankenreihe dürfte geeignet sein, jenes Grundsophisma der neueren Zeit, demzufolge das Glauben und das
Erkennen (oder Wissen) als Gegensätze zu betrachten sind, in
seiner Unhaltbarkeit aufzudecken. Und es ist jedenfalls der
Mühe werth, die Consequenzen jener Erkenntniß, daß alles
Wissen im letzten Grunde auf ein Glauben sich stützt, noch
etwas näher in's Auge zu fassen. Wir haben früher gesehen,
wie wenig sowohl vom Standpunkte des Pantheismus, wie
des Rationalismus etwas Genügendes über das Wesen und
den Unterschied des Wissens und Glaubens gesagt zu werden
vermag. Zeller bringt es mit aller Gedankenschärfe nicht über
die ganz vage Bestimmung, daß das Glauben weniger als
das Wissen auf klar erkannten Gründen beruhe. Schleiden
aber sieht sich genöthigt, dem souveränen Wissen einen allgemeinen und nothwendigen „Aberglauben“ zur Seite zu stellen,
den er dann in subjektiv willführlicher Weise mit dem Wissen
zu vermitteln sucht. Virchow andererseits betrachtet Wissen
und Glauben als zwei absolut geschiedene Gebiete, vorausge-

jetzt, daß der Glaube eine objektive Realität habe, verlangt aber schließlich doch wieder entschieden „Einheit des Selbstbewußtseins". Eben diese Unklarheit und Unsicherheit in der Bestimmung zeigt uns, daß auch auf jenen Standpunkten ein Gefühl davon herrscht, der Glaube sei etwas Allgemeines, allem Erkennen zu Grunde Liegendes. Er ist eben wirklich der Vermittler, durch den das Denken allein an die Dinge, an die objektive Welt herankommen und denkend sie erfassen kann, der Mittler zwischen „der Beobachtung und dem logischen Schluß". Der Naturforscher, der eine Reihe von Beobachtungen macht und aus denselben ein bestimmtes Gesetz ableitet, stützt sich dabei nicht minder auf einen Akt des Glaubens, als der Zuhörer in der Kirche, der über bestimmte Aussagen der heil. Schrift und des christlichen Bewußtseins nachdenkt. Dort ist es eine Reihe sinnlich wahrnehmbarer Erscheinungen, die der Forscher als gegebene Thatsache annimmt und mit seinem (gleichfalls gläubig als richtig angenommenen) Denken in Beziehung setzt. Hier ist es eine auf Zeugnißaussage, unterstützt durch die Aussage des christlichen Selbstbewußtseins, angenommene Thatsache, über die der Hörer reflektirt. Beide Male ist es eine Gedankenoperation, die sich vollzieht, gestützt auf Thatsächliches, dessen Wirklichkeit nicht durch das Denken bewiesen, sondern eben nur als Thatsache gläubig angenommen werden kann, um sodann über das durch das Organ des Glaubens Gebotene nachzudenken und mit anderen Gedankenreihen es in Beziehung zu setzen. Nicht in der Weise der gegenseitigen Erkenntnißthätigkeit, nur in dem Objekte, auf welches diese sich richtet, sind jener Forscher und dieser Hörer von einander verschieden. Daraus ergiebt sich, daß nicht von einem Gegensatze des Wissens und Glaubens geredet werden kann, sondern daß vielmehr der Satz ganz allgemein gültig ist: wer nichts glaubt, der weiß nichts. Hat ja doch

schon jedes Lernen ein Glauben zur Voraussetzung, ein Glauben
an die Autorität des Lehrers und die Wahrheit des von ihm
Gelehrten. Vogt selbst, der sich doch rühmt, ehrfurchtslos gegen
jede Autorität zu sein, muß gestehen, daß z. B. die Ueberzeugung von der Richtigkeit der Kopernikanischen Weltanschauung
bei ihm lediglich auf Glauben beruhe, da er die Beweismittel
dafür nicht selbst zu liefern im Stande sei. Und so ist es ja
mit neun Zehntheilen des Wissens-Materiales der gebildeten
Welt. Die überwiegende Mehrheit alles von uns Gewußten
beruht auf Autoritätsglauben. Mit welchem logischen Rechte
kann man denn da so viel Lärm aufschlagen gegen den Autoritätsglauben in anderen Gebieten der Erkenntniß! So wenig
es eine „voraussetzungslose" Wissenschaft giebt, ebensowenig
ist irgend ein Mensch autoritätslos. Wer die Autorität eines
Höheren, Göttlichen nicht mehr anerkennt, der beugt sich vor
der Autorität des Gemeinen, der offenen und geheimen Leidenschaften der Masse. Denn wo und soweit du der Furcht Gottes
dich ledig machst, da und soweit beherrscht dich die Menschen-
furcht. Das ist das ganze Geheimniß alles Radicalismus,
des religiösen wie politischen. Es gilt dieß aber auch von
jenen vermittelnden und pseudoliberalen Standpunkten, sofern
sie nämlich gleichfalls den contrat social als die Basis des
politischen und religiösen Bestandes betrachten; sowie überhaupt
vom Verhalten der meisten Menschen im gewöhnlichen täglichen Leben.

Wir müssen also nach dem oben Angedeuteten bei jedem
Erkenntniß- und Wissens-Akt eine Dreiheit unterscheiden:
Wahrnehmung, Glaube, logischer Schluß, oder Erkenntniß im
engeren Sinne (sensus, fides, intellectus). Diese dreifache
Bewegung findet sich in jedem Erkenntnißakt, gleichviel welches
das Objekt unseres Erkennens ist. Liegt dasselbe im Gebiete der sinnlichen Erscheinungswelt, so ist klar, daß das

Erste die sinnliche Wahrnehmung selbst ist, ihm folgt die Be=
jahung dieser Wahrnehmung, auf diese der logische Schluß.
Ganz derselbe Gang der Bewegung gilt aber von der auf
das Uebersinnliche und geistige gerichteten Erkenntniß. Das
erste Moment ist auch hier eine innere Wahrnehmung, eine
geistige Erfahrung, das zweite der Beifall, die Bejahung der=
selben, das dritte die durch die beiden vorangegangenen Mo=
mente vermittelte, eigentliche Erkenntniß. In diesem, wie in
jenem Falle ist es also eine dreifache Affektion: der Empfin=
dung, des Willens und des Verstandes, die bei jedem Er=
kenntnißakt stattfindet. Gewöhnlich wird aber bei Gegen=
ständen sinnlicher Erkenntniß der zweite, der Glaubensakt, bei
Objekten übersinnlicher Erkenntniß der erste, der Sinnesakt,
übersehen und kurzweg gesagt bei jener: sensus praecedit intellectum, bei dieser: fides praecedit intellectum. Dieß rührt
offenbar daher, daß auf dem sinnlichen Gebiete die sinnliche
Wahrnehmung (sensus) das Entscheidende ist, vor dem der
Akt des Beifalls (fides) zurücktritt, während umgekehrt auf
dem geistigen Gebiete der Accent auf die fides, als die Be=
jahung der innerlich Wahrgenommenen und Erfahrenen, fällt.
Deßhalb sind beide in beiden Fällen aber nicht minder vor=
handen und an der ihnen zukommenden Stelle wirksam. Nimmt
man den Begriff der sinnlichen Wahrnehmung in jener allge=
meinen Bedeutung, da sie die äußere (grobsinnliche) und innere
(geistige) Wahrnehmung umfaßt, dann ist der Cardinal=Satz
der Sensualisten: nihil est in intellectu, quod non ante
fuerit in sensu vollkommen richtig. Es ist aber die seltsamste
und willkührlichste aller Abstraktionen, die grobe Sinnes=
wahrnehmung als die einzige Realität und Erkenntnißquelle
zu behaupten, und eine innere, geistige Sinneswahrnehmung
zu bestreiten, da dieser doch eine viel höhere Realität und
Evidenz zukommen kann, als der handgreiflichen Sinnlichkeit.

Wer aber dieser inneren Wahrnehmung nicht stille hält und lauscht, sie vielmehr von vornherein leugnet, der erfährt freilich in seinem Leben nichts von ihr, und bleibt, ihr den Glauben versagend, ein geistiger und geistlicher Nichtswisser.

Denkt man sich nun aber insbesondere den Akt des Glaubens, wonach derselbe das Mittel und die Mitte jeder Erkenntnißthätigkeit ist, zu einem bestimmten Inhalt in Bezug gesetzt, so kann das Verhältniß des Menschen nur ein doppeltes sein: das des Glaubens oder Nicht-Glaubens. So ist z. B. in Bezug auf die Religion die Grundvoraussetzung aller und jeder Religion die Ueberzeugung von der Realität eines Uebersinnlichen. Ohne den Glauben an die Realität eines solchen, als einer feststehenden Thatsache, ist alles Reden von Religion, von frommer Gemüthsbeschaffenheit u. dergl. ein eitles sophistisches Gerede. Die Existenz eines Uebersinnlichen läßt sich aber nie beweisen, so wenig als der Naturforscher die Existenz einer einzigen Zelle oder des gesammten Universums durch sein Denken jemals beweisen kann. Man hat deßhalb ganz recht, zu sagen, daß z. B. alle s. g. Beweise für das Dasein Gottes sich im letzten Grunde in einem Cirkel bewegen. Das Denken aus sich kann so wenig das Dasein, als das Nicht-Dasein Gottes beweisen, und der Theismus sowohl wie der Atheismus beruht auf Glauben. Nichtsdestoweniger haben jene Beweise für den, der die Realität eines Uebersinnlichen als Thatsache zugiebt, den Werth einer subjektiven Vergewisserung und auf dieser Basis dann auch eine gewisse religiöse Beweiskraft. Es ist aber wie wir aus allem diesem sehen, das Grundsophisma der ganzen modernen Bildung, zu behaupten, daß die Vernunft an sich, losgetrennt von der Wirklichkeit, die Wahrheit zu ihrem Inhalte habe. Dieser kräftige Irrthum, der, um mit Hamann zu reden, die Vernunft unter Andichtung göttlicher Attribute zum Delgötzen macht, ist schon die Wurzel jenes Spinozistischen Theorems, welches Denken und Sein identificirte, geworden. Bekanntlich hat aber diese Weisheit des scharfsinnigen Amsterdamer Philosophen bis in die neueste Zeit eine Reihe neuer verbesserter Auflagen er- lebt, die alle nicht aus dem Cirkel des Axioms herausgekommen sind. Auch der moderne Sensualismus, der das Denken ledig- lich zu einem Attribut der Materie macht, ist offenbar nichts anderes, als eine neu aufgeputzte Auflage des kühnen Griffes jenes skeptischen Israeliten. Wäre der Vernunft an sich selbst die Wahrheit schon immanent, so müßte, wie die Vernunft, so die Wahrheit ein Gemeingut aller Menschen sein, und es könnte gar nie ein Streit entstehen, über das was Wahrheit und Irrthum, was vernünftig, und was unvernünftig sei. Nun widerspricht dem aber fortwährend der Thatbestand. Tau- senden erscheint z. B. die Existenz eines persönlichen Gottes fortwährend unvernünftig, Hunderttausenden dagegen die Leug- nung derselben. Sollte diese einfache Thatsache nicht Jedem beweisen, daß eben die Aussagen der Vernunft, je nach dem verschiedenen Princip, in dem das Denken gläubig steht, verschieden sich gestalten! In dem Verkennen dieser ebenso einfachen, als centralen Wahrheit bleibt den Gegnern, wie wir gesehen haben, nichts übrig, als in Rücksicht auf ihre Gegner von „Unvernunft, Mangel an Phosphor“ u. dergl. zu reden, Beweisgründe, denen denn doch wohl nur ein geringer wissenschaftlicher Werth zukommen dürfte! Die behauptete Autonomie der Vernunft ist im Grunde nichts Anderes als die Annahme einer geistigen generatio aequivoca. Wie aber diese vom Standpunkt der Physiologie heutzutage verworfen, ja als „Ketzerei und Teufelswerk“ bezeichnet wird, so gebührt derselbe Name jener eingebildeten geistigen Autonomie mit gleichem Recht.

Will man nun aber nach Obigem die mögliche Stellung des Menschen zu der Existenz des Uebersinnlichen, als einer

Thatsache, bezeichnen, so ist nur ein doppeltes Verhalten möglich: man kann dieselbe glauben oder nicht glauben. Es giebt
also auch in religiösen Dingen nur den Gegensatz des Glaubens und des Nicht-Glaubens oder Unglaubens, unmöglich
aber einen Gegensatz des Glaubens und Wissens. Es ist geradezu unlogisch und sophistisch, das Wissen zum Gegensatz des
Glaubens zu machen; denn der einzig mögliche Gegensatz des
Glaubens ist und bleibt in allen Gebieten das Nicht-Glauben;
und während auch im religiösen Gebiete das Glauben das
Mittel des religiösen Wissens und Erkennens ist, ist das Nicht-
Glauben auch hier das Mittel der (religiösen) Unwissenheit,
so gut und gewiß, als auch in anderen Gebieten das Nicht-
glauben dessen, was der Lehrer lehrt, das sichere Mittel ist,
nichts zu lernen und nichts zu wissen.

Mit dem Ergebniß dieser rein logischen Untersuchung über
das Verhältniß des Wissens und Glaubens stimmt auch die
heil. Schrift vollständig überein. Wir sahen schon oben, daß
nach der Schrift der Glaube das Medium, das Organ des
Erkennens ist. Die einzige Stelle, in der die Schrift eine
Definition des Glaubens gibt, bestätigt dieß auf's deutlichste.
Hebräer 11, 1 wird der Glaube eine zweifellose und gewisse
Ueberzeugung des Unsichtbaren und Uebersinnlichen genannt.
Offenbar ist hiemit der Glaube (in bestimmter Beziehung zur
Grundvoraussetzung aller Religion) als das Organ für das
Uebersinnliche und dessen Erkenntniß bezeichnet. Theologen
haben sich oft gewundert über die allgemeine Fassung dieser
Begriffsbestimmung, und nach ihren gewöhnlichen Beschrei-
bungen des Glaubens sollte man allerdings erwarten, daß in
den Begriff des Glaubens selbst schon etwa der Bezug auf die
Thatsache der Erlösung aufgenommen wäre. Jene allgemeine
Fassung hat aber ihren tieferen und guten Grund, denn das
Uebersinnliche, als Reales, ist eben der Punkt, an dem sich

religiöser Glaube und irreligiöser Glaube principiell und immer-
dar scheiden. Der heutige Materialismus aber könnte dienen,
die Richtigkeit und Weisheit jener Definition klar einzusehen.

Es ist in der That wichtig, den Nebel, den man oft
nicht ohne Absicht, öfter noch in blindem Nachgerede über das
Verhältniß von Wissen und Glauben gedeckt hat, zu zerstreuen
und die Hohlheit jener Prätension, mit der man die auf die
sinnliche Erkenntniß gerichtete Thätigkeit des Geistes mit dem
Namen des Wissens, alle auf höhere Objekte als die Sinnlichkeit gerichtete Geistesthätigkeit als — wie sie meinen, blinden — Glauben bezeichnet hat, aufzuzeigen. Zwar kann,
wie wir gesehen haben, die Realität des Uebersinnlichen nicht
durch Denken bewiesen werden, so wenig als die Realität
der sichtbaren Erscheinungswelt; dieser, wie jener kann ich mich
nur durch Glauben vergewissern. Es ist aber in keiner Weise
einzusehen, warum es leichter und vernünftiger wäre, die Realität der Sinnlichkeit zu glauben, als die Realität eines Uebersinnlichen. Denn schon die Thatsache des Selbstbewußtseins,
des Denkens, des Geistes beweist ja die Realität eines Uebersinnlichen. Deßhalb muß der consequente Materialismus auch
diesen Akt der Selbstvernichtung begehen und das Denken selbst
zu einem materiellen Akte machen. Wir haben früher gezeigt,
wohin dieser intellektuelle Selbstmord führt. Der plumpe und
denkfaule Materialismus eines Vogt ruft freilich mit aller
Naivetät neuestens noch aus: laßt mich eure immaterielle Seele
schmecken, sehen, hören, riechen, fühlen — und ich will ihre
Existenz annehmen. Gegenüber dieser Logik des vollendeten
Unverstandes müßte vor Allem von seiner materiellen Seele
verlangt werden, daß man ihre Aeußerungen riechen und schmecken
könne, statt sie auf Papier gedruckt zu lesen und als freilich
herzlich geistlose Geistes-Produkte mit dem Verstande aufzunehmen und etwa kritisch zu verfolgen. Jedoch auch so gehen

die Lukubrationen der troß aller Verwahrung immateriellen
Seele Vogts wenigstens durch die Sinne in den Geist des
Hörers oder Lesers, und wenn man absieht vom Riechen,
Schmecken und Fühlen in ihrer unmittelbarsten Bedeutung, so
kann ja Vogt die Aeußerungen des immateriellen Geistes wirk=
lich durch die Sinne vernehmen, hörend und sehend.

Doch wir haben es hier nicht mit den Absurditäten Vogt=
scher Muße, sondern mit dem Verhältniß des Wissens und
Glaubens zu thun. Und in dieser Beziehung glauben wir mit
genügender Evidenz nachgewiesen zu haben, daß der behauptete
Gegensaß des Wissens und Glaubens eine leere Phrase, der
Glaube vielmehr die Voraussetzung und das Organ alles Er=
kennens ist. Setzt man aber Glauben und Wissen in Bezug
zu einem positiven religiösen Inhalte, so ergiebt sich nur der
Gegensaß des Glaubens und des Unglaubens oder des reli=
giösen Wissens und der religiösen Unwissenheit. Wenn aber
diese aus dem Unglauben mit Nothwendigkeit hervorgehende
religiöse Unwissenheit ihrer selbst bewußt wird, und sich zu
systematisiren sucht, so kann sie füglich auch als das dem reli=
giösen Wissen gegenüberstehende anti= oder irreligiöse Wissen
bezeichnet werden. Sind die Gegner ebenso consequent, als
ehrlich, so werden sie selbst zugeben müssen, daß diese Fassung
des Gegensaßes die formell, wie materiell allein richtige ist.
Mit diesem Zugeständnisse ist aber dann sofort ein bedeutender
Schritt zur Klärung der Verhältnisse geschehen, und es wird
die wahre Natur des Kampfes, der die eigentliche Folie der
Menschheitsgeschichte bildet, desto deutlicher zu Tage und immer
mehr in das Stadium eines entscheidenden Entweder — Oder
treten.

Neunter Brief.

> „Wenn wir betrachten die sichtbare Welt mit ihren Wesen und betrachten das Leben der Creaturen: so finden wir darinnen das Gleichniß der unsichtbaren geistlichen Welt, welche in der sichtbaren Welt verborgen ist, wie die Seele im Leibe, und sehen daran, daß der verborgene Gott Allem nahe und durch Alles ist, und dem sichtbaren Wesen doch ganz verborgen."
>
> Jakob Böhme.

Wir haben im vorhergegangenen Schreiben uns überzeugt, wie willkührlich der moderne Gegensatz des Glaubens und Wissens ist, wie vielmehr alles Wissen ein Glauben nothwendig zur Voraussetzung hat. Eine Wahrheit, die durch die verschiedene Richtung der erkennenden Thätigkeit auf Materielles oder auf Geistiges, auf Sinnliches oder auf Uebersinnliches in keiner Weise aufgehoben werden kann. Auch das moderne Axiom, daß nur die sinnliche Wahrnehmung gewisse Erkenntnisse schaffe, ist eben — abgesehen von einer falschen, der Wirklichkeit wenig entsprechenden psychologischen Voraussetzung, lediglich eine Hypothese, deren Willkühr schon darin sich deutlich zeigt, daß die sensualistisch Denkenden selbst sich gegenseitig widersprechen, und wo sie mit dem Axiom des Sensualismus wirklich Ernst machen, zuletzt dabei ankommen, auf jede Erklärung zu verzichten und eine starre, todte Stabilität des Universums im Ganzen, wie im Einzelnen zu behaupten. Die bisher gewonnenen Resultate befähigen uns nun, zum Schlusse auch das Verhältniß der Naturwissenschaft und der Theologie, des modernen sensualistischen und des christlichen Bewußtseins noch näher zu erörtern und die Grenzen, wie den Zusammenhang der Empirie und der Transcendenz auf Grund der gewonnenen Gesichtspunkte festzustellen. Wir können dieß um so weniger umgehen, da nicht nur die Gegner, wie wir gesehen, von dem behaupteten mehr oder minder diametralen Gegensatze aus ihre Hauptwaffe gegen die christliche Dogmatik entnehmen, sondern die von uns wieder behauptete harmonia luminis naturae et gratiae sicherlich dahin mißdeutet werden wird, daß man ausruft: da haben wir's, die Bibel soll wieder, wie vor Zeiten nicht nur der Coder des religiösen Glaubens, sondern auch der Naturwissenschaften werden, die Naturwissenschaft soll sich maßregeln lassen von der Theologie!

Nun, unsere Gegner mögen unbesorgt sein; wir wenigstens wollen nicht in ihren Fehler fallen, und wie sie das naturwissenschaftliche Erkennen, die sinnliche Beobachtung als das alleinige Erkenntnißprincip ausgerufen haben, und Alle, die dieß anzuerkennen sich weigern, sofort mehr oder minder für Ignoranten erklären, nun umgekehrt unser wissenschaftliches Erkennen ihnen aufdrängen. Es braucht kein moderner Servet oder Galilei zu fürchten, noch einmal dem Arme der Inquisition anheimzufallen — die Zeiten sind Gottlob! zu Genf, wie zu Rom nicht mehr dazu angethan, und werden nimmer wiederkehren. Ueberdieß sind wir und Alle, die freie Unterwerfung als das Grundelement aller Religion anerkennen, im tiefsten Grunde des Herzens und Gewissens jenem verderblichen und unwahren Treiben, das mit Gewalt zum Glauben nöthigen will, abhold, wir protestiren nur dawider, daß, was ein Theil und Glied am Ganzen, und, bleibt es sich seiner Schranken bewußt, ein nützliches, wohlberechtigtes, ja nöthiges Glied ist, sich zum Ganzen aufblähe und die übrigen Aeste und

Zweige am Baume unseres geistigen und natürlichen Cultur= lebens mit gefräßigem Drachenmunde verschlinge.

Wenn die sinnliche Beobachtung sich das Recht der freien, unbehinderten Forschung vindicirt, so kann kein Verständiger ihr dieß wehren wollen, und wenn sie hierbei mit der „größ= ten Skepsis" verfährt, so ist dieß um so mehr zu billigen, da die Sinneswahrnehmung bekanntlich leicht täuscht. So lange sie sich nun innerhalb der Grenzen hält, welche ihr Erkennt= nißprincip selbst ihr steckt, und wie sie selbst sagt, es als ihre Aufgabe erkennt, „die Eigenschaften der Körper und die Ge= schichte der Naturerscheinungen zu beschreiben," und combini= rend gewisse Folgerungen, die sich auf das sinnliche und na= türliche Leben beziehen, abzuleiten, z. B. aus chemischen Unter= suchungen bestimmte Resultate für Fragen der Bodencultur und Landwirthschaft, so wird kein Vernünftiger daran etwas auszu= setzen haben, im Gegentheile über jeden derartigen Fortschritt, als über eine Bereicherung unseres äußeren Culturlebens sich freuen. Anders aber stellt sich sofort die Sache, sowie aus der sinnlichen Wahrnehmung und deren vergleichender Beob= achtung heraus in das Gebiet des geistigen und ethischen Le= bens reflectirt, sowie aus den gefundenen Gesetzen der sinn= lichen Welt, sei es in aphoristischer, sei es in zusammenhän= gender Weise, ein Plan der Weltordnung construirt wird.

Wählen wir einige Beispiele. Die Naturwissenschaft hat gefunden aus Beobachtung der Flußdeltas u. a. m., daß zur Bildung einer Alluvialschicht von so und so viel Fuß Mäch= tigkeit so und und so viele hundert oder tausend Jahre nöthig sind. Nun finden sich in der Erdrinde mächtige Alluvial= (oder genauer Diluvial=) Bildungen. Berechnet man nach jenen Be= obachtungen die Zeit, die sie zu ihrer Bildung bedurften, so er= giebt sich ein Zeitraum von so und so viel Tausend oder Millionen Jahren. Dieß ist, sind jene Beobachtungen richtig, ein unangreifbares Ergebniß. Wie lautet nun aber die logische Folgerung? Also hat jene Diluvialschicht so und so viele tausend Jahre zu ihrer Bildung gebraucht. Mit nichten! Die Folgerung kann nur so lauten: Vorausgesetzt, daß die Bildung jenes Alluviums genau nach denselben Gesetzen der zeitlichen Entwicklung sich vollzogen hat, wie die noch heute beobachteten Alluvialbildungen, so waren so und so viele tausend Jahre nöthig, um ihm die vorhandene Mächtigkeit zu geben. Jene erste Fassung verletzt in Hinweglassung des nöthigen Vordersatzes die richtige, logische Schlußfolge und greift als reine und unbewiesene Apodiktik in ein Gebiet, in das aus der sinnlichen Beobachtung der heutigen Naturwissenschaft heraus kein strikter Schluß möglich ist. Denn offenbar liegt zwischen dem ersten und zweiten Gliede jenes Schlusses das Axiom, daß die Gesetze der Naturerscheinungen, nach denen sich der Lauf derselben gegenwärtig regelt, ewig starr und unveränderlich seien. Das ist aber ein Axiom, das die Naturwissenschaft aus ihrem Princip der sinnlichen Beobachtung niemals beweisen kann, und sie greift damit in ein Gebiet, das nicht das ihrige ist. Wer die ewige starre Unveränderlichkeit der gegenwärtig beobachteten Naturgesetze glauben will, weil seine sensualistische Weltanschauung dazu nöthigt, der glaube es, nur verbinde er damit das Geständniß, daß diese Meinung eben nicht ein naturwissenschaftliches Ergebniß, sondern die Folge einer subjectiv-philosophischen Hypothese sei. Andere werden sich dann erlauben, mit Michelis zu sagen: „Ein Naturforscher, der von ewigen nicht von Gott herrührenden Naturgesetzen redet, kommt mir nicht anders vor als ein Kind, welches das Weltmeer gesehen zu haben glaubt, wenn es zum ersten Male einen großen Fischteich erblickt hat."

Was übrigens die oben erwähnten geologischen Zahlenreihen betrifft, so bemerken wir, wenn auch nur als Digres-

sion, noch Folgendes. In demselben Augenblicke, wo diese
naturwissenschaftlichen Dichtungen als exakte Ergebnisse in un=
sere Schulbücher eben eingedrungen sind, ist bereits ein Rück=
schlag unter den Geologen selbst erfolgt, und die meisten be=
schränken sich, im Allgemeinen größere Umwälzungsperioden an=
zunehmen, ohne dieselben nach Millionen Jahren genau ausein=
ander zu halten. Vgl. Burmeister, Geschichte der Schöpfung.
Dort ist Seite 153 auch ein ergötzliches Beispiel jener geologi=
schen Arithmetik mitgetheilt, wonach ein und derselbe Naturfor=
scher den Zeitraum der Steinkohlenperiode bis zur Gegenwart
einmal auf 1'300,000, das anderemal auf 9'000,000, ein
anderer noch berühmterer Naturforscher aber auf 313,600 Jahre
angesetzt hat! Die Abkühlungszeit des Erdkörpers von der
Schmelzhitze seiner jetzt festen Rinde bis zur Stabilität der
Temperatur hat jener erste Gelehrte auf 353'000,000 Jahre
berechnet. Burmeister selbst verwirft zwar die behauptete Ge=
nauigkeit solcher Zahlenreihen, läßt sie aber doch im Allge=
meinen gelten, indem er den Kanon aufstellt: „Jahrtausende
sind Maaße für historische oder mythische Erinnerungen, in den
Zeiträumen der Weltschöpfung bedeuten sie gar nichts. Wie
der Weltraum nur mit Millionen Meilen durchmessen werden
kann, so zählt ein Weltalter auch nur nach Millionen Jahren.“
Es dürfte aber schwer sein nachzuweisen, wie trotz dieses
Kanons der Mensch doch „der Herr und die Krone der Schö=
pfung“ sein soll, da jene Zahlenreihen außer aller Proportion
zur Zahl und Zeit des Menschen und zur Geschichte der Cultur
stehen. Ein näheres Eingehen hierauf kann aber nur bei einer
Kritik der modernen Theorie des Raumes und der Zeit
am Orte sein. Hier nur so viel. In einem gewissen rela=
tiven Sinne kann und muß man allerdings von einer Unend=
lichkeit des materiellen Raumes reden. Faßt man aber, wie
heutzutage fast allgemein geschieht, diese Unendlichkeit absolut,

so kommt man bei consequenter Entwicklung zuletzt zu einem
völligen Nihilismus, bei dem die Masse, die räumliche Aus=
dehnung allein noch den Werth eines Dinges bestimmen kann;
von einer Selbständigkeit oder gar Superiorität des Geistes kann
dann gar keine Rede mehr sein, sondern die Materie verschlingt
diesen völlig. Dann bleiben nur solche Winzigkeits=Philoso=
pheme, wie sie z. B. Schleiden aufstellt: „o, die Erde, dieß
Tröpflein im Aethermeer! o, das Menschlein, die Ephemere,
bildet sich ein, was Großes und Ganzes zu sein!" und der=
gleichen Hochmuth rächt sich eben allezeit, und wer an der
rechten Stelle nicht demüthig ist, der ist da, wo er selbstbe=
wußt sein sollte, servil. Nicht nur die Materialisten, die
Mehrheit der heutigen Naturforscher gibt für diese alte Wahr=
heit leider stets neue Belege. Es läuft bei der gewöhnlichen
Auffassung der Begriffe Raum und Zeit eben der auch in an=
dern Gebieten heimische Irrthum mit unter, daß man diesen
Begriffen an sich schon Realität zuschreibt; und doch ist jene
absolute Unendlichkeit auch nur ein Philosophem, das natur=
wissenschaftlich noch nicht bewiesen ist und auch nie bewiesen
werden kann.

Oder, ein anderes Beispiel zu wählen: Der heutige Ma=
terialismus behauptet die Identität des Gehirn= und des Denk=
aktes und stützt sich dabei naturwissenschaftlich auf die ganz
richtige und von Jedermann zugegebene Thatsache, daß unser
gegenwärtiges Denken (das ihm = Selbstbewußtsein ist) an
eine Irritation des Gehirns geknüpft ist, und eine Beschädi=
gung des letzteren das gesunde Denken mehr oder minder stört
oder auch ganz vernichtet und den Tod zur Folge hat. Sein
Schluß aus jener richtigen sinnlichen Beobachtung ist nun der:
Da das Denken, so weit unsere Beobachtung reicht, an das
Gehirn geknüpft ist und sich nur bei der Integrität desselben
verwirklicht, so geht mit dem Gehirn auch das Denken (= Selbst=

bewußtsein) nothwendig zu Grunde. Mit dieser Schlußfolgerung ist aber wieder das Gebiet des auf die sinnliche Wahrnehmung sich stützenden „naturwissenschaftlichen Denkens" überschritten und ein Ariom gläubig eingeschoben, das erst bewiesen werden muß, und das nie naturwissenschaftlich bewiesen werden kann. Es ist nämlich vorausgesetzt, daß Denken und Selbstbewußtsein ewig und nothwendig des materiellen Gebildes, das wir Gehirn nennen, zu ihrer Selbstverwirklichung bedürfen, daß der Geist und sein Organ, das Gehirn identisch und schlechthin untrennbar seien. Nun, wer das glauben will, der mag es glauben, bewiesen ist es noch nie worden; im Gegentheil führt die gesunde Logik die Feuerbach-Vogt'sche Grundweisheit auf den Satz zurück: Vorausgesetzt, daß wirklich die Seele und ihr Organ dasselbe sind, Organ und Funktion zusammenfallen, und eine Seele ohne das Gehirn-Organ nicht existiren kann, so stirbt die Seele mit dem Gehirn. So logisch richtig formulirt, ist dieser Satz allerdings evident richtig, aber auch von solcher tiefen Beweiskraft, daß vor der verderblichen Propaganda dieser großen und neuen Wahrheit auch der schlichteste Köhlerglaube nicht mehr zu erzittern braucht.

Zum Dritten. Schon länger dauert der Streit für und gegen die Abstammung des Menschen von einem Paare, und derselbe ist so eben durch Vogt's Schrift auch für das größere Publikum im Sinne der Vielartigkeit des Menschen mundgerecht gemacht worden. Prüft man nun diese Frage näher, so findet man auch hier wieder, daß es zur Lösung des Streites vor Allem einer klaren und scharfen Unterscheidung bedarf. Zunächst muß man aber zugeben, daß die Gründe, welche die Naturforscher, die die primitive Einheit des Menschengeschlechtes festhalten, für die Bildung der Rassen vorbringen, und unter denen die klimatische Verschiedenheit obenan gestellt wird, ungenügend sind. Obwohl eigentlich vorgreifend späteren positiven Erörterungen bemerken wir, daß jene ungenügende Motivirung der Rassenbildung auch der Bibel widerstreitet. Diese setzt vielmehr die Entstehung der Rassen mit der durch eine große ethisch-physikalische Katastrophe bewirkten Zerstreuung und Sprachtheilung der Menschen gleichzeitig, und deutet hiebei auf einen ganz anderen und tieferen Grund der Rassenbildung, als jene äußerlichen Erklärungsversuche (1. Mose, Cap. 11). Erst mit dem hier markirten Ereignisse beginnt auch der heil. Schrift die eigentlich historische Zeit. Die frühere Periode stand ethisch, wie physikalisch unter wesentlich anderen Gesetzen und Bedingungen, als die noch gegenwärtig dauernde Weltperiode. Die heutige Naturwissenschaft, soweit sie nur das gegenwärtig Faktische als real anerkennt, und die ewige Unveränderlichkeit der gegenwärtig gegebenen Naturgesetze als unbewiesenes und unbeweisbares Axiom behauptet, muß daher bei dem Faktum der Zerstreuung und der Rassenvertheilung, als dem (für sie) primären stehen bleiben. Es ist ein lediglich ergötzlicher Unsinn und Widerspruch, wenn Vogt behauptet, „Adam sei ein dem Affentypus näher stehender Schiefzähner" gewesen, denn für ihn giebt es ja keinen Adam, als Repräsentanten der Einheit, und der Schiefzähner ist lediglich ein ideales Gebilde der eigenen Vogt'schen Einbildungskraft.*)

---

*) Daß die naturwissenschaftlichen Beweisführungen des Verfassers von „Köhlerglaube und Wissenschaft" äußerst seicht und oberflächlich gehalten seien, drängt sich auch dem Laien bei unbefangener Lektüre sofort auf. Diese Oberflächlichkeit und Seichtigkeit ist denn auch alsbald von den verschiedensten Seiten, namentlich von Andreas Wagner in der Schrift: „Naturwissenschaft und Bibel, Stuttgart 1855," von v. Reichenbach: „Köhlerglaube und Afterweisheit, Wien 1855," von Siegmund Henrici: „Randbemerkungen" u. s. w. in dem Theol. Literaturblatt zur Allgem. Kirchen-Zeitung, Juni 1855, und neuestens in den letzten Capiteln

Will eben auch hier die Naturforschung nicht mit apodiktischer
Willkühr über ihr Gebiet gänzlich hinausgreifen, so bleibt die
Thatsache der verschiedenen Rassen in ihrer concreten Wirklichkeit für sie der einzige Gegenstand der Untersuchung. Sie
hat überhaupt schlechthin mit dem biblischen Adam und Allem,
was 1. Mose Cap. 1—11 steht, nichts zu schaffen. Nicht nur
Herr Vogt kann also jene naive biblische Beweisführung, die
er in „Köhlerglaube und Wissenschaft" aus 1. Mose 1—11
beibringt, sich ersparen, sondern der ganze Streit der Naturforscher und Theologen über Kosmogonie mit all' den müh-
seligen Versuchen, die Einheit oder die Differenz zwischen den
Aussagen der gegenwärtigen Naturbeobachtung und denen
der Mosaischen Urkunde hervorzukehren, bekommt einen wesentlich veränderten Gesichtspunkt. Was aber jene Frage der Abstammung der Menschen angeht, so muß jeder aufrichtige Naturforscher bei dem Satze stehen bleiben: unsere naturwissenschaftliche Beobachtung gebietet uns ebenso, bei dem Rassen-
unterschiede, als der primären Existenzweise des Menschengeschlechtes stehen zu bleiben, als wir nicht im Stande sind, dieselbe, d. h. die Bildung der Rassen, zu erklären. Es wird
also zugegeben werden müssen, daß auf dem Wege der empirisch-
naturwissenschaftlichen Forschung, so wenig als dem der historischen, weder die ursprüngliche Einheit, noch die Vielartigkeit
des Menschengeschlechtes bewiesen werden kann. So sprechen
sich neuestens auch Rudolf und Andreas Wagner in dieser Frage
aus. Aber auch jener Satz wird mit vollkommener Willkühr von
Vielen noch so gestellt: weil wir naturwissenschaftlich eine Entstehung der Rassen nicht zu erklären vermögen, so ist die Rassenbildung so ewig, als der Mensch. Offenbar dieselbe sophistische
Apodiktik, wie bei den vorausgegangenen Beispielen. Denn

der „Schöpfungsgeschichte von Fr. Pfaff" (s. weiter unten) mehr als
zur Evidenz nachgewiesen worden. ---

auch hier ist die ewige Dieselbigkeit der Bildungsgesetze und Kräfte des organischen Lebens stillschweigend eingeschoben, und der Fischteich zum Weltmeer gemacht.

Wird aber jener Satz richtig gestellt, dann wird es gegenüber Denen, die sich bei der Rassenverschiedenheit als einer unerklärbaren Thatsache beruhigen, immer noch einige Leute geben, die bei jenem negativen naturwissenschaftlichen Resultate sich nicht zu beruhigen vermögen, und denen die Thatsache der im Wesentlichen vorhandenen, anatomischen Identität der Rassen, ihrer in's Endlose fruchtbaren Kreuzung, die Uebereinstimmung der mythologischen Aussagen über eine ursprüngliche Einheit, sowie die durch die neueren linguistischen Forschungen immer mehr in's Licht gestellte Verwandtschaft der Sprachen, als sehr bedeutende Momente für die ursprüngliche Einheit des Menschengeschlechtes erscheinen. Und diese Gründe für die Einheit des Menschengeschlechtes werden sofort wissenschaftliche Beweiskraft empfangen, sowie der Geist von den Banden des Glaubens an die ewige Unveränderlichkeit der gegenwärtig bestehenden Naturgesetze sich befreien läßt und die Selbständigkeit und Priorität des Geistes gegenüber der Natur wieder anerkennt; er wird dabei stets auf's Neue inne werden, wie der Umstand, daß Einzelne oder Viele eine Sache nicht zu erklären und bei ihr sich nichts zu denken vermögen, noch lange nicht beweist, daß die Sache selbst nicht existire.

Diese Beispiele, die leicht noch beliebig vermehrt werden könnten, mögen genügen. Sie zeigen wohl klar und deutlich, daß wenn die hier gewonnenen Gesichtspunkte festgehalten werden, und jederzeit bei den heutigen Ergebnissen der Naturwissenschaften scharf geschieden wird, was wirklich exaktes naturwissenschaftliches Ergebniß, und was dagegen nur eine aus dem unbewiesenen, gläubig angenommenen Axiom wissenschaftlicher Erklärungsversuche abgeleitete und mit den factischen

Ergebniſſen verknüpfte Folgerung iſt, die Angriffe der Naturforſcher auf die Religion und die chriſtliche Glaubenslehre
insbeſondere ihre ſchreckbare Geſtalt mit Einemmale verlieren.
Es zeigt ſich dann, daß die ganze behauptete Wucht dieſer
Angriffe auf einer trügeriſchen Verknüpfung empiriſcher That-
ſachen mit gewiſſen außerhalb der naturwiſſenſchaftlichen Beobachtung gewonnenen principiellen Vorausſetzungen beruht;
daß überhaupt die in anderen Gebieten allgemach etwas dis-
creditirte, vulgäre, rationaliſtiſche Aufklärung nur eine neue
Larve aufgeſteckt, und vom Boden der Theologie und Philoſophie vertrieben, unter den Naturforſchern in der Gegenwart
ihr Lager aufgeſchlagen hat. Es iſt aber dabei ganz dieſelbe
Sache, wie früher, und die neueſten exakten, naturwiſſenſchaftlichen Ergebniſſe, auf die ſie ſich ſteift, nur der neueſte Ausputz des bekannten, alten, hechtgrauen Rockelors. Es gilt nur,
dieſen Ausputz abzutrennen, ſo hat man es eben ſofort mit
dem gewöhnlichen Rationalismus, als ſolchem, zu thun. Einzelne, wie Schleiden, erkennen dieß auch ausdrücklich an.
Nicht die Naturforſchung, nur die (Fries'ſche) Philoſophie kann
nach ihm das richtige und nöthige Licht der Aufklärung verbreiten. Was aber die bewußten Materialiſten betrifft, ſo
fordert die volle Conſequenz des ſenſualiſtiſchen Princips, wie
wir gezeigt haben, auf jede Erklärung zu verzichten. Von
dieſer Conſequenz aus iſt aber dann auch jeder Streifzug in
das Gebiet der Religion nicht nur, ſondern des Geiſteslebens
überhaupt unmöglich, und das deterministiſche Grundprincip
des Materialismus wird nur durch die noch vorhandene In-
conſequenz ſeiner Vertreter aufgehalten, ſich in einem völligen
Ignorantismus zu vollenden.

Die hier gegebenen Ausführungen zeigen aber deutlich,
wo die Grenze iſt für diejenige Naturforſchung, die die ſinn-
liche Beobachtung als ihr alleiniges Erkenntnißprincip hinſtellt:

eben in den Grenzen der Sinneswahrnehmung, in den Grenzen, welche Sehen, Hören, Schmecken, Riechen, Fühlen ihr
selber stecken, in der gegenwärtigen, empirischen Wirklichkeit
und deren Gesetzen, die keine exakten Rückschlüsse gestattet in
Zeiten, wo sinnlich beobachtende Naturforscher ihre Aufzeich-
nungen noch nicht machen konnten. So wenig andererseits
diese Naturwissenschaft einen exakten Schluß in die Zukunft
gestattet und aus sich heraus die ewige Stabilität der gegenwärtig beobachteten Naturerscheinungen und der daraus abge-
leiteten Gesetze irgendwie beweisen kann, da eben das Wirkliche nicht immer das allein Mögliche ist.

So sind denn Naturwissenschaft und Theologie, so sind
denn Empirie und Transscendenz aber doch im Grunde zwei
vollkommen geschiedene Gebiete, die sich nicht berühren, und
zwischen denen also auch keine Verhandlung stattfinden kann?
So ist das Verhältniß zwischen beiden zwar nicht, wie behauptet wird, das des Gegensatzes, aber doch ein Verhältniß der
Gleichgültigkeit und Indifferenz? Auch dieser Schluß wäre unrichtig und voreilig. Es wäre selbst dann ein Dualismus,
zwar untergeordneter Art, unvermeidlich, und jene Einheit
der Erkenntniß, welche das tiefste Postulat jedes die Wahrheit energisch suchenden Geistes ist und bleibt, durch jene Erkenntniß von den Schranken der empirischen Forschung immerhin noch nicht gewonnen. Wir müssen daher die begonnene
Betrachtung noch nach einer anderen Seite hin fortsetzen.

Das Bestreben der Naturforschung, das Leben des Universums im Großen, wie im Einzelnen mechanisch zu deuten,
ist alt und in den verschiedensten Versuchen verwirklicht. Bei
all' diesen Versuchen erübrigt aber zuletzt immer als wahre
crux interpretum ein irrationaler, unerklärter Rest. Selbst
auf den entschieden sensualistischen Erklärungsversuchen bleibt,
wie wir gesehen haben, mindestens ein leichtes, mystisches

Wölkchen, aber doch immer drohend, weil die Consequenz des
Systemes gefährdend, hängen, so daß Czolbe, wie wir sahen,
sogar Vogt und Moleschott geradezu beschuldigt hat, daß sie
von der Mystik nicht losgekommen seien, weil auch sie noch
dynamische Wirkungen anerkennten. Auf die mannigfaltigste
Weise ist dieser dynamische Rest schon benannt worden: Lebenskraft, mitgetheilte Bewegung, typische Kräfte, Kraft überhaupt u. s. w. Es gilt von diesen Bezeichnungen im eminenten Sinne Goethe's Wort: „Denn eben, wo Begriffe fehlen,
Da stellt ein Wort zu rechter Zeit sich ein." Wer schärfer
sieht und aufrichtig zu reden gewohnt ist, gesteht es auch, daß
hinter jeder aus den erkannten physischen Gesetzen gegebenen
Erklärung noch ein Unerklärtes, das zunächst mehr Gegenstand
des Ahnens, als des wissenschaftlichen Erkennens sei, ruhe.
Es muß in allen Lebensvorgängen ein Bekanntes und ein
Unbekanntes gesondert werden, sagt z. B. Virchow. Und
Goethe sagt: Es giebt in allem Persönlichen (Lebendigen) ein
Anonymes. Gerade dieß Unbekannte, Anonyme aber ist, wie
zugegeben wird, das eigentlich Vitale, Erregende. Und wenn
auch die Erkenntniß des Seins bis zu einem gewissen Punkte
wohl gelingt, auf dem Werden, auf den „inneren treibenden
Kräften des Weltalls", in den größten, wie in den kleinsten
Raum-Verhältnissen, als Nebelflecken am Himmel und als
winziges Gräslein am Wege ruht, wie der Naturforscher und
der Dichter uns übereinstimmend versichern, ein undurchdringlicher Schleier. Ist der Schleier wirklich ein undurchdringlicher? Hundert mißglückte Versuche ihn zu lüften, scheinen die
Frage zu bejahen. Und doch ist der Drang, ihn zu heben,
ein immer wiederkehrender. Gerade das Unerklärte, das Un-
erklärbare, reizt ewig auf's Neue des Menschen „Forschen und
Ahnen". Sollte dieser dem Menschen tief eingeborene Zug
ihm von einer neidischen Gottheit nur eingegeben sein, um

ewig auf's Neue getäuscht zu werden? Sollte das letzte Wort des Räthsels, das allein lösende Kraft hat, ihm ewig vorenthalten bleiben?*) Ist jener mystische Hintergrund der Welt und des Geistes wirklich, wie die „Wissenden" uns immer wieder versichern, nur ein Mangel an Aufklärung und Bildung, den sie aber trotz aller Aufklärung bei sich selber nie vollkommen wegbringen — oder ist es die reale Tiefe der Dinge selber, an der jene Aufklärung ihre Schranke findet, eine Schranke, die sich nicht hinwegraisonniren, sondern allein mit Hülfe einer auf reale Thatsachen sich stützenden höheren Geistesmittheilung durchbrechen läßt! Sind jene getäuschten Versuche ein Zeugniß bleibender Schwäche der menschlichen Erkenntniß, oder sind sie nur ein Zeugniß, daß die Menschen eben so oft auf falschem Wege suchen, und daß das himmlische Licht und Feuer von den Göttern wohl geschenkt, nicht aber in selbstvermessenem Trotze von den Menschen geraubt werden kann?

Zunächst muß man wohl sagen, es könnte dieß oder auch jenes der Fall sein. Die Vernunft dürfte zwar vielleicht mehr Gründe dafür aufbringen, wie es nicht wahrscheinlich sei, daß das Erkennen des menschlichen Geistes nothwendig mit einem ewig ungelösten Mißklang schließen und jene Schwäche eine nothwendige und unverrückbare sein müsse; aber was vermag die Vernunft Angesichts jenes Dilemmas? Sie vermag sich in Gründen für und gegen zu erschöpfen, nimmermehr aber die Frage zu entscheiden. Entscheiden kann auch hier nur die Thatsache, die Erfahrung; denn ohne Erfahrung kom-

---

*) Das Christenthum hat neben Anderem auch die Kraft, den Menschen von allem Weltschmerz der Erkenntniß, an dem die souverain Wissenden, wenigstens die Tieferen unter ihnen, gleichfalls noch stark laboriren, zu befreien.

men wir nie wirklich zum Begriff einer Sache. Es gilt dieß
in ganz besonderem Sinne vom Uebersinnlichen. Wer des Uebersinnlichen nicht als gewisse Thatsache inne wird, der hat und
kann nie einen Begriff vom Uebersinnlichen gewinnen. Die
Vernunft kann nie die Realität eines Dinges ersetzen, nie
dessen Realität oder Nicht-Realität beweisen; sie kann nur denkend dessen, was wir als Thatsache inne geworden sind, sich
bemächtigen; fehlt aber die thatsächliche Erfahrung, so kann sie
nur leugnen. Alle Religionsleugnerei stammt aus der Verkennung dieser Wahrheit; diese zeigt uns aber auch zugleich, warum
aller Scharfsinn und Witz vernünftelnder Aufklärerei das religiöse Bewußtsein von Tausenden nicht zu erschüttern vermochte
und vermag. Wer des Uebersinnlichen und speciell der religiösen Wahrheit als Thatsache inne geworden ist, der kann
nur lächeln, wenn er immer wieder die Anstrengungen sieht,
mit denen so Viele bestrebt sind, durch das Raisonnement ihrer
(nothwendig irreligiös calculirenden) Vernunft jene Thatsache
ihm zu entreißen. Dieß ist so wenig möglich, als etwa einem
Naturforscher dialektisch beweisen zu wollen, daß das, was er
selbst gesehen, betrachtet und scharf beobachtet hat und mit ihm
viele Andere, nichts sei, und daß er eigentlich nichts gesehen
und beobachtet habe. Er wird nur lachen eines solchen Be-
mühens. Wir erlauben uns von demselben Rechte Gebrauch
zu machen; denn der Unverstand ist um nichts geringer, der
gegenüber den Thatsachen des religiösen und christlichen Bewußtseins diese Thatsachen durch die Vernunft widerlegen und
ihre Nicht-Existenz oder Irrationalität beweisen will. Nicht
um Lehren (Dogmen) handelt es sich bei jeder positiven Religion, und ganz besonders beim Christenthum, diese sind nur
das Abgeleitete, Sekundäre; um Thatsachen handelt es sich
und um die Erfahrung dieser Thatsachen auf dem Wege,
auf dem wir uns allem Thatsächlichen, auch der sinnlichen

Eristenz, allein nahen und vergewissern können, auf dem Wege
unmittelbarer Glaubens-Gewißheit. Wer diesen Weg nicht anerkennt, als denjenigen, der allein auch zum Uebersinnlichen
führen kann, der handelt, wie wir schon früher gesehen, unlogisch und widerspruchsvoll. Wer ihn, der für Alle offen steht,
die ihn betreten wollen, nicht betritt, dessen ultima ratio bleibt
die Leugnung, der Unglaube. Denn keine Meinung kann, um
Obiges noch etwas näher zu begründen, irrthümlicher, wenngleich
noch so weitverbreitet, sein als die, zufolge deren man in dem
Christenthume wesentlich nichts anderes, als eine Summa gewisser, von Geschlecht zu Geschlecht überlieferter, religiöser Vorstellungen sieht. Dem gegenüber hat schon der heidnische Land-
pfleger Festus die Sache richtiger getroffen, wenn er dem ver-
klagten Paulus die Meinung beimaß: er rede von einem ge-
storbenen Jesu, welcher lebe. Denn wirklich ist die durch
Glaube und dessen weitere Wirkungen vermittelte und zweifellos gewisse fortwährende Präsenz Christi die eigentliche
Substanz des christlichen Bewußtseins. Die Kirche ist darum
wesentlich und zunächst keine Lehranstalt, sondern vielmehr —
wenngleich noch in Knechtsgestalt — die fortwährende Offen-
barungsstätte ihres in die Herrlichkeit wieder zurückgetretenen
Gründers. Und auch soferne sie Lehr-Anstalt ist, hat sie viel
mehr einen unmittelbar praktisch-pädagogischen, als einen dok-
trinären Zweck. Wir wollen und können freilich nicht leugnen,
daß die Theologie und Kirche selbst schon oft jenes gründliche
Mißverständniß gefördert und als Rationalismus z. B. jenen
Irrthum geradezu gelehrt, damit aber sich selbst negirt und ihr
christliches Bewußtsein in der Wurzel aufgehoben hat. — Christus selbst erklärt wiederholt auf's bestimmteste, daß ohne Empirie, ohne Erfahrung es keinerlei Einsicht und Gewißheit von
der Wahrheit seiner Lehre geben könne: so ihr meine Lehre
thut, so werdet ihr erkennen, daß sie von Gott sei. Damit

ist alles erfahrungslose Vernunft-Raisonnement gegen das
Christenthum als eitles, weil außer der Sache stehendes und
darum nothwendig schiefes Gerede abgewiesen. So wie auch
aus diesen Gedanken schon erkannt werden kann, daß Religion
ohne Offenbarung und ohne heilige Geschichte*) ein reines
Hirngespinnst und Luftgebilde ist.

Es kann nur schmerzliche Betrübniß erwecken, zu sehen,
wie auch große und ehrwürdige Namen nicht aus jenem Cirkel
der Negation herauskommen. Herr von Humboldt versichert
uns im Kosmos, daß „wir vom Schaffen, als einer Thathandlung, vom Entstehen, als Anfang des Seins nach dem
Nichtsein, weder einen Begriff, noch eine Erfahrung haben."
Wir hegen allen Respekt vor dem großen Nestor der Naturwissenschaften, vor dem Reichthum seines Wissens in allen Gebieten der Naturwissenschaft, vor der vollendeten Form seiner
Darstellung. Doch kennen wir, Gott sei Dank! eine Wahrheit, die über jede Autorität, und wäre sie gleich eine in den
fünf Welttheilen gleichmäßig bewunderte, unendlich weit hinausliegt; und im Namen dieses christlichen Bewußtseins erlauben
wir uns gegen jene Versicherung entschiedene Einsprache. Es
wird auch hier von dem großen Gelehrten am entscheidenden
Punkte uns einfach Glaube zugemuthet. Auch er ist von den
oben aufgezeigten Voraussetzungen eines ewig starren Naturgesetzes befangen gemacht und weiß nichts von einer wesentlichen,
über dem Menschen thronenden, und doch ihm zugänglich gewordenen ewigen Wahrheit. Daher geschieht es auch ihm,
der sonst ein so großer Meister nicht nur geistiger Klarheit,

---

*) Die wahre Religion unterscheidet sich von der falschen eben deßhalb
dadurch, daß diese auf Mythologie, jene auf Historie sich stützt. Weßhalb
mit Nothwendigkeit alle Angriffe gegen das Christenthum damit beginnen
und enden müssen, den historischen Charakter der evangelischen Geschichte
zu leugnen und zu einem mythologischen zu machen. —

sondern auch geistigen Maaßes ist, über jede positive Religion ein wenig maaßvolles Urtheil zu fällen. „So wie der Mensch, lesen wir im Kosmos, sich nun Organe schafft, um die Natur zu befragen, und den engen Raum seines flüchtigen Daseins zu überschreiten, wie er nicht mehr bloß beobachtet, sondern Erscheinungen unter gewissen Bedingungen hervorzurufen weiß, wie endlich die Natur, ihrem alten dichterischen Gewande entzogen, den ernsten Charakter einer denkenden Betrachtung des Beobachteten annimmt, treten klare Erkenntnisse und Begrenzung an die Stelle dumpfer Ahndungen und unvollständiger Induktionen. Die dogmatischen Ansichten der vorigen Jahrhunderte leben nur fort in den Vorurtheilen des Volkes und in gewissen Disciplinen, die in dem Bewußtsein ihrer Schwäche sich gern in Dunkelheit hüllen." Diese Worte sind nichts als ein Zeugniß mehr, daß auch eine geniale Begabung und ein ausgebreitetes Wissen in keiner Weise noch ein wirkliches Verständniß höherer religiöser Wahrheiten aufschließt. Das Experiment des Chemikers, der Calcul des Astronomen sind es also nach der Meinung des großen Gelehrten, die die Welt von Religion und Christenthum gründlich befreien sollen. Höchstens für die Massen als Zaum, und für die von der in immer strahlenderem Glanze aufgehenden naturwissenschaftlichen Sonne sich scheu ins Dunkel dumpfer Ahndungen bergenden Theologen können jene Vorurtheile noch Geltung haben. Aber Gottlob! der neue Sonnenwagen hat doch noch nicht Alle geblendet, und selbst des großen Olympiers drohender Donner schreckt Viele nicht. Wir sind eben der Meinung, man könne das ungeheure Wissensmaterial der sinnlichen Welt und ihrer Erscheinungen mit bewundernswerthem Geistesblick scheidend und ordnend umfassen, und dennoch könne die Welt des Uebersinnlichen, das Wesen und Wirken des göttlichen Geistes und seiner Offenbarungen Einem ein versiegelt und verschlossen Buch sein und bleiben.

Aber Naturwissenschaft und Theologie?*) Die Offenbarung
der Natur und die Offenbarung des Geistes? Nun, die Theo=
logie setzt eben ein, wo die Naturwissenschaft aufhört. Eben
jenes unbekannte x ist das a, die erste bekannte Größe ihres
Calculs. Wie die Naturwissenschaft mit der Thatsache des
Sinnlich=Wirklichen als Ariom beginnt, und ihre Rechnung fort=
führt bis zu der Grenze, wo dieses Sinnliche in ein Ueber=
sinnliches sich verliert, so beginnt die Theologie ihre Rechnung
mit der Thatsache des Uebersinnlichen, als eines Wirklichen,
um die Erscheinungen und Gesetze dieses Uebersinnlichen zu ver=
folgen bis zu dem ewig unerschöpflichen Urquell alles Lebens
und alles Seins. Mit demselben logischen Rechte, wie die
Naturwissenschaft auf die Autorität der sinnlichen Erscheinungs=
welt, stützt sie sich auf die Autorität der Offenbarung. Wie
jene die Gesetze der Natur nicht autonom aus sich construirt,
sondern die Erkenntniß des Gegebenen als ihre Aufgabe be=
trachtet, so ist auch hier die Erkenntniß und Aneignung des
in der Offenbarung Gegebenen die zu lösende Aufgabe.

Die Objekte der Naturwissenschaft und der Theologie bilden
allerdings sonach zwei concentrische Kreise, und nicht „zwei
Systeme von concentrischen Kreisen, die in gewissen Punkten
nur sich schneiden, deren Curven aber niemals in einander,
sondern in sich selbst verlaufen". Es giebt einen nothwendigen
und gewissen Uebergang von der Natur zur Gnade. Der Kreis
des natürlichen Lebens wird von demselben Mittelpunkte ge=
tragen, wie der des Geisteslebens, aber die Peripherie des
letzteren ist größer und weiter, und ihre Radien reichen über

---

*) Wenn wir hier „Theologie" sagen, so meinen wir nicht die bloß
äußerliche Religions=Doktrin, als gelehrtes Gedächtniß=Material, sondern
in dem oben entwickelten Sinne das christliche Bewußtsein, soferne es des
ihm zweifellos gewissen Glaubens=Inhaltes erkennend inne geworden ist.

die des natürlichen Lebens hinaus, indem sie an allen Punkten die Grenze der Sinnlichkeit durchbrechen. Das Höhere
trägt und durchdringt eben das Niederere, der Geist die Natur,
während der Versuch, letztere autonom zu erklären und den
Geist überflüssig zu machen, nothwendig einen unerklärten Rest
bedingt und die Erklärung gerade am entscheidenden Punkte
sistirt. Alles Uebersinnliche ausschließen heißt darum, wie wir
gesehen, eigentlich nichts Anderes, als auf die Erklärung des
Sinnlichen verzichten. Fassen wir dieß noch einen Augenblick
näher in's Auge.

Die Naturwissenschaft endet da, wo das Sinnliche aufhört, die Theologie beginnt mit der Thatsache des Uebersinnlichen. Man streitet seit Alters über die beiderseitigen Grenzen.
Man sieht eine Störung des geordneten, natürlichen Ganges
der Erscheinungswelt darin, daß ein Uebersinnliches auf diese
soll einwirken können, und verbindet willkührlichst mit dem
Uebersinnlichen den Begriff des Willkührlichen, Gesetzlosen.
Sagt Euch aber nicht schon die Vernunft, daß, wenn ein Uebersinnliches als Thatsache existirt, auch dieses, so gewiß als die
niederere, sinnliche Erscheinungswelt, Harmonie, Rythmus und
Ordnung haben muß in sich und in ihrer Wirkung auf die
natürliche Erscheinungswelt! Ihr seht eben das Uebersinnliche
höchstens immer als ein Vereinzeltes, und darum Willkühr-
liches. Ja, Ihr habt recht, daß Euch Euer Begriff Gottes,
der des eines deus ex machina ist, verwerflich und unwürdig
dünkt. Wie wäre es aber, wenn der Rythmus, das Pulsiren
der höheren und der niederen Ordnung, des Sichtbaren und
Unsichtbaren, allzeit dasselbe, wenn es ein simultanes wäre!
Wie wäre es, wenn alles Sinnliche in einem Uebersinnlichen
lebte und webte, wenn alle Gesetze der natürlichen Erscheinungswelt, alle Manifestationen des natürlichen Lebens und
seiner Gesetze in einem Uebersinnlichen, Geistigen, ihre Wurzel

und ihre Triebkraft hätten! Wenn dem so wäre, so könntet
Ihr die Thatsache des Uebersinnlichen zwar immer leugnen,
aber Eure gewöhnlichen Einwürfe von Willkühr u. drgl. müß=
ten dann wenigstens verstummen, und alle Eure Gegengründe
schrumpften zusammen in das Wörtlein: ich leugne es!

Wir sind es überzeugt, daß das hier hypothetisch Aus=
gesprochene Wahrheit und Wirklichkeit ist, und alles Sinnliche
in einem Uebersinnlichen seine Wurzel und sein Leben hat; daß
der Geist, und zwar bestimmt als der göttliche Geist alles
Gewordene frei geschaffen und es trägt vom Firstern bis zum
Haare auf dem Haupte. Wir sind überzeugt, daß kein Mensch
vom Brode allein lebt, sondern auch der frivolste Materialist
— er mag wollen oder nicht — von dem Worte, das fort=
während aus Gottes Munde geht.

Fügen wir dem noch eine kurze Rückanwendung des Ge=
sagten zur völligen Beseitigung eines Mißverständnisses bei.

Wird durch die Erkenntniß, daß alles Sinnliche in einem
Uebersinnlichen urständet, etwa das Forschen und Erkennen tes
natürlichen Lebens und seiner Gesetze überflüssig und zwecklos
gemacht? Gewiß nicht. Die auf die Sinneswahrnehmung
sich stützende Naturbeobachtung hat jetzt ihr Recht, sie ist eine
der der Menschheit gestellten Aufgaben. Nur Unverstand kann
bei der Lösung dieser Aufgabe das freieste und ungehindertste
Forschen ihr wehren wollen.*) Aber der durch ihr Princip

_____

*) Von jenem kritiklosen, unverständigen Gebahren, wie es z. B.
Veuillots Univers in Frankreich eingeschlagen hat, ganz abgesehen, ist zu
bedauern, daß auch in Deutschland in Folge des von uns genugsam auf=
gezeigten Mißbrauches der Naturwissenschaft auch gegen den rechten Gebrauch
ein Mißtrauen an vielen Orten sich festgesetzt hat, freilich durch jenen
gleichfalls kritiklosen und unverständigen Mißbrauch vieler Naturforscher
provocirt. Aber der Satz bleibt fest: abusus non tollit usum. Wir freuen
uns, so eben noch die Schrift eines Naturforschers zu Handen zu bekommen,

bedingten Schranke bleibe sie sich bewußt! Thut sie das, so ist
ein Gegensatz gegen die religiöse Wahrheit gar nicht möglich.
Sie mag die Kraft des besten Teleskopes und Mikroskopes
verhundertfachen, nach Oben den Kreis des Universums und
seiner Erkenntniß um Siriusfernen hundertfach erweitern, und
nach Unten die Materie in die allerfeinsten Theilchen zerlegen,
niemals vermag sie es, den Kreis der natürlichen Erscheinungswelt so auszudehnen, daß seine Peripherie den Kreis des Uebersinnlichen sprengte oder gar in sich verschlänge, denn ewig ge-
bricht ihr hiezu der Hebel, den schon Archimedes gesucht.

Die ihrer Grenze bewußte Naturforschung hat aber auch
ein Recht, zu verlangen, daß man ihr in ihre Untersuchungen
von anderen Gebieten aus nicht störend hinein rede. Der
Theologe kann, hat er Lust und Bedürfniß hiezu, von ihr nur
lernen. Nur wo ihr x beginnt, hat er ein Recht um's Wort
zu bitten. Er wird dabei keines ihrer wirklich exakten Ergebnisse umstoßen oder auch nur bezweifeln wollen. Er wird zunächst nur sagen, daß das x denn doch eigentlich nicht aus-
reiche, ein Wort noch kein Begriff, am wenigsten die Sache
selber sei. Und die Naturforschung kann über diese Einrede

die die oben gezeichnete Grenze zwischen Naturwissenschaft und Theologie
klar und bestimmt festhält. Es ist das Werk: „Schöpfungsgeschichte mit be-
sonderer Berücksichtigung des biblischen Schöpfungsberichtes von Dr. Friedrich Pfaff, a. o. Professor an der Univerfität Erlangen. Frankfurt und
Erlangen 1855." Der Verfasser verwahrt sich entschieden gegen jedes
Dareinreden der Theologie in die Naturwissenschaft, ebenso aber gegen alle
Eingriffe der letzteren in das Gebiet des philosophischen und theologischen
Erkennens. Die scharfe Durchführung dieses Grundsatzes verleiht dem
trefflichen Buche einen besondern Werth; wie auch der Versuch des Verfassers zu einer Vereinbarung der modernen geologischen und astronomi-
schen Resultate mit dem mosaischen Berichte, so wenig wir ihm in Allem
beipflichten können, doch jedenfalls Beachtung verdient.

um so weniger sich wundern oder beklagen, da dieselbe in ihr
Gebiet, wie sie selbst es sich abgegränzt hat, nicht eingreift.
Denn die moderne Naturwissenschaft erklärt „die Entdeckung
und Beschreibung der Gesetze der physischen Dinge" für ihre
alleinige Aufgabe. Mit anderen Worten sie beschränkt sich
darauf, zu untersuchen und zu wissen, wie die physischen Dinge
eingerichtet sind. Neben und über jedem Wie? liegt aber ein
Wozu? und die Beschreibung der physischen Beschaffenheit der
Dinge weist mit Nothwendigkeit auf eine Erkenntniß der höheren
Gesetze und Kräfte, wodurch sie regiert werden. Es kann ein
Naturforscher jenes Wie? d. h. die mechanisch-physikalische Beschreibung der physischen Dinge vollkommen überschauen und
die betreffenden Gesetze der Erscheinung auf's genaueste kennen,
und dabei nicht den mindesten Einblick in das eigentliche Leben
und Wesen der Natur und des Universums haben.*) Dieses
Innere der Natur, dieses Wozu? bleibt ewiges Geheimniß,
entgegnet hierauf der Naturforscher. Abgesehen davon, daß
der Begriff: „ewiges Geheimniß" an sich einen Widerspruch
enthält, so entgegnet hierauf der Philosoph und der Theologe:
wir leugnen dieß. Gerade dieß Wozu? ist das Wesentlichste,
und daß Ihr nichts von demselben erkennen könnet oder wollet,
ist die nothwendige Folge des Princips der pur sinnlichen Erkenntniß, von dem Ihr ausgeht. Eure mechanisch-physikalische
Erklärung mag vollkommen richtig sein, aber sie bleibt immer

---

*) „Nicht in der Physik (Naturforschung) als Wissenschaft, sondern
in ihr als Beobachtungs- und Experimentirkunst übertreffen wir die Alten,
sowie wir an Sitte, nicht an Sittlichkeit ihnen voraus sind," sagt einmal
Fr. v. Baader, und im oben angedeuteten Sinne dürfte dieser kühne Ausspruch vollkommen treffend sein, um so mehr, da die moderne Naturforschung
sich immer ausschließlicher mit der (todten) Materie, und nicht mit der
(lebensvollen) Natur beschäftigt. Materie und Natur sind aber wohl zu
unterscheiden. —

eine äußerliche und formale. Zum Wozu? bedarf es einer Erweiterung des Princips. Kann man sich nun über das hier
neu eintretende Erkenntniß-Princip verständigen — wohl, so
ist weitere Vereinigung möglich; wo nicht, so bleibt man ge-
trennt. Nur keine unklare Vermischung des eben im Princip
einmal Geschiedenen!

Zum Beispiel: Herr v. Ringseis hat ein Buch geschrieben,
„System der Medicin" betitelt. Dieß Buch ist nicht nur ein
ehrenwerthes Zeugniß großen Muthes, es enthält auch eine
reiche Fülle tiefer, von der Menge der heutigen Naturforscher
nur mit Hohnlächeln begrüßter Wahrheiten. Wenn Herr v.
Ringseis die Krankheit an sich als eine Folge der Sünde bezeichnet, wenn er einen untrennbaren (wenn auch nicht in allen
einzelnen Fällen unmittelbaren) Causal-Nexus zwischen ethischer
und physischer Zerrüttung festhält, wenn er die Thatsache der
Erlösung, als den Anfangspunkt der Aufhebung dieser doppelten
Zerrüttung behauptet, so spricht er damit Wahrheiten aus, die
ebenso gewiß thatsächlich feststehen, als sie den Horizont moderner Aufklärung überragen. Dennoch aber sagt ein berech-
tigtes natürliches Gefühl schon, daß man z. B. Gebet und
Sakramente nicht neben Ipecacuanha und Aderlaß in die Heilmittellehre stellen darf. Es giebt zwar unzweifelhaft auch eine
christliche Heilmittellehre, und dieser Begriff enthält in keiner
Weise einen Widerspruch. Ja, es besteht eine solche fortwährend praktisch. Will man aber hierauf ein System christlicher
Medicin begründen, so finden in demselben die natürlichen Heil-
mittel der gewöhnlichen Medicin auch keine Stelle mehr, können
zum Wenigsten in keinerlei Selbständigkeit neben den geistlichen
Mitteln bestehen, und es ist vor Allem nöthig, will man nicht
selbst durch Wahrheiten Verwirrung stiften, die inneren Vor-
bedingungen und Voraussetzungen, welche für einen wirksamen
Gebrauch geistlicher Mittel gegeben sein müssen, genau und

mit nüchterner Kritik festzustellen. Es erscheint aber fraglich, ob es an der Zeit wäre, einen solchen Versuch öffentlich zu machen; in den Kreisen, in denen die Voraussetzungen zum Verständniß jener Wahrheiten gegeben sind, weiß man dieselben ohnedieß auch als Thatsachen. Und bei gegenwärtiger Trennung der Fakultäten hat die gewöhnliche Medicin ihr Recht, das Recht, ihre auf die sinnliche Wahrnehmung basirte Wissenschaft von allen ihrem Princip nicht zugänglichen Elementen frei zu halten, und eine christliche Heilmittellehre als eine Sache der Theologen oder doch der Christen von sich abzuweisen. Herrn v. Ringseis' Buch wird sonach — abgesehen von dem eigentlich medicinischen Detail, von dem wir lediglich nichts verstehen — im Wesentlichen eine schätzbare Weissagung auf eine wieder kommende Einheit des jetzt in vier Fakultäten getrennten menschlichen Wissens und Wirkens bleiben.

Hiemit dürfte aber das Verhältniß des religiösen und des naturwissenschaftlichen Wissens genügend und deutlich beschrieben sein, und wir haben damit auch die Grenze der hier gesteckten Aufgabe erreicht. Unsere Gegner werden wenigstens zugestehen, daß wir die Grundfragen des Gegensatzes scharf in's Auge gefaßt und den Schwierigkeiten des Stoffes nicht aus dem Wege gegangen sind. Wenn nicht zur Versöhnung, so doch zur Klärung und bestimmteren Firirung jenes uralten Gegensatzes, den schon Goethe als das einzige und tiefste Thema der Weltgeschichte bezeichnet hat, dürften unsere Untersuchungen vielleicht etwas beigetragen haben. Wir glauben nachgewiesen zu haben, daß nicht das Wissen, sondern das Glauben es ist, das die Menschen leitet bei der Wahl der Weltanschauung, der sie huldigen. Aber weder Glauben noch Wissen sind isolirte Thätigkeiten des Menschen. Nur eine oberflächliche Psychologie kann dieß sich und Anderen vorsagen. Es besteht ein ununterbrochener Einfluß unseres Willens auf die Erzeugung

unserer Gedanken. Das ist auch eine Thatsache der empirischen
Beobachtung, der scharfen Selbstbeobachtung schon. Darum
ist der Mensch auch für sein Denken sittlich verantwortlich;
und die Lehre der Materialisten von einer mechanischen Denknothwendigkeit ist im Grunde nichts als das Feigenblatt ihrer
die moralische Verantwortlichkeit leugnenden Unfreiheit des
Willens. Es gibt eben auch, wie das Buch der Weisheit einmal tiefsinnig bemerkt, συλλογισμοὺς πονηρίας, zu deutsch: der
verkehrte Wille vollendet sich in der verkehrten Theorie, in
einer falschen sophistischen Dialektik. Wir wissen aber, Gott sei
Dank! wer der erste Dialektikus dieser Art gewesen, der schon
vor Hamlet über Sein und Nichtsein, und vor Vogt über
Köhlerglauben und Wissenschaft dialogisirt hat. Heute noch,
wie damals ist das: Eritis sicut deus, scientes — der lockende
Preis, der einer leicht zu bethörenden Menge vorgegaukelt wird.
Es ist 'ne alte Geschichte, doch bleibt sie immer neu — —
wir erlaubten uns auch gegen ihre neueste Fassung nachdrücklich zu protestiren!

Ueber den

Ursprung des Menschengeschlechtes.

Zur Kritik der Lehre Darwins

von der Entstehung der Arten.

Verehrte Versammlung!

Ueber den Ursprung des Menschengeschlechtes — lautet der Gegenstand, zu dessen Erörterung wir uns in dieser Abendstunde hier versammelt haben. *) Ich zweifle, ob dieß Thema für Viele unter Ihnen eine besondere Anziehungskraft habe, vielmehr werden Manche sich vielleicht fragen, wozu die Untersuchung einer solchen Frage, da wir doch alle wissen, woher der Mensch kommt, und wohin er geht? — In der That hätte ich für den Kreis, in welchem ich hier zu reden habe, selbst lieber ein anderes Thema gewählt, und ich will Ihnen sogleich gestehen, daß ich an den Gegenstand meiner heutigen Besprechung nicht ohne ein Gefühl innerer Beschämung herantrete. Denn die Lage der Frage, deren Beantwortung ich versuchen will, nöthigt unter Anderem auch die Frage zu besprechen, ob der Mensch vom Affen abstamme oder nicht? Zwar hat schon 1806 der berühmte Blumenbach über diese Frage: „Ein Wort zur Beruhigung in einer allgemeinen Familien-Angelegenheit" geschrieben, aber leider ist das Bedürfniß, die Selbständigkeit und den specifischen Unterschied des Zweihänders, des Menschen, vom Vierhänder, dem Affen, nachzuweisen, in der Gegenwart mehr denn je wieder ein dringendes Bedürfniß. So wenig wohl Sie alle das Bedürfniß einer solchen Beruhigung empfinden mögen, so überflüssig für den Einzelnen, ja für Viele die Erörterung der aufgestellten Frage nach dem Ur-

*) In Abend-Vorlesungen zu Barmen und Düsseldorf im Frühjahr 1864 mitgetheilt.

sprung des Menschengeschlechtes erscheinen mag, so muß ich
doch hier sogleich bemerken, daß diese Frage auf dem Gebiete
der Wissenschaft ohne Zweifel heute die wichtigste Tagesfrage
ist. In England, Deutschland, Frankreich, Amerika sind die
Naturforscher aller Fächer mit der Discussion derselben be=
schäftigt, und die Literatur über dieselbe schwillt von Tag zu
Tage. Bereits haben während des letztverflossenen Jahres
auch unsere philosophischen, wie theologischen Journale fast
ohne Ausnahme sich mit jener Frage, theilweise eingehend be=
schäftigt, und bei der popularisirenden Methode, welche in den
letzten zwanzig Jahren für alle Zweige der Wissenschaft mehr
und mehr zur Geltung kommt, ist auch in unseren Tageszeit=
schriften und illustrirten Familien=Journalen das bezeichnete
Thema zu einem vielbesprochenen Gegenstande geworden. Schon
diese thatsächlichen Umstände zeigen, daß es sich bei der auf=
gestellten Frage denn doch für die Gegenwart um eine Ange=
legenheit von nicht geringer Bedeutung handelt, welche, wie
das Interesse jedes Gebildeten, so besonders auch die Auf=
merksamkeit und sorgfältige Betrachtung derer, welche mit dem
Ernste christlicher Ueberzeugung die erhabene Aufgabe des Men=
schen und der Menschheit kennen und festhalten, in hohem
Grade verdient. Und in der That, könnte es bewiesen werden,
daß der Mensch schlechthin von unten her sei, das zufällige
Produkt eines willführlichen Spieles materieller Kräfte, so
wäre dem Christenthume die Art an die Wurzel gelegt. Aber
nicht nur das, auch die Grundlage aller Sittlichkeit, der ge=
sammte sociale Bestand der Menschheit, aller Fortschritt in
Wissenschaft, Kunst und allgemeiner Cultur wäre erschüttert
und für immer gehemmt.

Glauben Sie nicht, daß ich mit diesen Worten ein Schreck=
bild erregter Phantasie Ihnen vor Augen stelle, oder irgend
welche willführliche Consequenzen einer modernen Doktrin unter=

schiebe. Wer nur einigermaßen mit der Literatur des neuern Materialismus, der namentlich seit acht Jahren mit trotziger Kühnheit sein Haupt wieder erhoben hat, bekannt ist, weiß, daß jene sittlich-intellectuellen Consequenzen von einem Theile unserer modernen Materialisten selbst ohne alle Scheu gezogen worden sind, und noch fortwährend gezogen werden. Ich erinnere hier nur an die Schriften eines Louis Büchner und Carl Vogt. Es ist jedoch heute nicht meine Aufgabe, in die Darstellung des Materialismus und seiner allgemeinen Principien einzutreten und die Geistlosigkeit und sittliche Fäulniß derselben aufzuzeigen. Nicht mit dem Materialismus im Allgemeinen haben wir es hier zu thun, sondern mit der Antwort, welche die materialistische Naturforschung auf die Frage nach dem Ursprung und der Entstehung des Menschen neuestens zu geben versucht. Ein Versuch, der zunächst unter den Vertretern der Naturwissenschaft, sodann in vielen Kreisen der gebildeten und halbgebildeten Welt täglich größeren Beifall findet.

Da aber die Frage nach dem Ursprung und der Entstehungsweise des Menschen eine Frage von so allgemeiner und unmittelbarer Bedeutung ist, würde es zu verwundern sein, wenn dieselbe nicht von den ersten Anfängen der Geschichte an aufgeworfen, und ihre Beantwortung auf die mannigfaltigste Weise versucht worden wäre. In der That finden wir bei allen Culturvölkern des Alterthums, wie bei allen einigermaßen entwickelten, noch jetzt bekannten Heidenvölkern Kosmogonien, d. h. Beschreibungen der Entstehungsgeschichte der Erde und des ersten Wesens, des ersten Menschen. So viel Phantastisches in den Theogonien, wie Kosmogonien, der alten wie modernen Heidenvölker mitunterläuft, so läßt sich doch nicht läugnen, daß auch großartige Gedanken in jenen indischen, chaldäischen, ägyptischen, persischen, germanischen u. s. w. Schöpfungslehren sich finden; ja, man muß anerkennen, daß nicht

wenige Wahrheitsmomente in ihnen verborgen sind, wenn auch
verzerrt und zertheilt, gleich den zerrissenen und aus einander-
gesprengten Theilen eines ursprünglich harmonisch geeinten,
großen Gebäudes. Liest man dieselben zusammen, so bekommt
man den Eindruck eines wirklichen consensus gentium, einer
unerwarteten Uebereinstimmung in dem mythologischen Befunde
der Völker. Ja man wird fast gedrängt werden zu der Ueberzeugung, daß diese altheidnischen Mythologien unsere modern-
materialistischen Kosmogonien an Gedanken- wie an Wahr-
heitsgehalt entschieden überragen. Vielleicht, daß die Besprechung der letzteren auch in Ihnen den gleichen Eindruck erwecken wird.

Mitten in dem bunten und phantastischen Mancherlei
heidnischer Kosmogonien erscheint die heilige Urkunde des
Volkes der Hebräer. An ihrer Spitze steht eine Geschichte
der Schöpfung, nach welcher auf das Schöpferwort des allmächtigen Gottes die sichtbare Erscheinungswelt, dem dunkeln
Urgrunde des Chaos sich entwindend, in 6 großen Schöpfungs-
tagen mit wachsender Vervollkommnung bis zum Menschen auf-
steigt. Während die Pflanzen- und Thierwelt in dem Prozesse
ihrer Bildung als ein Produkt der Erde und des Wassers
erscheint („es lasse die Erde aufgehen Gras und Kräuter" —
„es errege sich das Wasser mit lebendigen Thieren" — „es
bringe die Erde hervor lebendige Thiere"), also erzeugt von
unten her, durch die vom schöpferischen Fiat erregten Kräfte
der Natur, wobei die Verschiedenheit der Arten der Geschöpfe
immer aufs neue betont wird, — tritt bei der Schöpfung des
Menschen ein wesentlich anderes Verhältniß zu Tage. Nicht
als Produkt der schöpferisch bewegten Kräfte der Natur, nicht
als bloße Spitze und Gipfel der Säugethiere, erscheint der
Mensch, sondern Gott selbst macht ihn „in Seinem Bilde und
nach Seinem Gleichniß". Zwar wird seine Leiblichkeit dem

Erdenstaube entnommen und der Mensch hiemit nach den Grundbedingungen seiner äußeren Organisation in den Zusammenhang des gesammten kosmischen Lebens gestellt, aber mit diesem Gebilde aus Erde vereinigt sich durch eine unmittelbare That Gottes ein lebendiger Geistesodem, der den Menschen ebenso zum Herrn der Creatur, wie zum Bilde und Gleichniß Gottes erhebt.

Dieß ist in aller Kürze die Aussage der heiligen Schrift über die Entstehung des Menschen, und der ihn umgebenden, niederen Creatur. Tiefsinnig und erhaben, trägt dieser Bericht zugleich den Stempel der ungezwungensten Einfachheit. Der einzigartigen Doppelstellung des Menschen, als Natur- und Geisteswesen, wird derselbe in gleicher Weise gerecht. Er läßt der Naturforschung ihr Recht, den Menschen nach seiner äußern Organisation, als das oberste in der Entwicklungsreihe der Geschöpfe, anatomisch und physiologisch zu zergliedern, und wahrt andererseits die Selbständigkeit und göttliche Natur seines über die übrigen Geschöpfe ihn schlechthin erhebenden Geisteslebens. Was die niedere organische Creatur betrifft, so möchte ich Sie nur darauf aufmerksam machen, daß der biblische Schöpfungsbericht zwar entschieden eine Entwicklungsreihe in den Geschöpfen, eine aufsteigende Skala vom Niederen zum Höheren anerkennt, dabei aber in bestimmtester Weise die ursprüngliche Verschiedenheit der Arten, sowohl der Pflanzen-, wie der Thierwelt, betont. Nicht weniger als zehnmal heißt es bei der Erschaffung der Pflanzen und Thiere: „ein jegliches in seiner Art," und dreimal heißt es dazu noch: „das seinen (eigenen) Saamen bei sich habe." Wie mannigfach die Schwierigkeiten sein mögen, welche die Vereinbarung des biblischen Schöpfungsberichtes mit manchen als gesichert zu betrachtenden Resultaten der modernen Naturwissenschaft, namentlich im Gebiete der Geologie bietet, — Schwierigkeiten, die

ich mit Vielen übrigens nicht für unlöslich halte,*) — so viel
ist klar, die Aussage der Schrift über die Schöpfung des
Menschen, über die Doppelseitigkeit seines Wesens und seiner
Stellung in der Natur, sowie über die ursprüngliche Verschiedenheit der Arten oder Organismen hat ebenso sehr das Zeugniß des Augenscheins, wie der allgemeinen Vernunft für sich.

Wir dürfen uns daher nicht wundern, daß in der christlichen Zeitperiode der im großartigsten Lapidarstyle gehaltene,
biblische Schöpfungsbericht nicht nur für die theologische, sondern
auch für die philosophische und naturwissenschaftliche Forschung
allgemeine Anerkennung gefunden hat. Da der Begriff der
Schöpfung, des Entstehens eines Seienden aus Nichtseiendem,
ebenso wie der eigentliche Begriff des Lebens das menschliche
Fassungsvermögen in seiner gegenwärtigen Beschaffenheit über-
steigt, oder um mit Alexander von Humboldt zu reden, da
„wir vom Schaffen, als einer Thathandlung, vom Entstehen,
als Anfang des Seins nach dem Nichtsein, weder einen Begriff, noch eine Erfahrung haben," so bedarf es für alle wissenschaftliche Forschung in Bezug auf jene letzten Fragen eines
Arioms, d. h. einer Voraussetzung, die weder durch bloße
Verstandesschlüsse, noch weniger durch Thatsachen der Erfahrung streng bewiesen, vielmehr nur auf Wahrscheinlichkeits-
gründe hin geglaubt werden kann. Von dieser einfachen und
unwidersprechlichen Wahrheit aus hat denn auch die Naturwissenschaft seit Jahrtausenden den mosaischen Bericht über die
Entstehung des Menschen und die ursprüngliche Verschiedenheit
der Arten der Organismen, wie viel oder wenig ihre Vertreter auch sonst von der Bibel halten mochten, als das einfachste, ungezwungenste und würdigste Ariom anerkannt. Die

---

*) Man vgl. neben den bezüglichen Schriften von Kurtz, Delitzsch,
Fr. v. Rougemont u. A. besonders P. F. Keel: Die Schöpfungsgeschichte und die Lehre vom Paradies. Basel 1861 bei C. Detloff.

vornehmsten Vertreter der Naturwissenschaft aus allen Zweigen
derselben stimmen auch während des letzten Jahrhunderts, in
welchem die naturwissenschaftlichen Forschungen eine so große
Ausdehnung und Bereicherung gewonnen haben, darin überein,
daß sie den Menschen als ein vom Säugethiere specifisch verschiedenes Wesen anerkennen, und ebenso einen specifischen, d. h.
ursprünglichen Unterschied der Arten im Thier- und Pflanzenreiche festhalten.

Der berühmte Linné, der große Classifikator der Pflanzen-
und Thierwelt, der eigentliche Schöpfer einer logischen Naturgeschichte, unterschied zuerst durch alle Classen und Ordnungen
der Thier- wie Pflanzenwelt scharf zwischen Art oder Species
und Gattung oder Genus. Und eben durch diese Unterscheidung wurde seine große und verdienstvolle Arbeit der Classifikation des gesammten Naturreiches erst möglich. Er vereinigte
unter dem Begriffe Art die Gesammtheit aller Individuen,
welche eine bedeutende Summe von Aehnlichkeit mit einander
gemein haben, und dem entsprechend wenig oder gar nicht
von einander abweichen. Er sagt: Species tot sunt, quod
diversas formas ab initio produxit infinitum ens; d. h. es
giebt so viele Arten oder Species, als überhaupt verschiedene
Formen des Lebens von Anfang an erschaffen wurden. Was
die Charaktere der Arten aber betrifft, so sind sie nach Linné
von Gott, gemäß der Oeconomia naturalis oder natürlichen
Haushaltung, als solche und gleich allen übrigen natürlichen
Dingen mit jenen Eigenthümlichkeiten erschaffen worden, welche
sie zu ihren gemeinsamen Zwecken und wechselseitigen Verwen-
dungen geeignet machen. Es beruht hier also Alles auf einer
ursprünglichen, zweckmäßigen, schöpferischen Vorausbestimmung.
So der große Begründer der modernen Botanik und Zoologie.

Auf dieser Grundlage einer specifischen Verschiedenheit der
Arten der Organismen hat die gesammte neuere Naturwissen-

schaft sich auferbaut, und eine lichtvolle Klarheit in die bunte Mannigfaltigkeit der Erscheinungen des vegetativen und animalischen Lebens gebracht. So gleichgültig, wohl auch feindlich die meisten Vertreter der naturwissenschaftlichen Forschung im Laufe der letzten Jahrzehnte zu der Bibel, als der Urkunde der christlichen Weltanschauung, sich stellen, so sehr sie, um mit Alexander von Humboldt zu reden, gegenüber einem Gott und Schöpfer eine „schüchterne Zurückhaltung“ beobachten mochten, in der Festhaltung des specifischen Unterschiedes der Arten und der einzigartigen Stellung des Menschen sind doch alle hervorragende Vertreter der modernen Naturwissenschaft Mosaisten geblieben.

Nur sehr vereinzelte Ausnahmen hievon begegnen uns während des letzten halben Jahrhunderts, und zwar nicht sowohl aus dem Kreise der sogenannten exakten Naturforschung, als aus dem Kreise naturphilosophischer Bestrebungen. Bekanntlich war es Schelling, der in der ersten Phase seiner philosophischen Entwicklung zu Anfang dieses Jahrhunderts ein System der Naturphilosophie auf pantheistischer Grundlage aufgestellt hat. Für den Standpunkt des entschiedenen Pantheismus, der den Begriff eines über der Welt erhabenen Schöpfers leugnet, vielmehr sei es in roherer, sei es in sublimerer Weise nur einen Gott in der Welt kennt, etwa lediglich als einen Gott, der nirgends anders, als in dem Bewußtsein des Menschen existirt (Hegel), also ein Gedankending ist, — war es ein im Grunde unerläßliches Erforderniß, eine Entwicklungsreihe im Gebiete der Schöpfung aufzustellen, welche den specifischen Unterschied der Arten der Organismen aufhob, und das Ganze der Schöpfung vom Mineral bis inclusive zum Menschen durch einen ununterbrochenen Proceß, wo möglich, aus Einem mythologischen Urei hervorgehen ließ. Wirklich wurde von Einzelnen dieser Versuch gemacht.

Ich muß mir erlauben, aus Gründen, die Ihnen in der Folge meiner Darlegung sofort einleuchten werden, auch auf diese Versuche mit einigen Worten einzugehen. Ich nenne als Vertreter dieser naturphilosophischen Richtung den Franzosen Lamarck und den Deutschen Oken. Der erste veröffentlichte im Jahre 1809 ein Werk unter dem Titel: „Philosophie zoologique." Darin geht Lamarck von der Betrachtung der in der heutigen Schöpfung unverkennbar entwickelten Aufeinanderfolge der Thierformen und deren von den Infusorien an allmählig vor sich gehenden Vervollkommnung und Annäherung an die Säugethiere und den Menschen aus. Er geht dann zurück auf die älteste Epoche der Schöpfung; er zeigt ihren Beginn in den niedersten einfachsten Lebewesen und verfolgt ihre stufenweise Entwicklung zu höher organisirten Formen. Er sucht zu zeigen, wie nach natürlichen Gesetzen aus jenen einfachsten organischen Formen im Laufe unermeßlicher Zeiträume und unter dem wechselnden Einflusse verschiedener äußerer Lebensverhältnisse hochorganisirte organische Wesen entstehen konnten. Die Nachkommenschaft der Urpflanzen und Urthiere verbreitete sich nach ihm dann über die Erdoberfläche hin, änderte im Laufe der Zeit nach den Einflüssen des Aufenthaltsortes und der Lebensweise allmählig ab, vervielfältigte sich in der Typenzahl, und erreichte in einem Theile derselben eine immer höhere Organisationsstufe. So dachte sich Lamarck die ununterbrochene Fortpflanzung im Thierreich vom Infusorium bis inclusive zum Menschen selbst herauf. Alles ist, wie Sie sehen, nach dieser Anschauung aus zwei Ureiern, oder aus einer vegetabilischen und einer animalischen Urzelle, geworden auf dem Wege des ununterbrochenen Processes. Natürlich mußte Lamarck von diesen Voraussetzungen aus auch den specifischen Unterschied der Arten leugnen. Es giebt, behauptete er denn auch, keine abgegrenzten Unterschiede der organischen

Form, sondern sie sind alle erst im Laufe der Zeit geworden,
was sie sind; sie besitzen nur eine beschränkte Dauer und sind
je nach dem Wechsel der äußeren Einflüsse der Umgestaltung
fähig. Mit anderen Worten, es ist nach Lamarck durchaus
kein Grund, warum nicht aus einem und demselben Saamen=
korn in verschiedenen Zeiten einmal eine Tanne, dann eine
Birke und endlich ein Birn= oder Apfelbaum werden sollte,
gerade so, wie aus Einer Urzelle in angemessenen Zeiträumen
ganz wohl ein Infusorium, ein Hund, ein Papagei, ein Affe
und schließlich ein Mensch durch immer fortgehende Verwand=
lung werden konnte, und wie Lamarck meint, wirklich geworden ist.

Aber Sie fragen, wo liegt denn der verborgene Reiz, die
Bewegung, der Antrieb zu diesem wunderbaren, alle Fabeln
vom Proteus weit hinter sich lassenden steten Verwandlungen?
Ist es ein verborgener Schöpfungsplan, der in diesem steten
Verwandlungsproceß sich kundgibt? Bei Leibe nicht! Da
wäre ja mit einem Male die verrufene Teleologie, die Lehre von
der zweck= und planmäßigen Ordnung der Natur, die am Ende
gar auf einen über der Welt stehenden Schöpfer hinweisen
würde, in die Naturbetrachtung wieder eingedrungen! So kann
also die Mannigfaltigkeit der Formen, der vegetabilischen und
animalischen Organismen nur das neckische Spiel eines blinden
Zufalls sein? In der That so ist es nach Lamarck; doch
nicht, ohne daß er für das Thierreich wenigstens, für die Um=
wandlung in dem Wesen und der Gestalt der Thiere noch
einen besondern Erklärungsgrund beibrächte. Dieser Grund
liegt nach ihm in der Uebung und Gewohnheit, in dem
Bedürfniß des Thieres. Er sagt nämlich, das Bedürfniß
des Thieres führt zu Bestrebungen und Bewegungen, durch
äußere Einflüsse ändern aber die Bedürfnisse sich ab, und dieß
führt zu neuen Bestrebungen und Bewegungen. Veränderungen
der auf das Thier einwirkenden äußeren Einflüsse verändern

daher allmählig die Gestalt von dessen Theilen, sie heben die
Energie gewisser Organe und entwickeln Organe an Körper-
theilen, wo bei den Vorfahren noch keine vorhanden waren.
Solche Veränderungen und Vervollkommnungen der Thierform
sind dann (natürlich so lange, bis neue Bedürfnisse sich regen)
erblicher Natur, sie verpflanzen sich von einem Thier auf die
Nachkommen, welche also ihre höhere Rangesstufe mit der
Geburt erhalten und ihrerseits wieder erhöhen können.

So konnte nach Lamarck ein Mollusk, der fortdauernd
strebte, vor ihm liegende Gegenstände zu befühlen, durch dieses
Bestreben die Thätigkeit seines Nerven- und Gefäßsystems
vorzugsweise dem vordern Körpertheile zuwenden, und dieser
verlängerte sich dann in Fühler. Frösche erhielten ihre Schwimm-
füße durch das Bestreben zu schwimmen. Die Giraffe gelangte
zu ihrem langen Halse durch die Nothwendigkeit, ihn nach
dem Laube hoher Bäume, das sie zu ihrer Nahrung abweidet,
auszurecken. Durch veränderte Lebensweise — ich führe Lamarcks eigene Beispiele an — namentlich durch ein Bedürfniß
aufrechten Gehens, der zur Abplattung der Fußsohle führte,
wurde endlich auch der Affe zum Menschen.

Wenn ich auch die Kritik dieser aller Logik spottenden,
und die mythologischen Kosmogonien der Alten an Phantasterei
in der That übertreffenden Theorie bis zur Betrachtung der
so eben unter großem Beifall der gebildeten und halbgebildeten
Welt gegebenen zweiten vermehrten Auflage dieses kosmogonischen Philosophems verschiebe, so gestatten Sie mir doch im
Vorbeigehen ein Paar Worte zu den Beispielen dieser Lamarck-
schen Verwandlungstheorie. Die Giraffe kam zu ihrem langen
Halse durch die Nothwendigkeit, sich von dem Laube hoher
Bäume zu ernähren. Der Frosch zu seinen Füßen durch das
Bedürfniß zu schwimmen. Sollte Lamarck nicht geahnt haben,
daß diese Sätze alle Logik des gesunden Menschenverstandes

über den Haufen werfen, und daß die Giraffe längst ver-
hungert, und der Frosch längst im Wasser ersäuft wäre, ehe
durch Gewohnheit und Uebung diesem die Beine und jener der
lange Hals anwachsen konnte! Sollte er nicht geahnt haben,
daß diese ganze Theorie nichts anderes ist, als die Behauptung, ein in's Wasser gefallener Mensch brauche, wenn er
anders ein Bedürfniß des Lebens fühle, sich nur an seinen
Haaren aus demselben herauszuziehen! Es ist nach dieser
Theorie gar kein Grund, warum nicht auf diesem Wege der
Verwandlung in späterer Zeit geschwänzte Menschen und geflügelte Affen die Erde bevölkern sollten. Der Naturforscher
Geoffroy-Saint-Hilaire, der im Wesentlichen die Theorie Lamarcks theilte, und ihr zufolge den specifischen Unterschied der
Arten gleichfalls leugnete, machte die Veränderungen der organischen Welt vorzugsweise von Veränderungen im qualitativen
und quantitativen Zustand der Atmosphäre abhängig, demzufolge aus einer bloßen Aenderung im Respirationsmedium,
z. B. aus einem Reptil ein Vogel werden konnte. Niemand
leugnet namentlich den in ältern zoologischen Epochen sich stark
abprägenden Zusammenhang der Beschaffenheit der Atmosphäre,
und der ihr entsprechenden, organischen Gestaltung. Jene aber
zum Erklärungsgrund der Unterschiede der Organismen zu machen, ist um nichts besser, als der Lamarck'sche Kanon von der
Gewohnheit und dem Bedürfnisse der Thiere, aus welchem ihre
organische Gestalt sich entwickelt haben soll, und unterliegt vom
rein logischen, wie vom naturwissenschaftlichen Standpunkte nicht
geringern Einwendungen, wie das Lamarck'sche Philosophem. Auch
nach Geoffroy-Saint-Hilaire kann es in späteren Zeiten einmal
dahin kommen, daß die Affen singen und die Menschen gleich ihrem
neuestens so viel gehätschelten Zwillingsbruder Gorilla brüllen.

Uebrigens war auch der Lamarck'sche Versuch nicht ohne
Vorläufer gewesen. Ein gewisser Demaillet hatte bereits in

der Mitte des 18. Jahrhunderts einen Versuch gemacht, eine suc-
cessive Entwicklung der vollkommeneren Thier= und Pflanzenarten
aus unvollkommenen auf dem Wege einer Verwandlung der Organe und Funktionen nachzuweisen. Aus Kräutern sollen allmählig Sträuche und dann Bäume geworden sein; die Versuche
von Fischen, sich über die Oberfläche des Wassers zu erheben,
sollen zunächst fliegende Fische erzeugt haben, und dann, im Falle
diese etwa durch Stürme auf die Bäume, oder in die Hecken
der Inseln und Küsten entführt wurden, seien Vögel daraus
gebildet worden. So weise die lebhaft glänzende Färbung der
Papageien auf diesen Ursprung von braunen, grünen, gelben,
blauen oder rothen Flugfischen zurück. Manche meinten freilich, daß
Demaillets Buch als eine bloße Satire zu betrachten sei, was wir
zur Ehre des Verstandes seines Verfassers gerne glauben wollen.

Die Ansichten des bekannten Naturforschers Oken sind
im Princip von der Lamarck'schen Theorie nicht wesentlich verschieden. Nach Oken ist alles Organische aus Schleim hervorgegangen, und ist überhaupt nichts anderes, als belebter,
verschiedenartig gestalteter Schleim, (d. h. eine halbflüssige
Substanz aus Kohlenstoff, Wasserstoff und Sauerstoff). Die
ersten Organismen entstanden aus Urschleim; sie waren Bläs-
chen desselben, und ihre Belebung beruht auf dem Vorgange
der Athmung. Diese ältesten Organismen sind Infusorien
oder einfache, schleimige Urbläschen. Sie entstanden unmittelbar
aus unorganischem Stoffe, und entstehen noch jetzt durch Fäulniß der verschiedenen organischen Materien. Die höheren Organismen entstehen dagegen aus schon gebildeter, organischer
Materie. Alle höheren Organismen sind nicht erschaffen, sondern entwickelt, so auch der Mensch, der nichts anderes, als
eine innige Verbindung und Verschmelzung der Infusorien ist.

Sie werden sich nicht wundern, daß diese naturphilosophischen Theorien, gegen welche ebenso vom Boden der exakten

Beobachtung, wie des rein logischen Calculs von allen Seiten
die triftigsten Einwendungen sich erheben, in den Kreisen der
Naturforscher sehr wenig Anklang, vielmehr sehr bald und in
steigendem Grade die entschiedenste Mißbilligung fanden. Der
große Naturforscher Cuvier bemerkte gegen diese Richtung, sie
kämpfe statt mit Beweisgründen mit Metaphern und willkühr=
lichen Analogieen. Viele Andere drückten sich noch viel derber
aus, und Sie finden in den letzten 50 Jahren wohl kaum
ein einziges naturwissenschaftliches Werk von allgemeinerem
Inhalt, das nicht gegen die naturphilosophischen Speculationen,
als die Verderberinnen aller nüchternen und exakten Beobach=
tung, wenigstens gelegentlich, zu Felde zöge.

Verwundern Sie sich nun nicht, geehrte Versammelte,
wenn ich Ihnen sage, daß in den letzten drei Jahren ein ebenso
unerwarteter, wie völliger Rückschlag eingetreten ist. Bereits
vor einem Jahrzehnt hatte ein ungenannter Naturforscher in
dem Buche: Vestiges of the natural history of Creation,
(von Carl Vogt unter dem Titel: „Natürliche Geschichte der
Schöpfung" — ins Deutsche übersetzt) mit einigen Modifi=
kationen auf die Lamarck'sche Verwandlungstheorie zur Erklä=
rung der Schöpfung zurückgegriffen. Er geht von der (heute
bereits von wohl allen Naturforschern aufgegebenen) Möglich=
keit und Thatsächlichkeit einer generatio aequivoca, (d. h.
einer Entstehung specifisch bestimmter Keime aus formlosem
Stoffe, also ohne Zeugung) für die Entstehung der ursprüng=
lichen Organismen aus, die durch eine chemisch=elektrische
Operation als erste Urzellen entstanden sein mögen. Aus
diesen seien dann in Hunderttausenden oder Millionen von
Jahren durch eine Mannigfaltigkeit der Modifikationen die
vollkommneren Organismen hervorgegangen. Die große Aehn=
lichkeit der Pflanzen= und Thier=Zellen, ebenso der thieri=
schen Eier und Embryone in den Anfangsstadien ihrer Ent=

wicklung deuteten noch jetzt auf eine genealogische Verwandt=
schaft sämmtlicher Organismen hin, und die Metamorphose der
Insekten, Frösche und anderer Amphibien bildeten noch heute
Analogien für jenen Verwandlungsproceß. Der Urmensch er=
scheint ihm am wahrscheinlichsten hervorgegangen aus ver=
edelnder und vergeistigender Umbildung eines großen froschartigen
Geschöpfes, von welchem allerdings keine bestimmten Spuren
mehr nachzuweisen seien. Obwohl dieses Werk in England
Aufsehen machte, brachte es doch keinerlei bedeutendere Bewe=
gungen in den Kreisen der Naturforscher hervor, ebenso wie
etwa auch die Erklärung Carl Vogts vor 8 Jahren, „Adam
sei ein Schiefzähner", d. h. eine Uebergangsform vom Affen
zum Menschen gewesen, meist nur als ein etwas roher Witz
behandelt wurde. Heute aber steht es wesentlich anders. Mit
wahrem Enthusiasmus wird in den Kreisen der Naturforscher
eine Theorie begrüßt, und durch Tausende von Canälen sofort
in alle Kreise der Bildung bis herab zu den Schulbänken un=
serer Kinder getragen, die im Wesentlichen nichts anderes ist,
als eine zweite, etwas vermehrte und in einigen Punkten modi=
ficirte Auflage der von uns so eben betrachteten naturphiloso=
phischen Theorie Lamarcks. So unbekannt dieser Sachverhalt
manchen begeisterten Anhängern des neuen Naturphilosophems,
die dasselbe als etwas noch nie Dagewesenes anpreisen, zu
sein scheint, so heben doch Andere auch bereits an der 50
Jahre lang so viel verspotteten naturphilosophischen Richtung
ausdrücklich die ihr nun gebührende Ehrenerklärung zu geben.
Ein deutscher Naturforscher, Dr. Fr. Rolle, der kürzlich unter
dem Titel: „Ch. Darwins Lehre von der Entstehung der Arten
im Pflanzen= und Thierreich in ihrer Anwendung auf die
Schöpfungsgeschichte" *) eine Schrift veröffentlicht hat, sagt

---

*) Wir sind dieser die Darwin'sche Theorie eingehend entwickelnden

von Lamarcks Philosophie zoologique, sie sei eine „tief durch=
dachte, ideenreiche Arbeit, die von Zeitgenossen und Nachwelt
vielfach als unberechtigte Anhäufung unerweisbarer Hypothesen
verschrieen worden, in Wirklichkeit aber in prophetischem Schwunge
des Gedankens weit der Mitwelt vorausgeeilt sei." Der ein=
zige Fehler Lamarcks ist nach Rolle der, daß „derselbe die Ver=
änderungen in der Organisation der Thierwelt zu sehr auf
Rechnung der Thätigkeit und Angewöhnung des Thieres an
die äußern Umstände setzte, das Thier gegenüber den physischen
Einflüssen viel zusehr als selbstthätig betrachtete, während es
diesen gegenüber eigentlich vorwiegend leidend sich verhalte."
Auch von Oken erkennt Rolle, obgleich er denselben gegenüber
Lamarck mit schwerlich verdienter Ungunst beurtheilt, an, daß
„seine Gedanken über Entstehung belebter Wesen auf dem Wege
einer Urzeugung noch heute dem Wesentlichen nach Beistimmung
finden können", und wie Rolle, so sprechen sich Viele aus, ja
müssen sich Alle aussprechen, die der Darwin'schen Theorie bei=
pflichten und dieselbe mit den Philosophemen Lamarcks, Okens,
u. A. vergleichen.

Sie werden nun begierig sein, die Theorie entwickelt zu
hören, welche diesen wunderbaren Umschlag bewirkt, die viel=
verschrieenen Speculationen der frühern naturphilosophischen
Schule zu Ehren gebracht, und gleichzeitig wieder einmal be=
wiesen hat, daß Salomo recht hatte, als er behauptete: „Es ge=
schieht nichts Neues unter der Sonne." — Der Träger und neue
Begründer dieser Theorie ist der englische Naturforscher Charles
Darwin. Derselbe hat sie eingehend entwickelt in der 1859
erschienenen Schrift: On the Origin of Species etc., in's
Deutsche übertragen von Dr. J. G. Bronn unter dem Titel:

Schrift bei der vorstehenden Darlegung der Lehren Lamarcks u. A. im
Wesentlichen gefolgt.

„Ueber die Entstehung der Arten im Thier= und Pflanzen=Reiche
durch natürliche Züchtung, oder Erhaltung der vervollkommneten
Rassen im Kampfe ums Dasein." (Stuttgart 1860). Mit
Scharfsinn und gestützt auf vieljährige naturwissenschaftliche Be=
obachtungen entwickelt derselbe mit einer Reihe neuer Beweis=
gründe in dieser Schrift die ältere Hypothese der Transmu=
tation. Gewöhnlich wird dieser Begriff jetzt im Deutschen mit
„Entwicklung" wieder gegeben, während sprachlich, wie sachlich
richtiger: Versetzungs= oder Verwandlungs=Hypothese zu sagen
ist. Die Theorie Darwins ist nun, kurz zusammengefaßt, fol=
gende: Sämmtliche Arten der Thiere wie der Pflanzen stam=
men von je vier oder fünf Urarten ab; ja, es erscheint ihm
wahrscheinlich, daß noch einen Schritt weiter gegangen und
behauptet werden dürfe, daß alle Pflanzen und Thiere von
einer einzigen Urform herrühren. Fragen Sie nun aber, wie
soll das geschehen, daß die ganze ungezählte und unzähl=
bare Mannigfaltigkeit der noch bestehenden und der unter=
gegangenen Arten von Pflanzen und Thieren mit ihren so
charakteristischen Unterschieden von je vier Urarten, oder wohl
gar nur von Einer Urform abstammen könne, so antwortet
Darwin, dieß geschieht durch „natural selection", durch die
natürliche Auswahl, durch Erhaltung der vervollkommneten Rassen
im Kampfe ums Dasein. Was versteht nun aber Darwin
unter dieser natürlichen Auswahl, oder, wie Bronn diesen Aus=
druck übersetzt und im Deutschen eingebürgert hat, unter dieser
„natürlichen Züchtung"? Darwin meint, daß, wie die künstliche
züchtende Hand des Menschen bei seinen Hausthieren und
Gartenpflanzen immer neue Spielarten zu produciren im Stande
sei, die zuletzt als ganz verschiedene Arten oder Gattungen er=
scheinen, so verrichte die Natur auf dem Wege allmähliger
Verwandlung im großartigsten Maaßstabe das Geschäft stets
neuer Pflanzen= und Thier=Züchtung. Diese natürliche Züch=

tung vollzieht sich aber so, daß kleine vortheilhafte Abänderungen der Individuen und dann der Arten in der Natur dazu dienen, oder dazu „benutzt" werden, die damit ausgestatteten Geschöpfe eher zu erhalten, als diejenigen, denen sie fehlen. Auf diese Weise erlangen die erstern, die vortheilhafter ausgestatteten Organismen allmählig das Uebergewicht, und machen im Kampfe um das Dasein die schwächeren oder minder günstig ausgestatteten Arten verschwinden. Jene vortheilhaften, kleinen Abänderungen, die allmählig so große Wirkungen erzielen, verdanken ihre Entstehung nach Darwins Ansicht hauptsächlich der großen Afficirbarkeit des Reproduktionssystems. Zur Wirkung kommen sie im Kampfe der Organismen um das Dasein. Es haben nämlich alle organischen Bildungen an sich das Streben, in unbeschränkter Vervielfältigung sich auszubreiten. Hiedurch entsteht nicht nur ein fortwährender Kampf der Individuen, sondern auch der Arten untereinander. Die für die gegebenen Verhältnisse am vortheilhaftesten organisirten werden in diesem Kampfe siegen, die andern werden zurückgedrängt oder verschwinden ganz, da sie die Concurrenz nicht zu bestehen vermögen. Durch Anhäufung oder Benutzung der auf verschiedene Weise, hauptsächlich aber durch irgend eine Afficirung des Reproduktionssystems gegebenen vortheilhaften Abänderungen entsteht nun allmählig eine Abweichung der organischen Gebilde von früheren, von denen sie abstammen, wie von den neben ihnen bestehenden. Diese im Kampfe um das Dasein errungene vortheilhaftere Organisation erbt sich aber nach Darwin durch Zeugung fort und erzeugt so allmählig neue Arten von Pflanzen und Thieren. Fügen wir hiezu einige Beispiele Darwins: Die grüne Farbe der laubfressenden Insekten und die graue der von Rinden lebenden, die dem Haidekraut ähnlich sehende Farbe des Birkhuhns, wie so viele analoge Veranstaltungen zum Schutze der Insekten, Vögel und anderer Thiere ist nach

Darwin das Resultat jener im Kampfe um das Dasein sich vollziehenden natürlichen Züchtung. Natürliche Züchtung ist es ferner, wenn Wölfe, Katzen oder andere Raubthiere ihre Art je nach den Lebenssitten, der Größe und Stärke der schwächern Thiere modificiren, die ihnen zur Beute dienen. Aus dieser natürlichen Züchtung werden von Darwin auch die Instinkte der Thierwelt, ja als die höchste Verfeinerung des Instinktes auch der menschliche Geist abgeleitet. Der Kuckuck soll nach ihm irgendeinmal sein Ei in ein fremdes Nest gelegt, den Vortheil, der ihm daraus entsprang, gemerkt, und dieß nun öfter oder immer gethan haben. Die Bienen sollen irgendeinmal zufällig dahin gekommen sein, ihre Waben aus sechsseitigen, zusammenstoßenden Zellen zu bauen, alsbald den Vortheil der Wachsersparniß gemerkt und nun immer so gebaut haben. Sie sehen, die Logik dieser Theorie ist nicht besser, als die der Lamarck'schen. Auch der Stachel der Biene, deren Gebrauch ihr bekanntlich den Tod zuzieht, ist eine jener „kleinen vortheilhaften Aenderungen", welche sie sich allmählig durch natürliche Züchtung angeeignet hat. Auch die Einflüsse des Klimas, der Bodenbeschaffenheit, der Nahrungsmittel, jedoch diese nur im geringen Grade, mehr schon die Uebung, welche nicht wenige Thiere sich im Gebrauche ihrer Organe erwerben, um dieselben zu stärken, sowie der Mißbrauch, durch welchen sie dieselben schwächen, die Hervorrufung gewisser Modifikationen in weicheren Theilen durch entsprechende Umbildung härterer 2c. sind nach Darwin Ursachen der durch natürliche Züchtung geschehenden Veränderungen und fortwährenden Bildung neuer Arten. Es sind demnach z. B. die verschiedenen Arten der Vögel von einer Stammart abzuleiten, und diese zurück bis zu jenem Gliede, von dem aus durch eine Ansammlung kleiner Abänderungen die bestimmte Gestalt und Art des Vogels aus der Allgemeinheit des Wirbelthieres sich herausbildete, und von

den übrigen Wirbelthieren, den Fischen und den Säugethieren
sich zu unterscheiden anfing. So gleicht nach Darwin das ge=
sammte Thier= und Pflanzenreich mit seinen noch lebenden und
bereits untergegangenen Arten einem Baume, der in der ältesten
geologischen Schichte wurzelt, durch alle folgenden mit seinen
Aesten und Zweigen hindurchdringt und sich auf der jetzigen
Oberfläche der Erde in unzähligen Zweigen ausbreitet, obwohl
viele Aeste und Zweige schon abgestorben sind im Laufe früherer
Naturepochen.

Es ist keine Frage, daß diese von Darwin entwickelte
Theorie ein in der That kühner Versuch ist, die Entstehung
und Entwicklung des organischen Lebens in der Natur aus
einem einheitlichen Gesichtspunkte zu erklären. So verwandt,
ja gleichartig sein Grundgedanke mit der Theorie Lamarcks ist,
so überragt doch der Darwin'sche Versuch durch die Fülle des
in ihm verarbeiteten, naturwissenschaftlichen Materials, durch
die Sorgfalt und den Scharfsinn seiner Beobachtungen und
Schlußfolgerungen alle frühern Versuche, der Transmutations=
Hypothese Geltung zu verschaffen, sehr bedeutend. Es ist
auch kein Zweifel, daß durch denselben die Naturforschung nach
manchen Seiten hin zu neuen Untersuchungen fruchtbar ange=
regt, daß in Folge derselben vielleicht manche Organismen, die
bisher noch als verschiedene Arten betrachtet wurden, in der
Folge als bloße Varietäten einer und derselben Art erkannt
werden, und daß Darwins Untersuchungen der künstlichen Züch=
tung von Pflanzen und Thieren einen auch praktisch wichtigen,
neuen Anstoß geben wird. In einer bestimmten Umgrenzung
und Einschränkung, die freilich wohl weit hinter der Ansicht
Darwins zurückbleiben wird, mag so die von ihm neu be=
gründete Transmutationstheorie sich vielleicht mit Recht An=
erkennung verschaffen, wie sie denn die Verschiedenheit der

oft bedeutenden Varietäten innerhalb einer und derselben Art besser, als wohl irgend eine andere Theorie erklärt.

Nach dem Gesagten ist kaum zu verwundern, daß die Darwin'sche Theorie bei einem nicht geringen Theile der Naturforscher großen, theilweise enthusiastischen Beifall fand, wobei die materialistischen Consequenzen, die mit Nothwendigkeit aus der Lehre Darwins sich ergeben, deren Annahme und Verbreitung in weiteren Kreisen ohnzweifelhaft förderlich waren. Andrerseits hat aber die Darwin'sche Theorie von naturwissenschaftlichen Autoritäten in den verschiedensten Fächern bis heute den entschiedensten Widerspruch erfahren. So sagt der berühmte Louis Agassiz (Contributions etc. Vol. III), die Darwin'sche Transmutationstheorie sei „ein wissenschaftlicher Mißgriff, unwahr in ihren Thatsachen, unwissenschaftlich in ihrer Methode, verderblich in ihrer Tendenz." — Und der bekannte Naturforscher v. Baer in Petersburg schreibt an Rudolf Wagner: „Je mehr ich in Darwin gelesen, um so mehr bin ich von meiner eigenen (beschränkten) Transmutationslehre zurückgekommen." Und wie die genannten zwei Autoritäten, so könnten noch Dutzende von bekannten Naturforschern aus England, Amerika, Deutschland und Frankreich genannt werden, welche die Lehre Darwins entschieden bestreiten.

Es ist nicht unsere Aufgabe, das naturwissenschaftliche Material, auf welches Darwin seine Hypothese auferbaut, sowie die Richtigkeit der von ihm vertretenen Thatsachen zu prüfen; dieß kann nur die Sache der Männer vom Fach, der berufsmäßigen Forscher in den verschiedenen Gebieten der Natur sein. Darwin selbst hat die Schwierigkeiten und Einwendungen, die sich gegen seine Theorie unmittelbar zu ergeben scheinen, nicht verkannt, und den größeren Theil seines Werkes dem Versuche, dieselben soviel möglich zu entkräften, gewidmet. Er hat dabei selbst an verschiedenen Stellen ausgesprochen, daß, wenn diese oder jene Annahme sich nicht würde halten lassen, seine ganze Theorie fallen müßte.

Wir constatiren also hier zunächst nur die Thatsache, daß von rein naturwissenschaftlichem Standpunkte aus die Darwin'sche Theorie zum mindesten noch eine offene Frage, und daher der neuestens wiederholt gemachte Versuch, diese Hypothese, die selbst zu ihrer allseitigen Prüfung noch lange Stadien bedürfen wird, als das neueste, große, gesicherte Ergebniß exakter Forschung dem größeren Publikum anzugreifen, eine Täuschung ist.*) Selbst der Herausgeber und Uebersetzer des Darwin-

---

*) Mit der kühnsten Zuversicht hat besonders der Botaniker Schleiden Darwins Theorie so eben als das unumstößlich gesicherte, große Ergebniß der neuesten Forschung dem deutschen Publikum angepriesen, in der Schrift: „Ueber das Alter des Menschengeschlechts, die Entstehung der Arten und die Stellung des Menschen in der Natur." Leipzig 1863. Nach Schleiden ist die Theorie Darwins „sehr einfach und gleicht dem Ei des Columbus", das Schleiden selbst „seit 15 Jahren" schon in der Hand gehabt, wenn auch nicht auf den Tisch gestellt hat. Die Constanz der Arten ist nach ihm „ein Irrthum, an den ferner nur noch Unwissenheit oder große Beschränktheit glauben kann". Der Artbegriff ist, wie Schleiden behauptet, etwas rein Subjektives ohne jeden realen Rückhalt in der Natur; daß wir Pferd und Hund als zwei verschiedene Arten von Thieren unterscheiden, ist lediglich ein Schein. Sogar „die größten und klarsten Denker, Kant, Fries und Apelt" — sonst stets Schleidens hochgerühmte, philosophische Gewährsmänner — haben jenen Irrthum nicht erkannt, sondern sind in dem Wahn hängen geblieben, daß dem vom menschlichen Verstande gebildeten Begriffe einer bestimmten Art, z. B. dem Begriffe des „Pferdes", auch in der Natur etwas ganz Feststehendes und real Vorhandenes als Pferd entspreche. Diesen Irrthum widerlegt Schleiden mit folgender, wahrhaft naiver Bemerkung: „Daß dieß unrichtig ist, geht schon einfach daraus hervor, daß in der Natur jedes Pferd eine gewisse Farbe haben muß, „das Pferd" als Begriff aber gar keine Farbe haben darf, weil dann die anders gefärbten Pferde von dem Begriff Pferd durch das Merkmal der Farbe ausgeschlossen würden." Eine

ſchen Werkes, Bronn, hat es nicht unterlaſſen, eine Reihe
ſchwer wiegender, kritiſcher Bedenken, die bis heute nichts weniger als gelöst ſind, der Lehre Darwins folgen zu laſſen.

Wir wollen nur einige der am nächſten liegenden Ein-

Beweisführung, über welche Kant wie Fries im Munde eines ihrer Schüler
zweifelsohne erröthen würden. Die D e f i n i t i o n e n der Naturforſcher
über den Artbegriff mögen ſchwankend, die Abgrenzung einzelner Arten
von einander mag oft ſchwierig und fraglich ſein, der Unterſchied der Arten
iſt darum für jeden Menſchen mit geſunden Sinnen doch etwas real Gegebenes, und der „Begriff Art" nichts anderes, als ein Nachdenken dieſes
Gegebenen. Wäre dem nicht ſo, wäre der Artbegriff ein rein ſubjektives
Gedankenbild, ſo wäre unbegreiflich, wie alle Menſchen aller Zeiten, Kinder
wie Erwachſene, alle Varietäten von Pferden unter dem allgemeinen Begriff: Pferd — mit ununterbrochener Beharrlichkeit ſubſumiren. Dieſer
Thatſache ſcheint doch etwas real Gegebenes zu Grunde zu liegen. Wäre
Schleidens Kanon richtig, „daß der ſubjektiven Begriffsbildung (der Naturforſcher) kein objektives Verhältniß in der Natur entgegenkomme," ſo wäre
das Todesurtheil der Naturwiſſenſchaft dekretirt. Denn iſt die Natur nichts
real Gegebenes, und als ſolches erkennbar, iſt ſie ein bloßes Phänomen,
ein Spiel von Erſcheinungen, zwiſchen denen und den von ihnen abſtra-
hirten menſchlichen Begriffen kein reales, nothwendiges Verhältniß ſtatt-
hat, ſo iſt auch jede exakte Naturbeobachtung unmöglich, und alle Ausſagen der Naturforſcher ſind willführliche, zufällige, rein ſubjektive
Behauptungen. Die Natur iſt dann ein unentwirrbarer, verſtandloſer
Miſchmaſch von Erſcheinungen, und die Ausſagen der Naturforſcher um
nichts beſſer, als beliebige Halluccinationen. Wirklich iſt das die ſtreng
logiſche Conſequenz der Darwin'ſchen Theorie und der ihr von Schleiden
gegebenen Begründung. — Das Ei des Columbus ſelbſt, die Lehre
Darwins, wird, nachdem Schleiden ſich, wie hier gezeigt, mit Glück des
Langen und Breiten für den Nominalismus erklärt hat, von ihm auf zwei
Seiten abgemacht. Nicht ein einziges der vielen Gegenbedenken, die ſich
gegen die Darwin'ſche Theorie ergeben, und die Darwin theilweiſe ſelbſt
hervorgehoben hat, wird von ihm genannt, geſchweige widerlegt; zum
Schluß aber Jeder für einen Thoren erklärt, der Darwin und Schleiden
nicht beiſtimmt. Das ſind die exakten Beweisführungen eines im Philo-
ſophenmantel keck einherſchreitenden deutſchen Naturforſchers!

wendungen hier im Vorbeigehen hervorheben. Darwins Theorie
setzt voraus, daß viele Mittelglieder und Uebergangsformen
zwischen den jetzt lebenden Arten der Thier= und Pflanzenwelt
bestehen oder bestanden haben. Wir suchen diese für die Dar=
win'sche Theorie unentbehrlichen Mittelglieder aber sowohl auf
der Oberfläche der Erde, wie in den vorangegangenen geolo=
gischen Epochen vergeblich. Darwin selbst bekennt das Miß=
liche dieser Thatsache, tröstet sich aber mit seinen Anhängern,
daß, was noch nicht gefunden sei, noch gefunden werden könne.
Ferner ist zu fragen, wie es komme, daß trotz der von Darwin
angenommenen unausgesetzten Thätigkeit der natürlichen Züch=
tung und fortdauernden Verbesserung der Organismen doch
noch immer die unvollkommensten aller unvollkommenen Orga=
nismen in so unermeßlicher Menge vorhanden sind? Wenn
ferner Alles aus einer niedern Urform, einer Urzelle, sich ent=
wickelt hat, wodurch geschieht es, daß in der einen Urzelle
Empfindung und Bewegung sich ausbildet und vererbt, in der
andern nicht. Wie soll eine allmählige, etwa in Millionen
von Jahren sich entwickelnde Geschlechts=Differenz gedacht wer=
den? Wie sollen die Organismen inzwischen sich fortgepflanzt
und ihre beginnende Geschlechtlichkeit zugleich stets verbessert
haben? Wie sollen endlich durch diese natürliche Züchtung
Instinkte erweckt, gebildet, verfeinert und endlich gar bis zum
Geiste des Menschen gesteigert werden? Auch die menschliche
Sprache müßte nach Darwins Lehre aus lauter Nachahmungen
der thierischen Laute (und etwa Interjektionen) hervorgegangen
sein; eine Theorie der Sprache, welche Max Müller in
seinen „Vorlesungen über die Wissenschaft der Sprache"*) so

---

*) „Vorlesungen über die Wissenschaft der Sprache von
Max Müller. Aus dem Englischen von Dr. Carl Böttger.
Leipzig 1863." Ein jedem Gebildeten, der für das große Problem der

eben mit den schlagendsten Gründen abgewiesen hat. Wie soll die Vervollkommnung der einzelnen Organe sich vollziehen? z. B. wie soll das Auge von den niedersten Thieren aus, die gar keine Augen haben, durch das thierische Auge hindurch auf dem Weg natürlicher Züchtung zu dem wunderbaren Gebilde des Menschen-Auges sich entwickelt haben? Endlich ist die Aufstellung von Eiszeiten, mit Hülfe deren Darwin die Lebewesen der gemäßigten und der kalten Zone sogar den Aequator überschreiten läßt, eine naturwissenschaftlich noch völlig zweifelhafte, für Darwins Theorie aber freilich kaum entbehrliche Hypothese. Für all diese wichtigen und für Darwins Theorie entscheidenden Fragen fehlt die gesicherte, naturwissenschaftliche Begründung noch völlig.*)

——— ·——

Sprache und die Fortschritte der neueren Sprachwissenschaft Interesse hat, dringend zu empfehlendes Werk.

*) Unter den vielen kritischen Besprechungen, die Darwins Theorie auch in Deutschland gefunden hat, verweisen wir hier nur auf die Abhandlung Dr. Zöcklers: „Ueber die Speciesfrage nach ihrer theologischen Bedeutung" (Jahrbücher für deutsche Theologie. 6. Band, 4. Heft, Gotha 1861), und auf Prof. Frohschammers Abhandlung: „Ueber Darwins Theorie von der Entstehung der Arten im Thier- und Pflanzenreiche." (Athenäum, 1. Band, 3. Heft, München 1862.) Die Besprechung Frohschammers ist ohne Zweifel die eingehendste und bedeutendste Kritik, welche Darwins Theorie bis jetzt gefunden hat. Mit Scharfsinn und Gelehrsamkeit widerlegt dieselbe Darwins Lehre Schritt vor Schritt und zeigt deren philosophische, wie naturwissenschaftliche Unhaltbarkeit in evidenter Weise. Frohschammers Schlußurtheil ist, daß „von wirklicher Klarheit und Exaktheit bei Darwins Theorie gar keine Rede sein könne," daß dieselbe, wie naturwissenschaftlich so auch logisch, vielmehr den triftigsten Einwendungen von allen Seiten her unterliege. Nichts destoweniger sind seit dieser Veröffentlichung eine Anzahl deutscher Naturforscher als begeisterte Darwinisten öffentlich aufgetreten, die Frohschammers Kritik völlig ignorirt, ja, (wie z. B. Schleiden) von all den gewichtigen Bedenken, die Darwins Theorie

Bei solcher Sachlage könnte es scheinen, als wenn diese ganze Angelegenheit ziemlich unbedeutend, und eigentlich nur ein häuslicher Streit der Naturforscher sei. Beides ist aber leider nicht der Fall. Wäre Darwins Hypothese nur der Versuch, eine gewisse Summa von naturwissenschaftlichen That= sachen unter einen gemeinsamen Gesichtspunkt zusammen zu fassen, so könnte dieselbe für den Naturforscher zwar werthvoll sein, nimmermehr aber, wie es geschehen, die allgemeine Auf= merksamkeit in so hohem Grade erwecken. Darwins Hypothese ist aber eben nichts weniger als ein bloßer naturwissenschaft= licher Kanon, sondern eine wenn auch nicht gerade neue, doch neue begründete Schöpfungstheorie. Und als solche ist sie von einer großen nicht nur in alle Gebiete der Wissenschaft übergreifenden, sondern auch das religiöse und sittliche Leben aufs unmittelbarste berührenden Bedeutung. Sie würde, wäre sie als richtig zu erweisen, die durchgreifendste Aenderung der ganzen Naturbetrachtung bedingen. Es könnte nach ihr nicht mehr die Rede sein von einem eigenthümlichen Wesen der Arten und Gattungen, nicht mehr von irgend welcher teleolo= gischen Naturbetrachtung, sondern alle Gestaltungen der Natur wären zufällig wechselnde, schwankende Erscheinungen. Die Idee und Existenz eines Schöpfers, so vorsichtig Darwin selbst

---

nach allen Seiten drücken, keine Ahnung gehabt zu haben scheinen. Jeden= falls eine wohlfeile Art bei Urtheilsunfähigen für eine neue Theorie Pro= paganda zu machen, wie denn überhaupt von der modernen Naturforschung nicht selten ein blinder Köhlerglaube der stärksten Art dem größeren Pu= blikum angemuthet wird. — Gerne hätten wir übrigens bei Frohschammers erschöpfender Kritik der Lehre Darwins ihn noch etwas näher auf den Artbegriff eingehen und nachweisen sehen, wie die von den Darwinisten empfohlene, nominalistische Verflüchtigung des Begriffes der Species ebenso der Naturwissenschaft alle Evidenz raubt, wie mit aller gesunden Logik in Conflikt bringt.

in dieser Beziehung sich ausdrückt, wäre für alle Zeiten abge=
than, und die „Mutter Natur" selbst, oder vielmehr die in ihr,
als unerbittlich strenge Gesetze liegenden „sekundären Ursachen"
wären als „einzige Erklärungsgründe für das Entstehen und
Vergehen der jetzigen und aller früheren Erdenbewohner" zu
betrachten.   So ist auch der Mensch selbst nach dieser Theorie,
wenn auch Darwin es seinen Anhängern überlassen hat, diese
Consequenz ausdrücklich zu ziehen, unrettbar nichts anderes,
als eine auf dem Wege allmähliger Transmutation aus dem
Affen zufällig entwickelte Gattung; und auch nach Darwin ist
es, wie nach Lamarck, nicht zu widersprechen, daß in kommenden
Millionen von Jahren der Affe durch fortgehende natürliche
Züchtung geflügelt erscheinen, der Mensch aber durch Mißbrauch
seiner Organisation von seinem ältern Zwillingsbruder in allen
Stücken sich überflügelt sehen könnte.   Doch ich will hierüber
einen bekannten Anhänger der Lehre Darwins, der bis vor
Kurzem die Verwandlungstheorie mit allen Waffen des Spottes
und der Grobheit bekämpft, seit drei Jahren sich nun aber mit
Vielen plötzlich zu ihr bekehrt hat, reden lassen. Carl Vogt,
der vor andern Materialisten den Vorzug hat, daß er ohne
Scheu und Schaam die Consequenzen seiner materialistischen
Doktrin selber zieht, schreibt in seinem neuesten Buche: „Vor=
lesungen über den Menschen, seine Stellung in der Schöpfung
und in der Geschichte der Erde" (Gießen 1863) nach Darle=
gung der Darwin'schen Lehre: „Die Consequenzen dieser Dok=
trin sind allerdings furchtbar für eine gewisse Richtung. Es
unterliegt keinem Zweifel: die Darwin'sche Theorie setzt den
persönlichen Schöpfer und dessen zeitweilige Eingriffe in die Um=
gestaltung der Schöpfung und in die Schaffung der Arten ohne
Weiteres vor die Thüre, indem sie dem Wirken eines solchen
Wesens auch nicht den geringsten Raum läßt. Sobald einmal
der erste Anfangspunkt, der erste Organismus gegeben ist (!), so

entwickelt sich aus diesem durch natürliche Zuchtwahl in fortge=
setzter Weise die Schöpfung durch alle geologischen Zeitalter
unseres Planeten hindurch, nach den einfachen Gesetzen der
Vererbung: — es entsteht keine neue Art durch schöpferischen
Eingriff, es verschwindet keine durch göttlichen Vernichtungs=
befehl — der natürliche Verlauf der Dinge, der Entwicklungs=
proceß sämmtlicher Organismen und der Erde selbst genügen
an und für sich zur Hervorbringung sämmtlicher Erscheinungen.
Auch der Mensch ist dann nicht ein Geschöpf in specieller
Weise und verschieden von den übrigen Thieren gefertigt, mit
einer ganz besonderen Seele und einem von Gott selbst einge=
blasenem Odem versehen, sondern der Mensch ist dann nur
das höchste Entwicklungsprodukt der fortgeschrittenen, thierischen
Zuchtwahl, hervorgegangen aus der zunächst unter ihm stehen=
den Gruppe der Affen." Eine wenn auch etwas rohe und
frivole, doch deutliche Erklärung. Gerade dieser auch hier geltend
gemachte Anspruch der Darwin'schen Hypothese auf universelle
Geltung, der Versuch, sie zum Erklärungsprincip der gesammten
organischen Schöpfung zu erheben, hebt dieselbe über das Ge=
biet der rein naturwissenschaftlichen Beobachtung weit hinaus,
verwandelt sie vielmehr in ein naturphilosophisches Axiom,
das, wie jede Schöpfungstheorie vor Allem eine dialektisch=
logische Prüfung bedarf und aushalten muß. Von Aristoteles
bis auf Alexander von Humboldt war man auch in den Krei=
sen der Naturforscher der Ueberzeugung, daß die primären
Ursachen der gesammten Erscheinungswelt, der Anfang des
Seins, die Schöpfung, außer und vor jeder Beobachtung liegen,
und daher auch dem Gebiete der exakten Naturforschung sich
entziehen. Es kann nicht scharf genug an dieser unwiderspred=
lichen Wahrheit festgehalten werden, denn alle Angriffe der
neuern Naturwissenschaft in materialistischem Sinne sind nur
dadurch möglich, daß man jene Wahrheit in täuschender Weise

ignorirt und statt mit exakten Ergebnissen der Forschung — mit
naturphilosophischen Axiomen operirt. Niemand kann etwas
dagegen einwenden, wenn der Naturforscher sagt: für mich und
meine naturwissenschaftlichen Forschungen existiren nur sekundäre
Ursachen, da die primären vor und außer aller Beobachtung
liegen; meine Aufgabe ist es, den Menschen, als das oberste
der Säugethiere, als welches er sich ja nach seiner physischen
Organisation darstellt, zu betrachten und zu beobachten. Der
Uebergriff und zugleich die Thorheit des Naturforschers beginnt erst dann, wenn er nun aus der physischen Beschreibung des Menschen den ganzen Menschen oder mit der
Beschreibung der sekundären Ursachen, die in der Schöpfung
als wirkend zu erkennen sind, auch die primären gefunden, und
damit das Räthsel der Schöpfung gelöst zu haben glaubt. *)

---

*) Frohschammer gibt a. a. O. von der Entstehung, resp. Trans-
mutation des Menschen folgende im Sinne Darwins völlig correkte Beschreibung: „Nicht minder dann ist auch der Menschengeist Produkt der
Leibesgestaltung und der Bethätigung derselben und ist unter gegebenen
Naturverhältnissen erst durch Thätigkeit, Zwang und Gewohnheit entstanden.
Wie der Schweif der Giraffe, der Rüssel des Elephanten, so entstand durch
natürliche Züchtung allmählig auch der Verstand, das Gedächtniß, die Phantasie, der Wille des Menschengeistes und das ganze ethisch-historische Leben
und Wirken der Menschheit. Man hätte sich diese Entstehung etwa so zu
denken, daß irgend ein affenähnliches Geschöpf einmal mit der Neigung
geboren oder durch Lebensverhältnisse gezwungen wurde, die oberen Extremitäten nicht mehr zum Gehen oder Klettern, sondern nur zum Arbeiten
zu gebrauchen, die hinteren Extremitäten dagegen ausschließlich zur Fortbewegung, zum Gehen; daß dann der dadurch für die Lebenserhaltung er-
langte, offenbare Vortheil dabei beharren ließ, und fortgesetzte Uebung zur
vollständigen Anpassung der oberen und hinteren Extremitäten an diese
Beschäftigungen führte. Nach der Funktion dieser Extremitäten hätte sich
nun, müßte weiter angenommen werden, auch die psychische Fähigkeit und
Thätigkeit gerichtet und sich der menschliche Geist, der Verstand insbesondere
gebildet — selbstverständlich nur allmählig, nur in langsam fortschreitender

In diesen großen und groben Irrthum fällt Darwin, und noch mehr als er selbst, die meisten seiner Anhänger, wenn sie rein sekundäre Ursachen als die „einzigen Erklärungsgründe für das Entstehen und Vergehen der gesammten organischen Welt" behaupten. Dieß ist nach doppelter Seite ein greifbarer Widerspruch. Denn es kann nicht von sekundären Ursachen geredet werden, ohne daß eine primäre vorhanden oder vorausgesetzt wäre, so wenig als man zwei zählen kann, ohne daß vor Allem das eins gegeben wäre. Oder man leugnet, in-

---

Vervollkommnung durch kleine körperliche und geistige Ansätze, Gewohnheiten und Thätigkeiten, die immer wieder in's Generationssystem der Menschennatur eingepflanzt und durch dieses als Naturanlage zur Vererbung gebracht wurden. Die Thierseelen wie der Geist des Menschen wären demnach Produkt zunächst äußerlicher Abänderungen der leiblichen Organisation, dann Werk der Lebensumstände und Thätigkeiten, dieß Alles angesammelt und zur Erblichkeit befestigt in unendlich langen Zeiträumen. Räumliche complicirte Verhältnisse einerseits, und die Zeit andererseits in ihrem Zusammenwirken hätten sich also zum Geist verinnerlicht, so zu sagen condensirt und durch langen Verlauf befestigt. Der Geist wäre das Werk von Raum und Zeit, ginge aus beiden hervor, gleichsam als Blüthe und Frucht ihres reichen endlos langen Zusammenlebens, so daß hiebei eine generatio aequivoca ganz eigenthümlicher Art stattfände. Welch schöne Gelegenheit hier zu geistreichen oder gar tiefsinnigen naturalistischen Spekulationen! Der Geist — Produkt complicirter Raumverhältnisse, unendlich langer Zeit und ursprünglich ganz einfacher Bewegung! Der innerlich angesammelte Reflex oder die Condensation von all diesem!" — Die völlig materialistische Grundlage der Darwin'schen Lehre liegt klar zu Tage. Wie die Thierseele reines Accidens des Körpers, so ist auch der menschliche Geist reine Gehirnfunktion. Selbst wenn man diesen Kanon des Materialismus zugestünde, würde die Theorie Darwins doch nichts erklären, da er nicht zu zeigen vermag, wie und warum bei Aenderung etwa der Extremitäten des Organismus auch das Gehirn die entsprechende Aenderung erfährt. Auch dieß ist nach ihm reiner Zufall, denn ein bestimmtes Gesetz besteht nach ihm nicht, und seine Annahme demnach eine auf blinden Glauben anzunehmende Hypothese.

dem man die sekundären Ursachen zu den einzigen Erklärungs=
gründen der geschaffenen Welt macht, überhaupt die Existenz
einer primären Ursache und sagt, das Zweite ist das Erste.
Wirklich verwickelt sich die Darwin'sche Theorie in diesen Wi=
derspruch und macht, nachdem sie bescheiden mit der Untersu=
chung der sekundären Ursachen begonnen, zuletzt unter der Hand
diese zu den obersten und letzten Erklärungsgründen alles orga=
nischen Lebens. Ein Kunststück, ein Trugschluß, in den wir
die neuere materialistische Naturforschung so oder so immer
wieder fallen sehen.

Lassen Sie mich, nachdem ich Ihnen gezeigt, warum die
Darwin'sche Theorie als naturphilosophisches Axiom vor Allem
auch einer logisch=dialektischen Prüfung unterstellt werden müsse,
nun schließlich das Ungenügende und Widersprechende derselben
in einer kurzen Beleuchtung seiner Transmutationshypothese
noch näher hervorheben.

Aus einer oder einigen organischen Urformen ist nach
Darwin die ganze Fülle des organischen Lebens hervorge=
gangen. Das heißt, Darwins Theorie, auf einen kurzen Aus=
druck zurückgeführt, sagt im Grunde Folgendes: Gebt mir
einige oder auch nur eine irgendwoher auf den Erdboden ge=
setzte Urzelle, dazu irgend einen Anfang der Bewegung und
endlich beliebig viele Millionen Jahre, und ich construire euch
die Entstehung der gesammten organischen Welt aus jener Einen
Urzelle. Darwin selbst leugnet zunächst nicht, daß man für
diese Urform, für dieses moderne Weltei eine erste Ursache an=
nehmen, es also irgendwie als geschaffen betrachten müsse. Ist
dieß ernst gemeint, so entsteht freilich die Frage, warum denn
nur e i n e Urform, und nicht vielmehr die Tausende verschiedener
Arten des Pflanzen= und Thierreiches von jener unbekannten,
die erste Urzelle setzenden Macht geschaffen sein sollen? Es
wäre weiter die Frage, ob die hier dem großen Unbekannten,

der die erste Urzelle gesetzt hatte, zugewiesene Rolle, die in der
That kaum etwas anderes ist, als eine Bedientenrolle für die
Hypothese Darwins, mit dem Begriff eines Schöpfers über=
haupt verträglich sei? Diese Fragen bedürften um so mehr
einer Antwort, da die Darwin'sche Urzelle ja überhaupt kein
naturwissenschaftliches Ergebniß, sondern, als vor und über
jeder Erfahrung liegend, ein naturphilosophisches Axiom, eine
auf Glauben anzunehmende Hypothese ist. Als solche müßte
sie sich aber vor Allem auch dialektisch als vernünftig und
von inneren Widersprüchen frei beweisen lassen. Eine Auf=
gabe, an die die meisten Anhänger Darwins gar nicht zu
denken scheinen, vielmehr die Annahme seiner Hypothese in
blindem Glauben von uns fordern. Ja, die Mehrzahl der
Darwinisten ignorirt jenes mystische Wölkchen, das auch seine
Theorie noch drückt, geradezu und versichert, bei Darwins Lehre
bedürfe es überhaupt keines Schöpfers und keiner Schöpfung
mehr, sie befreie uns von jeder primären Ursache, da sie die
gesammte organische Welt aus rein sekundären Gründen erkläre.
Sie sehen, daß diese ganze Behauptung, wie schon oben an=
gedeutet, auf einem reinen Trugschluß ruht.

Wie hat nun aber jene Urzelle, jenes moderne Weltei sich
entwickelt? Hat etwa der verborgene und unbekannte Hervor=
bringer desselben einen typischen Plan der ganzen Entwicklung
des organischen Lebens in denselben keimartig eingesenkt und
diesen nun in fortgesetzten Zeugungen sich aus demselben ent=
wickeln lassen? Mit nichten, das wäre ja wieder eine um
jeden Preis fern zu haltende Teleologie, oder die Annahme
einer zweckmäßigen, vernünftig geordneten Entwicklung der
Natur. Statt dessen, meint Darwin, habe jene Urform durch
irgend welche Afficirbarkeit des Reproduktionssystems irgend
welche kleine vortheilhafte Veränderungen erlitten, die sich theils

allmählig firirten, theils durch immer fortgesetzte Affektion des
Generationssystemes zu immer neuen Gestaltungen entwickelten.

Sie sehen, das Princip der Darwin'schen Theorie ist
demnach der reine, blinde Zufall. Irgend welche Afficirbarkeit hat irgend welche kleine vortheilhafte Veränderungen geschaffen. Es ist kaum möglich, Nichtssagenderes und Will-
kührlicheres über die Entstehung der geschöpflichen Welt aus-
zusagen. Es fehlt, wie Sie sehen, jeder wahre Erklärungsgrund,
alle Gesetzmäßigkeit und Nothwendigkeit der Entwicklung. Doch
vielleicht kommt diese, wenigstens nach der Hand, in Darwins
Theorie durch seine Behauptung der natürlichen Auswahl oder
Züchtung. Ihren Ausgangspunkt nimmt diese Hypothese
von der künstlichen Züchtung, welche der Gärtner an den
Pflanzen, der Landbauer an den Hausthieren verwandter
Gattungen vornimmt. Aber Sie wissen Alle, daß diese künstliche Züchtung nur als Kreuzung verschiedener Varietäten einer
und derselben Art mit Erfolg möglich und daß die eigentliche
Bastardbildung, z. B. das Maulthier, als Produkt der Kreuzung zwischen Pferd und Esel, sich unfruchtbar erweist, daß
diese Bastarde sich nicht fortpflanzen, und vielmehr jene ursprüngliche Kreuzung zu ihrer Hervorbringung immer wiederholt werden muß. Ist diese Thatsache der im Allgemeinen *)

---

*) Die Fälle, in denen Bastardbildung und Fruchtbarkeit derselben
(wenigstens für ein Paar Generationen) zwischen einzelnen ähnlichen Arten
sich ergab, sind so beschränkt und selten, daß sie die Regel der specifischen
Unterscheidung und Scheidung der Arten nur bekräftigen. Auch T. H. Huxley, sonst ein warmer Anhänger der Darwin'schen Lehre, bemerkt: „Trotz
alledem muß unsere Annahme der Darwin'schen Hypothese so lange nur
provisorisch sein, als ein Glied in der Beweiskette noch fehlt; und so lange
alle Thiere und Pflanzen, die sicher durch Zuchtwahl von einem gemeinsamen Stamme entstanden sind, fruchtbar sind, und ihre Nachkommen untereinander, so lange fehlt jenes Glied. Denn für so lange kann nicht be-

feststehenden Unfruchtbarkeit der Bastardbildungen nicht ein deut=
liches Zeugniß für die scharfe Abgegrenztheit der verschiedenen
Arten und damit eine Widerlegung der von Darwin zum all=
gemeinen Entwicklungsprincip erhobenen, natürlichen Züchtung?
Aber diese natürliche Züchtung streitet nicht nur mit den That=
sachen, und läßt sich nirgends an der heutigen Thierwelt durch
Beobachtung nachweisen, sie erscheint auch, rein begrifflich be=
trachtet, unhaltbar.   Die künstliche Züchtung hat Darwin auf
den Gedanken einer natürlichen Züchtung geführt.   Jene wird
vom Menschen geübt nach verständigem Calcul auf Grund der
Beobachtung.   Wer züchtet denn aber bei der „natürlichen Züch=
tung"?   Ist es ein verborgener Verstand, der hiebei operirt
und mit kluger Auswahl immer neue Züchtungsexperimente
versucht?   Fast sollte man es meinen, denn Darwin personi=
ficirt an mehreren Stellen geradezu den Begriff der natürlichen
Züchtung.   So sagt er, dieselbe „beobachte genau," sie „wähle
sorgfältig aus," sie „finde mit nie irrendem Takte jede Ver=
besserung zum Zwecke weiterer Vervollkommnung heraus."
Wäre dieß in eigentlichem Sinne zu verstehen, so würde Dar=
win eben die teleologische Naturbetrachtung, die er sonst gründ=
lich verbannen will, selbst wieder einführen.   Es wäre dann
ein ordnender, über allen Naturerscheinungen waltender, göttlicher
Verstand anerkannt.   Meint aber Darwin, wie nicht zu be=
zweifeln ist, jene Aussagen im uneigentlichen Sinne, so sind
dieselben ein leeres Spiel mit Worten, welches den blinden
Zufall, der bei ihm zur Ursache einer verständig und zweck=
mäßig wählenden Thätigkeit gemacht ist, verdecken soll.   Auch
hier also begegnen wir einem Widerspruch im Begriff der
natürlichen Züchtung.

---

wiesen werden, daß die Zuchtwahl alles das leistet, was zur Erzeugung
natürlicher Arten nöthig ist." —

Doch Darwin, der diesen ja gewiß gefühlt, hat, um demselben zu entgehen, seine Hypothese der natürlichen Züchtung durch eine weitere Hülfshypothese zu stützen gesucht. Denn es ist ihm zufolge, wie wir gesehen, eigentlich der Kampf um das Dasein, den die organische Welt unter einander kämpft, welcher die Natur zur Hervorbringung immer vollkommnerer Gestaltungen nöthigt. Gewiß ist es eine Thatsache, daß ein solcher Kampf der organischen Lebewesen in der gegenwärtigen Welt statt hat. Aber eignet sich diese Thatsache zum Beweise für die Darwin'sche Hypothese?

Sie eignet sich vielleicht zur theilweisen Erklärung der so wunderbaren Thatsache des thierischen Instinktes, aber nimmermehr zur Erklärung einer fortgehenden Verwandlung und Vervollkommnung der organischen Wesen. Denn wenn die höhere Organisation eines Thieres ihm Macht gibt über die niedriger organisirten, so ist nicht einzusehen, warum jene diese nicht schon längst verzehrt und ausgerottet haben. Umgekehrt zeigt aber die Naturforschung, daß manche Geschöpfe gerade um ihrer höheren Vollkommenheit willen unter gewissen Verhältnissen den unvollkommeneren unterlagen, und von ihnen verdrängt wurden. Auch dieser Kampf um das Dasein läßt sich nur begreifen bei einem verborgen über der Natur waltenden göttlichen Verstande, der durch verschiedene Begrenzung des thierischen Instinktes und andere in den Naturlauf geordnete Bedingungen jenem gegenseitigen Krieg der organischen Wesen seine Schranken gestellt, und damit ein im großen Ganzen unüberschreitbares Gleichgewicht der verschiedenen Arten des organischen Lebens befestigt hat. — Durch den Kampf um das Dasein aber die Entstehung und Entwicklung des organischen Lebens erklären zu wollen, heißt im Grunde nichts anderes, als die Furcht des Todes zum Princip alles Lebens zu machen! Hiemit ist zugleich, da Darwin und seine Anhänger,

wie wir sahen, auch den Menschen und die Menschheit durchaus unter dieselben Gesetze der Entwicklung, des Entstehens
und Vergehens stellen, wie die Thierwelt, der Egoismus,
als die einzige Basis aller Moral, und der Kampf Aller gegen
Alle als das Fundament des socialen Bestandes der Menschheit proklamirt. Wenn irgendwo, erkennen wir hier deutlich
die durch und durch materialistische Haltung der Darwin'-
schen Lehre.

Zum Schluß gestatten Sie mir, obgleich noch eine Reihe
von kritischen Einwendungen gegen die Lehre Darwins zu erheben wäre, nur Einen Punkt noch im Vorbeigehen zu beleuchten. Eine, aber vielleicht die wichtigste, von den Hülfshypothesen, auf denen Darwin seine Theorie aufbaut, ist die
Annahme unermeßlich langer Zeiträume, in welchen die
Entstehung der organischen Wesen allmählig sich vollzogen
habe. Bis vor Kurzem war es das Vorrecht der Geologen,
mit Millionen, ja mit Hunderten und Tausenden von Millionen
Jahren zu rechnen. Darwin hat das Verdienst, nach Lamarcks
Vorgang, diese mythologischen Zahlenreihen auch in die Betrachtung der Entwicklung der Pflanzen- und Thierwelt, in
die Botanik und Zoologie, übergetragen zu haben. Da nämlich die Darwin'sche Lehre von der fortgesetzten Verwandlung,
so lange es Menschen oder doch beobachtende Naturforscher
auf Erden gibt, nirgends in ihrer Allgemeinheit auch nur entfernt faktisch sich nachweisen läßt, da die Natur für sich nirgends sich fähig beweist, fortzuschreiten und sich zu verbessern,
„da die Blume, welche der Botaniker heute beobachtet, so vollkommen ist, wie vor Jahrtausenden, da die sechseckigen Zellen
der Bienen im 19. Jahrhundert nicht regelmäßiger gebaut
werden, als zu der Zeit, da Israel in das Land voll Milch
und Honig einzog, da unsere Nachtigall noch ebenso singt,
wie die Philomele der Griechen," da mit Einem Worte Darwin

auf dem Wege der wirklichen Beobachtung nicht nachweisen
kann, wann und wo jene „irgendwelche vortheilhafte, kleine
Veränderungen der Organisation" beginnen, so nimmt er unter
dem Applaus vieler erakter Forscher zu einem wenig erakten
Hülfsmittel, nämlich zur Annahme unendlich großer, wahrhaft
mythologischer Zahlenreihen seine Zuflucht. Ein in der That
unbegreifliches und wenig überlegtes Auskunftsmittel. Ich werde
im zweiten Theile dieser Abhandlung auf die Kritik dieser
Hypothese, die ein Hauptfundament der ganzen neueren materialistisch gerichteten Naturwissenschaft bildet, noch einmal zu
sprechen kommen; hier sei in der Kürze nur Folgendes bemerkt.
Die Zeit, als solche, erklärt nie und nimmer irgend einen
Proceß des Werdens oder der Entwicklung. Sie bietet, sei
es ein Jahr, sei es eine Milliarde von Jahren, stets nur die
Möglichkeit irgend welcher Bildungsprocesse, kann aber nie
ein Grund sein, daß dieser oder jener Bildungsproceß sich in
ihr und zwar so oder so, langsam oder rasch, ebenmäßig oder
in Krisen vollziehe. Aus dem reinen Nichts wird, wenigstens
ohne einen allmächtigen Schöpfer, in alle Ewigkeiten nichts.
Diese mythologischen Zahlenreihen der modernen Naturwissenschaft erklären also im Grunde gar nichts, übersteigen vielmehr alles klare menschliche Vorstellungsvermögen, und hüllen
damit die Entwicklungsprocesse, die sich in diesen fabelhaften
Zeitläuften vollzogen haben sollen, in einen phantastischen
Nebel. Sie sehen aber auch hier: wir sind mit Hülfe der
neuesten Forschungen in Beziehung auf die Lehre von der
Entstehung der Erde und ihrer Lebewesen glücklich, wie bei
dem Weltei, so auch bei den mythologischen und kosmogonischen
Zahlenreihen der alten Hindus, Chinesen und Perser wieder
angelangt. Doch gestehe ich offen, daß, wenn mir nur die
Wahl bliebe, zwischen den Kosmogonien des antiken, oder
denen des modernen europäischen Heidenthumes, ich für meine

geringe Person mich) unbedingt auf die Seite des ersteren stellen würde.

Aber vielleicht fragen Sie, wie ist es möglich, daß eine Theorie, wie die Darwins, so willkührlich in ihrem Grundariome, so ungesichert in ihren naturwissenschaftlichen Beweisen, so phantastisch in ihren Hülfshypothesen, — solchen Beifall findet? Wir haben das Verdienstliche an den rein und wirklich naturwissenschaftlichen Forschungen Darwins nicht bestritten, selbst den Werth der von ihm aufgestellten Theorie für begränzte Gebiete der Beobachtung nicht in Abrede gestellt,*) nur den Versuch, seine Transmutationshypothese zu einer Schöpfungstheorie aufzublähen, entschieden bekämpft. Für Viele, zumal Naturforscher, die, wie man sagt, mit der Logik und den philosophischen Disciplinen nicht selten etwas brouillirt sein sollen, sind aber jene Vorzüge so wichtig und blendend, daß sie die bedenkliche Universalisirung der Darwin'schen Theorie ruhig mit in den Kauf nehmen. Es giebt aber heutigen Tages und zwar in allen Classen der Gesellschaft andererseits auch nicht Wenige, welche jede Lehre, die die Abwesenheit eines lebendigen Gottes und damit auch die intime Verwandtschaft des Menschen mit dem Affen proklamirt, freudig willkommen heißen. Tritt nun eine Theorie, wie die Darwins, in einigermaßen blendender Gestalt auf, verbrämt sie ihre Beweisführungen mit etlichen neuen naturwissenschaftlichen Beobachtungen, dieselben mögen noch so unzureichend sein, so ertönt alsbald aus Vieler Munde ein lautes: Heureka! Heureka! — an das sich sofort der frohe Triumphruf schließt: Seht doch, lieben Leute, mit Bibel und Christenthum ist es aus! Der und der

---

*) Auch für die Sprachwissenschaft, d. h. nicht für die Frage nach dem Ursprung der Sprache, wohl aber für das Verständniß der Entwicklung und Abänderung der Sprachen scheint die Transmutations-Hypothese nicht ohne Werth.

hat's ja sonnenklar bewiesen! Gegen diesen Standpunkt ziemt
meines Erachtens nur noch die Waffe des Humors. Wer
durchaus sich in seinen Vorältern in unendlich langen Zeiträumen aus dem Affen heraustransmutirt haben will, statt
als aparte Species des „Homo sapiens" aus der Hand
Gottes hervorgegangen zu sein, den muß man zuletzt gewähren
lassen, denn de gustibus non est disputandum. Aber so
lange die Frage der Abstammung des Menschen im Gebiete
der Gründe und der vernünftigen Beweisführungen sich hält,
so lange dieselbe nicht als eine ästhetisch-moralische Geschmacks-
sache auftritt, wird es auch zu keiner Zeit an lauten und
wohlbegründeten Protesten wider diese materialistischen Absurditäten fehlen.

Der Erwähnung werth ist hier schließlich auch noch die
merkwürdige Umstimmung, welche durch die Hypothese Darwins bei unseren materialistisch denkenden Naturforschern in
Beziehung auf die Frage nach der Einheit des Menschengeschlechtes in den letzten Jahren hervorgerufen worden ist.
Während bis vor etlichen Jahren es denselben als Dogma
feststand, daß die Menschheit vielartig geschaffen, der Rassen-
unterschied also ein ursprünglicher sei, sehen wir dieselben
Kreise in Folge der Transmutations-Hypothese Darwins
plötzlich zu der Anschauung von einer ursprünglichen Einheit
des Menschengeschlechtes bekehrt. Freilich bildet hiebei der
Affe den höheren Einheitspunkt aller Menschenrassen, und
Carl Vogt hat, um auch diese Einheit leugnen zu können,
neuerlich gemeint, da es drei Hauptarten menschenähnlicher
Affen gebe, den Gorilla, den Tschimpanse und den Orang,
so könnten sich die Menschen ja auch in dreifacher Rassen-
gestalt aus diesen Affenarten ursprünglich entwickelt haben.
Wir überlassen es Herrn Vogt und seinen Freunden, den
physiologisch-anatomischen Beweis für diese interessante Ent-

Fabri, Briefe. 2. Aufl.   17

deckung beizubringen. Einstweilen wird der Preis, den die Darwin'sche Hypothese für die Wiederanerkennung einer ursprünglichen Einheit des Menschengeschlechtes verlangt, von den Meisten als zu hoch erfunden werden. Denn um diese ursprüngliche Einheit des Menschengeschlechtes annehmbar zu finden, ist nicht weniger nöthig, als das Ariom des Materialismus von vorneherein gläubig anzunehmen: daß nämlich der Mensch überhaupt wesentlich nichts anderes, als ein zufällig höher organisirtes und mit Vernunft begabtes Thier sei. *)

Sie sehen nach all' dem, unser Schlußurtheil über die Darwin'sche und verwandte moderne naturphilosophische Theorien ist also einigermaßen verschieden von dem des bekannten Botanikers Schleiden, der in der oben genannten Schrift sagt: „So wunderlich fremd, ja so abentheuerlich auch heute noch Manchem der Gedanke erscheinen mag, daß alle Organismen auf Erden, Pflanzen, wie Thiere, untergegangene und lebende, als eine einzige große Familie durch naturgemäße Abstammung untereinander zusammenhängen, so braucht man doch kein großer Prophet zu sein, um voraussagen zu können, daß es nicht lange währen wird, bis dieser Gedanke jedem Naturforscher geläufig und unbestrittenes Eigenthum der Wissenschaft geworden ist. Wenn sich auch gegenwärtig noch manche verständige und unverständige Stimmen gegen Darwin erheben, so hat er doch schon eine große Anzahl bedeutender Mitkämpfer gewonnen und die endliche Entscheidung kann nicht zweifelhaft sein." Auch ich rechne mich, wie Herr Schleiden, nicht zu

---

*) Aus speculativen und biblischen Gesichtspunkten haben wir die Frage nach der ursprünglichen Einheit des Menschengeschlechtes und der Entstehung der Rassen beleuchtet in der Schrift: Die Entstehung des Heidenthumes und die Aufgabe der Heidenmission. Nebst zwei Beilagen: Ueber den Ursprung der Sprache und über den christlichen Staat. Barmen bei W. Langewiesche. 1859.

den großen, sondern zu den kleinen Propheten, erlaube mir aber auf Grund dieser Annahme das entgegengesetzte Horoskop zu stellen. Ich glaube, daß, wer es übel meint mit den Naturwissenschaften, wer einen geheimen Zorn gegen dieselben im Busen trägt, denselben nicht wirksamer befriedigen kann, als wenn er Alles thut, der naturphilosophischen Hypothese Darwins allgemeine Anerkennung zu verschaffen. Denn ist nur erst einmal die Unterscheidung der Arten der Organismen als festbegrenzter Unterschiede der schöpferischen Gestaltung in der Natur aufgegeben, — ein Grundprincip, dessen sorgfältige Bewahrung seit Linné zu dem Fortschritt naturwissenschaftlicher Erkenntniß wesentlich beigetragen hat, ist an die Stelle verständiger Sonderung und Classifikation die auf den Zufall basirte Lehre Darwins von der unendlichen Verwandlung aller Lebewesen getreten, so steht zu erwarten, daß diese chaotische Vermischung aller organischen Wesen solch phantastische Theorien erzeugen wird, welche die früheren naturphilosophischen Spekulationen an Willkühr noch weit übertreffen werden. Ja ist diese Entwicklung nicht bereits in vollem Zuge? Ist es nicht die ärgste Phantasterei, den Menschen durch Verwandlung aus dem Affen hervorgehen zu lassen? Ist dieß nicht eine Erhebung der Hererei zum Princip? — denn diese auf einen blindlings wirkenden Zufall gebaute Lehre von der unbedingten Verwandlungsmöglichkeit aller Lebewesen verdient in der That kaum einen andern Namen. Wir hoffen aber und vertrauen, die besonnenen Vertreter der Naturwissenschaft werden vor solchen naturphilosophischen, abgeschmackten Fabeln sich hüten, und die Darwin'sche Theorie werde, nachdem sie, wie schon so manche ähnliche naturphilosophische Entdeckung eine Weile Lärm gemacht, nach einigen Seiten die Naturforschung wohl auch fruchtbar angeregt hat, gleich ihren Vorgängerinnen in nicht langer Zeit zur Seite gelegt und soweit sie eine Theorie der Schöpfung

sein wollte, nur mehr als eine großartige, auf viele Zeitgenossen epidemisch wirkende Verirrung des menschlichen Geistes
erkannt werden.

Das hoffen und glauben wir. Gegenüber der sichern
Zuversicht und kühnen Keckheit aber, mit welcher der Materialismus in unsern Tagen mit immer neuen Versuchen sich allgemeine Geltung zu verschaffen auftritt, erheben wir im Namen
der Vernunft und Sittlichkeit für unsern bescheidenen Theil
wiederholt entschieden Protest. Diese Richtung muthet uns
immer wieder mit großer Dreistigkeit einen Glauben zu, der
die alleräußerste Verleugnung der menschlichen Vernunft erheischt, und gegen den Alles, was in der Bibel steht, zu
glauben, ein wahres Kinderspiel ist. Was diese Richtung
will, was sie, sie mag wollen oder nicht, in ihren letzten Consequenzen mit Nothwendigkeit heraufführt, hat schon Hamann
scharf treffend gegeißelt, indem er das Credo der Materialisten
seiner Tage also formulirt:

„Eine Vernunft, die sich für eine Tochter der
Sinne und Materie bekennt, seht das ist unsere
Religion; eine Philosophie, welche den Menschen
ihren Beruf, auf allen Vieren zu gehen, offenbart,
nährt unsere Großmuth und ein Triumph heidnischer Gotteslästerung ist der Gipfel unseres Genies!"

Ueber die

Principien der modernen Geologie

und über das

Alter des Menschengeschlechtes.

Verehrte Versammlung!

In einer früheren Vorlesung haben wir die Frage nach dem Ursprung des Menschengeschlechtes einer Besprechung unterzogen, hiebei besonders die Lehre Darwins von der Entstehung der Arten näher erörtert und ihre Unhaltbarkeit kritisch nachzuweisen versucht. *) Wir sahen, daß die Theorie Darwins wesentlich darin eine allgemeinere Bedeutung hat, daß sie die bisherigen aphoristischen Versuche der neueren Naturwissenschaft, die Entstehung der Erde und der auf ihr lebenden Wesen rein materialistisch zu erklären, mächtig fördert. So gewiß in dieser materialistischen Tendenz der Darwin'schen Lehre ein wesentlicher Erklärungsgrund des großen Beifalles, den dieselbe während der letzten Jahre gefunden hat, gegeben ist, so werden doch noch andere Gründe für diesen ungewöhnlichen, theilweise enthusiastischen Beifall zu suchen sein. Wir erinnern uns ja, daß der Grundgedanke der Lehre Darwins keineswegs neu ist. Woher kommt es, daß seine Vorläufer, ein Lamarck u. A., vor wenigen Jahrzehnten allgemeinen, theilweise höhnenden Widerspruch gefunden haben, während heute aus allen Kreisen der Naturforschung der in neuer Fassung auftretenden im Wesentlichen gleichen Doktrin lauter Beifall zugerufen wird? Zur Erklärung dieser Thatsache legt sich die Vermuthung nahe, daß die Lehre Darwins zu gewissen, während der letzten Zeit von der Naturwissenschaft aufgenommenen Grundanschauungen in

_____

*) Die nachfolgende Abhandlung wurde im Frühjahre 1864 zu Barmen und Frankfurt am Main in Abend-Vorlesungen ihrem Hauptinhalte nach mitgetheilt.

naher Beziehung stehe und mit diesen zu einer, wie es Vielen scheint, nun in sich abgerundeten naturwissenschaftlich gesicherten Theorie der Schöpfung sich zusammenschließe. In der That ist dem so. Die Transmutations=Hypothese, die Theorie Lamarcks u. A. von einer unendlichen Verwandlungsmöglichkeit aller organischen Wesen, würde schwerlich von Darwin erneuert, sie würde gewiß nicht mit solchem Beifall begrüßt worden sein, wenn sie nicht zu anderen in der Gegenwart weit verbreiteten, naturwissenschaftlichen Hypothesen in naher Beziehung und in= nerer Verwandtschaft stünde. Oder mit bestimmteren Worten: Darwins Lehre stützt sich wesentlich auf die von der neuesten Geologie, namentlich von dem Engländer Charles Lyell ver= tretenen Hypothesen über die Bildung der Erde. Wir können daher nach der uns hier gestellten Aufgabe es nicht umgehen, auf diese neuesten geologischen Theorien in gedrängter Kürze unser Augenmerk zu richten. Und wir müssen dieß um so mehr thun, da hiedurch nicht nur ein Nachtrag zu der Kritik der Lehre Darwins gegeben wird, sondern die Erörterung der Frage, deren Betrachtung uns heute vornämlich beschäftigen soll, der Frage nach dem Alter des Menschenge= schlechtes, ohne Berücksichtigung der neuesten geologischen Hypothesen gar nicht möglich ist.

Es kann aber hier in keiner Weise meine Aufgabe sein, aus dem unermeßlichen Stoff der neueren Geologie Ihnen einen auch nur kurzen Abriß zu geben, sondern ich muß mich streng beschränken auf einige principiell wichtige Gesichtspunkte, d. h. auf die Axiome, welche den neueren Hypothesen über die Bildung der Erde und ihrer Oberfläche zu Grunde liegen, Ihre Aufmerksamkeit zu richten. Nur im Vorbeigehen erinnere ich daher daran, daß die Betrachtung der Erdrinde uns das Bild einer allmähligen, in bestimmte Perioden sich abgrenzenden Entwicklung des Erdkörpers darbietet. Man unterscheidet nach

der älteren Bezeichnung bekanntlich vier große Classen der Ge-
birgs- und resp. Gestein-Bildung: Urgebirge, Uebergangsgebirge,
Flötzgebirge und Tertiärgebirge, an welche sich noch eine fünfte
Classe als sogen. quartäre Bildungen, die wieder in Diluvium
und Alluvium unterschieden werden, anschließt. Eine neuere Ein-
theilung, — wie denn diese Classifikationen fortwährend mancherlei Aenderungen in der Bezeichnung erleiden, — unterscheidet
die azoische, die paläozoische, die mesozoische, die känozoische
oder tertiäre und endlich die quartäre Epoche, die wieder in
die postpliocäne und in die Neuzeit unterschieden wird. Jede
dieser geologischen Epochen wird in mehrere Perioden, und
diese wieder in Formationen zerlegt, deren allein in der meso-
zoischen Epoche 18 unterschieden werden. Während die älteste
Gestein-Epoche noch keine Spuren organischen Lebens zeigt,
finden sich in der zweiten versteinerte Pflanzen- und Thierformen der niedersten Art; in der dritten treten Formen der
Annäherung an die jetzige Thier- und Pflanzenwelt auf, während erst in der vierten in allmählig steigender Häufigkeit
Thier- und Pflanzenarten erscheinen, welche auch jetzt noch auf
der Erde sich finden. Die jüngste oder quartäre Epoche enthält in ihrer älteren oder diluvialen (postpliocänen) Formation
neben noch auf Erden lebenden Organismen, viele eigenthümliche, jetzt ausgestorbene Säugethierarten, als Mammuthe, Ma-
stodonten, Rhinocerosse, Hyänen- und Bären-Arten u. s. w.,
während das Alluvium oder die Neuzeit ausschließlich nur
solche organische Formen aufweist, welche auch jetzt noch auf
Erden leben. Nirgends aber finden sich diese Formationen mit
den in ihnen eingeschlossenen Resten untergegangener Bildungen
in einfacher und ununterbrochener Aufeinanderfolge, etwa ruhig
in Reihe und Glied aufeinandergeschichtet, sondern allerorten,
wo wir die feste Erdrinde untersuchen, fehlen einzelne, oft zahlreiche Glieder dieser geologischen Bildungskette, und die vor-

handenen Formationen finden sich nur selten und in beschränk=
tem Umkreise in einfacher horizontaler Schichtung auseinander=
gelagert, sondern sind vielmehr in der mannigfaltigsten Weise
gehoben und von anderen Formationen durchbrochen. Man
muß den Scharffinn, den Fleiß und die Sorgfalt der Beob=
achtung bewundern, mit welchen die neuere Geologie und Pa=
läontologie alle diese Umstände durchforscht, in die scheinbar
chaotischen Verhältnisse eine lichtvolle Klarheit gebracht und
sie zu einer in den Hauptsachen gesicherten Bildungsgeschichte
der Erde, resp. der festen Erdrinde, zusammen gefaßt hat. Es
ist bewundernswerth, mit welcher Sicherheit man nicht nur die
zeitliche Aufeinanderfolge dieser Gesteinsbildungen bestimmt,
sondern aus den in den späteren Formationen eingeschlossenen
Resten pflanzlichen und thierischen Lebens auch die Geschichte
der urweltlichen Flora und Fauna bis in's Einzelne verfolgt
und in den verschiedenen Gruppen ihrer Aufeinanderfolge zu
anschaulichen Gesammtbildern vereinigt hat. Sie kennen ja
wohl alle solche in neuester Zeit häufig, nicht nur in paläon=
tologischen Werken, sondern auch in illustrirten Journalen und
Volksbüchern gegebene bildliche Darstellungen der urweltlichen
Fauna und Flora, jene riesigen Farren, jene phantastischen
Thierformen einer längst untergegangenen, der Erscheinung des
Menschen auf Erden vorangegangenen Urzeit. Man wird un=
bedingt anerkennen müssen, daß die von der neueren Geologie
nachgewiesene Aufeinanderfolge der Gesteins=Formationen, wie
der in ihnen eingeschlossenen Reste organischen Lebens, — daß
die auf diese Entwicklungsreihe gebaute Bildungsgeschichte der
Erde, resp. der Erdrinde, als ein in den Hauptsachen gesichertes
Ergebniß exakter Forschung zu betrachten ist. Denn wo es sich
um die Beobachtung, Vergleichung und Beschreibung naturge=
schichtlicher Thatsachen handelt, hat Niemand ein Recht, die
durch sorgfältige und ausgedehnte Beobachtungen gewonnenen

thatsächlichen Resultate, weil sie ihm etwa unbequem sind, zu bezweifeln oder mit apriorischen Behauptungen zu bestreiten.

Wesentlich anders gestaltet sich die Sache, wenn wir aus dem Gebiete der Thatsachen und der auf die Beschreibung und Ordnung derselben gerichteten, eigentlich exakten Forschung zu dem Versuche fortschreiten, die Bildungsgeschichte der Erde aus einem Grundprincip theoretisch zu erklären. So sehr der Geist des Menschen verlangt, auch dieses zu versuchen; so uralt, so eingeboren ihm das Bestreben ist, auch über das Wie? der Erschaffung alles Seienden nachzudenken und eine Theorie der Schöpfung sich zu bilden, so ist doch von vorneherein klar, daß wir bei jedem solchen Versuche nicht mehr auf dem Boden der exakten empirischen Forschung, sondern auf dem Gebiete der Spekulation, und zwar der naturphilosophischen Spekulation, uns befinden. Eine Geschichte der Schöpfung, als Beschreibung der thatsächlichen Bildungs-Vorgänge der geschöpflichen Welt und ihrer Veränderungen, kann allerdings in begrenztem Umfange, d. h. soweit die wirklich empirische Beobachtung reicht, vom Standpunkte der reinen Naturforschung aus gegeben werden, nimmermehr aber eine eigentliche Theorie der Schöpfung. Jede solche ruht wenigstens in ihren Ausgangspunkten irgendwie auf Spekulation und muß auch als solche anerkennen, daß die obersten und letzten Gründe alles Werdens und Seins sich in ein dem menschlichen Verstande mehr oder minder verschlossenes Mysterium zurückziehen. So bekannte schon Aristoteles, der Gedanke des ersten, wie des letzten Menschen sei ein dem menschlichen Verstande unerreichbarer Begriff. Solche naturphilosophische Spekulation kann sich sehr nahe an das Gebiet der empirischen Thatsachen anschließen, sie kann sich selbst verleugnen und behaupten, überhaupt gar nicht Spekulation, sondern reines Ergebniß naturwissenschaftlicher Thatsachen zu sein, sie kann ausdrücklich er-

klären, die obersten Gründe alles Werdens und Seins außer
Betracht lassen zu wollen, oder sie kann, wie der ältere und
neuere Materialismus thut, die Materie selbst zum Erklärungsprincip aller Erscheinungen der Schöpfung machen, — sie ist
und bleibt nichts desto weniger im Princip, im Ausgangspunkte
ihrer Theorie, wesentlich naturphilosophische Spekulation. Als
solche ruht sie, wie wir bereits in anderm Zusammenhange in
der früheren Vorlesung gezeigt, auf irgend einer mehr oder
minder wahrscheinlichen Voraussetzung, auf einem Axiom, das
einestheils rein naturwissenschaftlich nie bewiesen werden kann,
anderntheils stets einer logisch-dialektischen Prüfung bedarf.
Machen wir von dieser Angesichts jeder Schöpfungslehre gül-
tigen Wahrheit Anwendung auf die Schöpfungs- und Bil-
dungs-Theorien der modernen Geologie.

So jung und neu die geologische Wissenschaft ist, so alt
sind die Gegensätze, die bei der Frage, wie die erste Entstehung
und Ausbildung des Erdkörpers zu erklären sei? unter den
Naturforschern uns entgegen treten. Denn schon die alten griechischen Naturphilosophen haben über Neptunismus und Vulkanismus gestritten, d. h. ob das Wasser oder das Feuer als
das ursprünglich bildende Princip des Erdkörpers zu betrachten
sei? Die alten Aegypter, die meisten griechischen Philosophen,
die Hebräer waren wesentlich Neptunisten, d. h. sie schrieben
vorwiegend oder ausschließlich dem Wasser die ursprüngliche
Bildung des Erdkörpers zu. Auch der erste Begründer der
modernen Geologie, Abraham Gottlob Werner, war Neptunist
und gewann fast alle Zeitgenossen für seine Anschauungen.
Aber bald erhob sich im Heerlager der Naturforscher gegen
den Neptunismus eine starke Opposition, und namentlich Leo-
pold von Buch und Alexander von Humboldt gaben dem ent-
standenen Streite zwischen Neptunisten und Vulkanisten den
Ausschlag zu Gunsten der letzteren. Es sei gestattet, bei dieser

Gelegenheit die Bemerkung einzuschieben, daß es überhaupt den
Herren Naturforschern geht, wie anderen wissenschaftlichen
Adamskindern, d. h. sie liegen über uralte, wissenschaftliche
Principienfragen immer wieder im Streit, und das Zünglein
der Waage schwankt einmal nach dieser, dann wieder nach
jener Seite. Das Material der naturwissenschaftlichen Forschung ist im Verhältniß zu früheren Zeiten, wo die Theologen,
die Chronisten, die Philosophen und Juristen vornämlich die
Bücherschreiber waren, ungeheuer gemehrt, die Kunst der Beobachtung ist bewundernswerth gesteigert, aber in Absicht auf
alle Principienfragen ist der Streit der Naturforscher so groß,
wie irgendwann sonst. Ja nirgends ist die verzehrende Eile,
mit welcher ein System das andere verdrängt, größer als im
Gebiete der naturwissenschaftlichen Forschung der Gegenwart.
Kaum sind die Theorien eines jetzt angesehenen Forschers in
unsere Schul- und Lehrbücher als das unumstößliche Ergebniß
neuester exakter Forschung übergegangen, so ist der Mann und
seine Ansicht bereits veraltet, oder ist er selbst, wie namentlich
die letzten vier Jahre an vielen Beispielen zeigen, zu einer
seiner früheren Anschauung vielleicht direkt entgegengesetzten
übergegangen. Es ist zwar eine große und jedem Forscher ge-
ziemende Tugend sich stets verbesserungsfähig finden zu lassen,
und daß der Fortschritt der naturwissenschaftlichen Beobachtung
auch den Fortschritt und die Umänderung mancher wissenschaftlicher Anschauungen bedingt, ist unabweisbar; nur ein Thor
könnte dieß rügen. Aber das wollen wir im Vorbeigehen
hervorheben, daß die Unsicherheit in den Principien, die Unklarheit, mit der man speculative und empirische Momente
vermischt und die Grenzen des sogenannten „naturwissenschaftlichen Denkens", wenn auch vielleicht bona fide, überschreitet, in der modernen Naturwissenschaft nicht gering ist.
    Doch zurück zu dem alten Streite des Neptunismus und

Vulkanismus. Er schien vor etwa zwei Jahrzehnten sich zu Gunsten des letzteren entschieden zu haben. Doch bald mußte auch der Vulkanismus einen Theil des eroberten Terrains wieder aufgeben, und gegenwärtig halten sich beide Systeme die Waage, d. h. man neigt sich immer mehr zu der Aner- kenntniß, daß Feuer und Wasser an der Bildung der Erdrinde ziemlich gleichmäßig Antheil haben mögen. Unter dem Einfluß dieser Anschauungen ist in den letzten Jahren eine dritte Schule, die des Metamorphismus, in der Bildung, auf welche wir sogleich noch etwas näher eingehen müssen. Zum Uebergang wollen wir auf einen für jede geologische Theorie principiell wichtigen Gesichtspunkt, der für unsere weitere Untersuchung von hoher Bedeutung ist, unser Augenmerk richten.

Die neuere Geologie beschäftigt sich, wie erwähnt, mit der Beobachtung und Beschreibung der Bildungsvorgänge bei Entstehung der Erde, resp. der festen Erdrinde. Sie unter- scheidet die Reihenfolge dieser Bildungsvorgänge, untersucht die einzelnen Formationen und gruppirt dieselben in bestimmte Perioden und Epochen der Erdbildung. Woher kommt es, daß die Erdrinde überhaupt so viele verschiedene Gesteinforma- tionen zeigt? Warum sind dieselben nicht in ruhiger horizon- taler Schichtung, und in stetiger und ununterbrochener Reihen- folge über einander gelagert, sondern in der mannigfaltigsten Weise verschoben und durcheinander geworfen? Warum ist die Erdoberfläche voll Hebungen und Senkungen, voll Meeres- tiefen und Bergeshöhen? Auf diese Frage hat bis vor Kurzem die gesammte neuere Geologie geantwortet: diese Thatsachen sind die Folge einer Reihe großartiger Umwälzungen, welche die Erdoberfläche in dem Processe ihrer Bildung erfahren hat. Diese Umwälzungen gingen theils langsam, stufenweise vor sich, meistens aber traten sie plötzlich ein. Zeugnisse dieser Erdrevolutionen sind nicht nur die Senkungen des Meeres, die

Hebungen der Gebirge, die Lagerungsverhältnisse vieler Schichten, sondern auch die in den verschiedenen Gesteinformationen
begrabenen Generationen einer urweltlichen Fauna und Flora.
Durch diese Erdrevolutionen und ihr plötzliches Eintreten erklärt es sich, um ein Beispiel aus einer der jüngsten anzuführen,
daß in Sibirien eine große Menge Elephanten in vollkommen
erhaltenem Zustande unter den Eisfeldern begraben gefunden
worden sind; daß im höheren Norden Schichten von Farren
und Palmenarten gefunden werden, die sich längst in niedere
Breiten zurückgezogen haben. Großartige Einbrüche und Rück-
züge des Meeres, deren Spuren überall zu erkennen sind,
müssen bei diesen Erdumwälzungen besonders von Bedeutung
gewesen sein. Namentlich der berühmte Cuvier war es, der
dieser Theorie der Erdumwälzungen in den weitesten Kreisen
Anerkennung verschafft hat. Durch welche Kräfte sind aber
diese Revolutionen der Erdrinde, welche an dem augenschein-
lichen Sachbestande eine, wie es scheint, so große und unmittelbare Stütze habe, bewirkt worden? Cuvier antwortet
hierauf, es ist unmöglich, durch die gegenwärtig auf der Erde
wirksamen Kräfte jene Reihenfolge großartiger Erdrevolutionen
zu erklären. „Der Gang der Natur," sagt er, „ist in ihnen
verändert, der Faden der Wirksamkeiten zerrissen" *). Keines
der Agentien, deren sich die Natur heute bedient — weder der
Einfluß von Regen, Frost, Thauwetter, fließenden Gewässern
und Meeresbrandung, noch die Thätigkeit der Vulkane, welche
die festen Schichten des Bodens durchbrechen und hier ihre
Auswürfe anhäufen — würde zureichen, Wirkungen, wie die,
welche die Ablagerungen der verschiedenen geologischen Epochen
zeigen, jetzt noch hervorzubringen. Mit anderen Worten: die
Bildungsperioden der Erdrinde, ihre durch große Umwälzungen

---

*) Vgl. Fr. Rolle a. a. O. S. 25 und ff.

charakterisirte Aufeinanderfolge läßt sich nicht denken ohne eine
verborgene, aber planmäßig wirkende Schöpferhand. Namentlich Agassiz ist es, der in weiterer Ausbildung und theilweise
neuer Begründung der Ansichten Cuviers diese Folgerung ausdrücklich ausgesprochen und anerkannt hat.

Wir werden uns kaum wundern können, wenn schon
diese Consequenz der Cuvier'schen Theorie dieselbe in den Augen
vieler modernen Geologen höchst verdächtig gemacht und sie zu
Anstrengungen gereizt hat, die Cuvier'sche Lehre umzustürzen
und damit die moderne Geologie von dem unerträglichen und
irrationalen Makel irgend eines schöpferischen Eingreifens zu
befreien. In der That hören wir aus dem Munde der Anhänger Lyells und Darwins die Lehre Cuviers heute geradezu
als eine „ungeheuerliche" bezeichnen. Es sei Thorheit, bei
dem Bildungsprocesse der Erdrinde Kräfte anzunehmen, von
deren Art wir uns keine nähere Rechenschaft zu geben vermögen; Wunder seien Argumente der Theologie, nicht der
Naturwissenschaft; sie seien eine bequeme Methode der Erklärung, da sie uns überhaupt jeder weiteren Mühe des Denkens
und Forschens überheben. Wir könnten zum Schutze Cuviers
im Voraus bemerken, daß eben die Bildungsprocesse der Erde
und der in ihr begrabenen Thier- und Pflanzenformen für jedes
unbefangene, an die Bildungsvorgänge und Bildungsformen
der gegenwärtigen Erscheinungswelt gewöhnte und an ihnen
geübte Auge den Charakter der Ungeheuerlichkeit in sich selber
tragen, und daß für die Erklärung ungeheuerlicher Thatsachen
eine Vielen ungeheuerlich erscheinende Theorie gerade die zutreffende sein könnte. Doch wir wollen, ohne uns bei diesen
die principielle Voreingenommenheit vieler heutigen Naturforscher charakterisirenden Symptomen weiter aufzuhalten, lieber
sofort zur Darstellung der neuesten Theorie der Erdbildung
übergehen und bei der Kritik derselben sehen, ob sie uns unter

Anderem des Wunders, dieses unverständigen Restes einer veralteten Bildungsstufe, wirklich so gründlich enthebt, wie ihre
begeisterten Anhänger mit froher Zuversicht verkünden.

Charles Lyell, der berühmte englische Geologe, ist es,
der mit seiner Theorie der Erdbildung neben vielen die Naturwissenschaft reell fördernden Verdiensten ihr auch jenen Dienst
geleistet haben soll. Seine Lehre, bei deren Darstellung wir
natürlich alles geologische Detail zur Seite lassen müssen und
nur die principiell wichtigen Gesichtspunkte hervorkehren dürfen,
ist in der Kürze folgende. Nach seinen „Principles of geo-
logy" (Grundsätze der Geologie) sind es allein die noch heute
thätigen Ursachen, die „existing causes", welche auch alle
Erscheinungen beim Baue des Erdkörpers hervorgerufen haben.
Sie sind von den ältesten Epochen an thätig gewesen, und aus
ihnen müssen alle Vorgänge, von welchen das der menschlichen
Beobachtung zugängliche Innere der Erde uns Kunde gibt,
sich erklären lassen. Wie Sie sehen, stützt sich also Lyells
Theorie auf das Axiom, daß die in der Natur wirkenden
Kräfte sich ewig gleich bleiben. In dem zeitlichen Wechsel der
Dinge ist es immer nur eine Veränderung der Form und nie
des Wesens der Kräfte, welche die Verschiedenheit der Wirkungen bedingt. Das Spiel der die Gestalt der Erdoberfläche
umwandelnden Kräfte wich in keinem Zeitalter der Erde wirklich und wesentlich von jenen Vorgängen ab, die heute noch
thätig sind, höchstens dem Grade nach treten bald in stetigem,
bald in periodischem Wechsel Aenderungen ein.

Noch jetzt, wie von jeher, bemerkt Lyell *), nagt
der Einfluß des Wassers und der Atmosphärilien die festen
Felsgebilde an und führt zu Ablagerungen neuer Schichten in
Niederungen und auf dem Boden der Seeen und des Meeres.

---

*) Vgl. Fr. Rolle a. a. O. S. 29 und ff.

Reste von Pflanzen und Thieren werden noch fortwährend darin eingeschlossen, um hier unter dem Einfluß von Luft, Wasser
und gelösten Mineraltheilen zu verkohlen und zu versteinern.
Noch jetzt heben sich unter dem Einflusse der vulkanischen
Kräfte des Erdinnern bald hie bald da einzelne Inseln oder
ganze Länder empor oder senken sich. Oertliche stürmische Aus-
brüche, welche feurig-flüssige Massen aus dem Erd-Innern zu
Tage fördern und weite Gebiete mit Auswürflingen und aschen-
artigen Theilen bedecken, finden auch jetzt von Zeit zu Zeit
statt. Auch Pflanzen- und Thierarten sehen wir hie und da
neu auftauchen, verpflanzt in Gegenden, in denen sie noch nicht
bekannt waren, durch das Spiel der Elemente oder die Hand
des Menschen. In Folge dieser Betrachtungen und des ihrer
Anwendung auf die geologischen Bildungsvorgänge zu Grunde
liegenden Arioms ist es im Gegensatze des einseitigen Neptunismus oder Vulkanismus sonderlich der sog. Metamorphismus,
d. h. die allmählige Gesteinsumbildung auf chemisch-physika-
lischem Wege, welchem Lyell bei den geologischen Bildungs-
processen das Wort redet. Es ist nicht unsere Aufgabe, die
Bedenken und Einwürfe, welche von Seiten anderer Geologen
gegen die einseitige Betonung des Metamorphismus erhoben
werden, aufzuzählen; aber ein anderes für die Theorie Lyells
höchst wichtiges, ja ganz unentbehrliches Moment müssen wir
hier noch hervorheben. Es ist seine Annahme unendlich langer,
nicht nur alle unsere gewöhnlichen Maaße, sondern auch alles
menschliche Vorstellungsvermögen vollkommen übersteigender Zeiträume, innerhalb deren die Bildung der Erdoberfläche sich vollzogen haben soll.

Die Geologen haben seit lange mit großen Zahlenreihen
gerechnet; im letzten Jahrzehnt haben diese Ziffern durch die
freigiebigste Anhängung von Nullen sich noch unendlich ver-
größert. So hat man den Bildungsproceß der Erde von ihrem

(nach Laplace's Theorie) primären gasförmigen Zustande bis zu ihrer für organische Wesen nöthigen Abkühlung auf 350,000,000 Jahre, den seit dem ersten Auftreten organischer Wesen bis zur Neuzeit verflossenen Zeitraum aber neuestens auf 1,280,000,000 Jahre berechnet. Doch auch diese Ziffer erscheint noch zu niedrig. Denn wenn nach neueren Forschern (Bronn, Geschichte der Natur) im geologischen Bildungsprocesse etwa 30 mal ein vollständiger Wechsel der Arten der auf der Erdoberfläche lebenden organischen Wesen und zwar ganz allmählig stattgefunden hat, und wir etwa (nach Cotta) annehmen dürfen, in 50,000 Jahren sei $\frac{1}{1000}$ aller organischen Species der Erde ausgestorben und durch neue ersetzt worden, so würden zu einem vollen Artenwechsel 50,000,000 und zu 30 aufeinanderfolgenden 1,500,000,000 Jahre nöthig gewesen sein. Die ganze Bildungsgeschichte unseres Erdballes würde demnach etwa auf zwei Milliarden Jahre, wo nicht bei weiterer Ausbildung dieser geologischen Arithmetik noch viel höher, zu berechnen sein. Die Voraussetzung bildet bei all diesen Berechnungen die Annahme, daß die geologischen Bildungsprocesse der Urzeit sich genau in denselben Verhältnissen entwickelt haben, in denen wir noch jetzt Veränderungen der Erdoberfläche sich vollziehen sehen. So wurde z. B. berechnet, daß der Mississippi jährlich etwa 3,700,000,000 Cubikfuß erdiger Theile aus seinen Quellgegenden nach den Mündungen zu hinabführe, und Lyell nimmt an, daß zur Bildung seiner 16,000 englische Quadratmeilen großen Anschwemmung etwa 67,000 Jahre nöthig waren. Ein anderer Forscher dagegen verlangt für die Bildung des Mississippi-Deltas 158,000 Jahre. Die Berechnungen schwanken, wie Sie sehen, nicht unbeträchtlich; es kommt bei den hier vorliegenden Größenverhältnissen aber in der That auf eine Null mehr oder weniger auch gar nicht an, da diese Größen für das menschliche Vorstellungsvermögen in

einem, wie dem andern Falle doch wesentlich nur den Werth
eines X, einer ungekannten Größe, haben. In Bausch und
Bogen gerechnet, nehmen die Vertreter dieser geologischen
Theorien für die Neuzeit, für die Zeit des sogen. Alluviums
einen Zeitraum von wenigstens 100,000 Jahren, für die voran-
gegangene, postpliocäne Formation oder Diluvialzeit einen Zeitraum von etwa 200,000 Jahren an, so daß also die letzten
Formationen der Tertiärepoche schon etwa 300,000 Jahre von
der Gegenwart entfernt sein würden.

Versuchen wir es, nach dieser gedrängten Darlegung uns
noch an einem Beispiele ein anschauliches Bild der Lyell'schen
Theorie von der Bildung der Erdoberfläche zu entwerfen. Die
Meisten unter Ihnen sind wohl nicht nur mit den Hügeln
unseres bergischen Landes, sondern auch mit eigentlichen Ge-
birgsbildungen aus eigener Anschauung bekannt. Sie sind
vielleicht in der Schweiz oder Tirol schon manchmal bewundernd stille gestanden und haben beim Anblick kühn geformter
und gigantisch aufgethürmter Bergreihen, beim Anblick schroff
abstürzender, mächtiger Felswände sinnend in Gedanken sich
vertieft und über die mächtigen Erdrevolutionen, unter welchen
diese Bergriesen sich aus der Tiefe emporgehoben haben, nach-
gedacht. Doch da kommt ein Freund, ein begeisterter Jünger
Lyells, und Ihre Gedanken errathend, spricht lächelnd der
Adept: Verzeihe, Freund, daß ich ein lockendes Traumbild
trügerischer Einbildungskraft Dir zerstören muß. Ich sehe,
Du bist noch in den veralteten Anschauungen Cuviers und
seiner Zeit befangen und in der geologischen Forschung um ein
Jahrzehnt zurückgeblieben. Denn diese Berge mit ihren kühnen Häuptern, diese senkrecht abfallenden Felswände sind nicht,
wie Du wähnst, die Zeugen einer großen geogonischen Vergangenheit, nicht die Produkte mächtiger, die Erde in ihren
Tiefen bewegender Umwälzungen — nein, sie sind das Re-

sultat unendlich kleiner Veränderungen in unendlich langen Zeiträumen. Ich will Dir sagen, wie sie entstanden. Siehe, die Ostküste von Schweden wird, wie man seit lange weiß, gleich manchen anderen kleinen Theilen der Erdoberfläche, allmählig gehoben, und man hat für die Umgegend von Stockholm diese Niveauerhöhung auf einen Fuß für 100 Jahre berechnet. Auf gleiche Weise ist auch dieser Bergriese von 13,000 Fuß Höhe, vor dem Du bewundernd stehst, ganz allmählig — und Du kannst nun leicht berechnen, in wie viel Hunderten von Millionen Jahren — emporgehoben worden. Die atmosphärischen Einflüsse, der Wechsel von Frost und Hitze, von Ausdehnung und Zusammenziehung des Gesteines hat das Uebrige gethan, hier Klüfte gesprengt, dort Zacken geformt und also in unendlich langsamen Werden ihm die Gestalt gegeben, deren großartiges Bild Deine Seele mit staunender Bewunderung erfüllt!

Sie sehen, verehrte Anwesende, an diesem, wenn auch etwas drastischen, doch richtigen Bilde, daß die Lyell'sche Theorie mit dem bon sens in Widerspruch, und allen ästhetischen Reiz zerstörend, unendlich langweilig ist.*) Sie ist ein Sy-

---

*) Die Anhänger Darwins und Lyells suchen diesem Vorwurfe mit der Versicherung zu begegnen, daß, was das ästhetische Gefühl bei ihrer Betrachtungsweise einbüße, die durch diese gewonnene „intellektuelle Erhebung" reichlich ersetze. So sagt T. A. Huxley in der Schrift: Zeugnisse über die Stellung des Menschen in der Natur. Deutsch von J. Victor Carus (Braunschweig 1863.): „Gewiß ist der von tiefem Staunen ergriffene Reisende zu entschuldigen, wenn er sich weigert, dem Geologen zu glauben, der ihm erzählt, daß diese herrlichen Massen doch schließlich nichts weiter sind, als erhärteter Schlamm vorweltlicher Meere oder abgekühlte Schlacken unterirdischer Hochöfen, von gleichem Stoffe, wie der zäheste Thon, aber durch innere Kräfte zu jener Stelle stolzer und scheinbar unnahbarer Herrlichkeit erhoben. Doch der Geologe hat Recht, und ernstes Nachdenken über seine Lehren fügt, anstatt unsere Bewunderung und Ehrfurcht zu

stem des vollendeten Quietismus, aus dessen Abgrund bei
dem Gedanken der Bildung der Erde uns die ungeheuerste
Langeweile angähnt. Doch leider ist Vieles in dieser Jetzt-
welt langweilig, und eine langweilige Theorie darum noch
nicht gerade unwahr. Wir wenden uns also zur Kritik der
Lehre Lyells und ihrer Principien.

Wie Sie gesehen, ist das Axiom, auf welchem diese
ganze Theorie ruht, der Satz: daß die in der Natur wirkenden
Kräfte sich ewig gleich, und Kräfte anderer Art, als wir sie
heute noch beobachten, zu keiner Zeit auf Erden thätig gewesen seien. Diese Annahme ist, wie auch Lyell und seine
Anhänger zugeben, eine Voraussetzung, eine Hypothese, die als
solche auf rein naturwissenschaftlichem Wege niemals wirklich bewiesen, sondern nur geglaubt werden kann. Man kann dem Naturforscher es nicht bestreiten, auch von dieser Hypothese auszugehen und den Versuch zu machen, auf Grund derselben die
Erscheinungen der Natur und auch den Bildungsproceß der Erde
zu erklären. Rein naturwissenschaftlich betrachtet, wird es bei
solch einem Versuche dann darauf ankommen, ob von jener
Hypothese aus die Bildungsgeschichte der Erde sich wirklich
ohne bedeutende Widersprüche im Zusammenhange erklären
läßt, in welchem Falle eine solche Theorie zwar nie für ein
unumstößliches Ergebniß exakter Forschung ausgegeben, wohl
aber ihre Wahrscheinlichkeit behauptet werden könnte. Lyell
selbst und seine Anhänger können aber nicht in Abrede stellen,
daß rein naturwissenschaftlich betrachtet, seine Theorie noch sehr

---

vermindern, zu der bloß ästhetischen Betrachtung des ununterrichteten Be-
schauers noch all die Macht intellektueller Erhebung." Hurley
irrt ein wenig. Nicht daß diese Berge aus Schlamm, Thon oder vulkanischen Gebilden bestehen, sondern der quietistische, jedes verständigen
Planes entbehrende Bildungs- und Erhebungsmodus ist das Irrationale
und Unästhetische für den „von Staunen ergriffenen Reisenden."

erheblichen Einwendungen unterliegt. Nennen wir einige derselben. Wenn man auch zugibt, daß nie andere Kräfte auf Erden
wirkten, als die heutzutage noch zu beobachtenden, so muß
bei den großen Veränderungen, welche die Erde in ihrer Bildungsgeschichte erfahren hat, das Maaß, der Umfang, die
Intensität dieser Kräfte auf den verschiedenen Stufen ihrer Bildung doch nothwendig als ein sehr verschiedenes gedacht werden.
Im Zustande der ersten gasförmigen Bildung unseres Planeten
können doch die in ihm wirksamen Kräfte unmöglich in derselben
Weise, in demselben Umfange und in derselben Zusammensetzung
vorhanden gewesen sein, wie in den späteren Bildungsepochen
oder wie heutzutage. Wenn wir ferner die auf der Erdoberfläche wirksamen Kräfte in ihren Wirkungen wohl beobachten
und beschreiben können, wer vermag dieß von dem von den
Naturforschern als feuerflüssig betrachteten Erd=Inneren? Und
doch ist die feste Erdrinde ja nur ein sehr kleiner Theil des
ganzen Erdkörpers. Wenn wir ferner allerorten sehen, daß
die ursprünglich von den Gewässern in geschichteter oder söhliger
Form gewirkten Ablagerungen zerstört, d. h. gehoben, aufge-
richtet und durch einander geworfen sind, müssen diese Störungen
nicht von jenen unbekannten Kräften des Erd=Inneren ausgegangen sein, welche jetzt in ihrer Wirksamkeit ruhen und nur
noch sporadisch in Erdbeben und Vulkanen sich kundgeben?
Namentlich an diesem für die Bildungsgeschichte der Erde so
wichtigen Punkte ist die Lyell'sche Theorie noch sehr schwach
bestellt. Aber wenn wir Lyells Meinung auch in dieser Frage
annehmen, wenn wir zugeben wollten, auch die Gebirge seien,
etwa gleich der leisen Hebung der Ostküste Schwedens in
unausdenkbar langen Zeiträumen allmählig gehoben worden,
weiß denn Lyell, welche Kraft die Küste Schwedens allmählig
hebt, oder rechnet er nicht vielmehr auch bei seiner quietistischen
Erhebungstheorie mit unbekannten Kräften? Wie kann man

aber bei durchaus unbekannten Kräften ihre absolute Stabilität und Gleichmäßigkeit von vorneherein behaupten und die Möglichkeit heftiger Katastrophen leugnen? Mußte ferner, so lange die Erdrinde noch viel dünner war, als sie in ihrem geologischen Bildungsprocesse bis zur Gegenwart es wurde, die Einwirkung des Erd=Innern und der in ihm wirksamen Kräfte auf dieselbe nicht nothwendig eine andere sein und vielerlei Durchbrüche, Hebungen und Senkungen veranlassen? Hätte andererseits bei einem so unermeßlich langen, durchaus stetigen Entwicklungsgange nicht die Erdrinde eine so gleichmäßige und starke Dicke erhalten müssen, daß Hebungen oder gar Durchbrüche derselben gar nicht mehr möglich wären? Ja, sollte man nicht erwarten, daß solche absolut stetig, in den allerlängsten Zeiträumen aus dem Erd=Innern wirkende Kräfte auch auf die ganze Erdoberfläche gleichmäßig gewirkt; also gar keine Hebungen und Senkungen erzeugt, resp. die ganze Erdoberfläche zu einem Meere gemacht hätten? Wie soll nach der Lehre Lyells der ganze paläontologische Bestand erklärt werden? Sind die fossilen (Pflanzen und) Thiere nicht durch rasch eintretende Katastrophen, sondern auf dem Wege des Absterbens, der Verwesung und Verwitterung unter den Einflüssen der Atmosphäre zu Grunde gegangen, — wie können sie, noch dazu örtlich in solchen Massen fossil erhalten worden sein? Mußten sie dann nicht längst verwittert und zerfallen sein, ehe sie in einer Schichte eingeschlossen zu Fossilien werden konnten?*) Wie

---

*) Es ist eine bekannte und merkwürdige Thatsache, daß im Verhältnisse zu der Masse der auf Erden in freiem Zustande vorhandenen Thiere nur äußerst wenige an der Atmosphäre verwitternde Skelete gefunden werden. Man erklärt diese Thatsache durch einen Instinkt, kraft dessen das Thier beim Gefühl herannahenden Todes sich auf einsame und unzugängliche Stellen zurückzieht. Das mag richtig sein. Wie kommt es aber, daß die Paläontologie uns fossile Thiere in ungeheuren Massen auf

kann man weiter die so häufige Erscheinung der über Tief-
ebenen verbreiteten erratischen Blöcke erklären, ohne eine große
Fluth-Katastrophe zuzugestehen? Wie endlich und dieß möchten
wir sonderlich noch betonen, verträgt sich der Grundgedanke
der Lyell'schen Theorie mit der in allen Gebieten der Natur
constanten Erfahrungsthatsache, daß der Bildungsproceß im
Fruchtalterzustande und in der ersten Jugendzeit ungleich viel
schneller sich entwickelt, als in späteren Jahren? Sollte nicht
auch der tellurische Makrokosmus in den Anfangszeiten seines
Werdens diesem allgemeinen Bildungsgesetze unterworfen gewesen sein? Und wie verträgt sich überhaupt dieses Bildungs-
gesetz mit den absolut stetig und gleichmäßig wirkenden Kräften
der Hypothese Lyells? Auf diese und manche andere Fragen
ist von Lyell und seinen Anhängern eine genügende Antwort
noch zu erwarten. Einstweilen müssen apriorische Behauptungen diese bedeutenden Defekte der Lyell'schen Theorie decken.
So schreibt ein deutscher Naturforscher, ein Anhänger Lyells,
nachdem er einige der hier erhobenen Einwendungen angeführt
und zugegeben hat, daß es an einer überzeugenden Widerlegung derselben noch fehle: „Uebrigens entspricht doch das
ganze neuere Gebäude der geologischen Wissenschaft dem
Grundsatze der ewigen und unveränderlichen Naturkräfte und
schließt Annahmen von zeitweisen Unterbrechungen des gesetz-
mäßigen Laufes der Natur und von allgemeinen, alles Leben
vernichtenden Umwälzungen vollkommen aus."*) Da sehen
Sie wieder die gerühmte Unbefangenheit der modernen Naturwissenschaft. Ein Axiom wird aufgestellt, — genügend und allseitig kann man es nach eigenem Geständniß noch nicht be-

---

eng begrenztem Raume zeigt? Erfordert nicht auch dieser Thatbestand die
Annahme eines Unterganges durch plötzliche, gewaltsame Katastrophen?

*) Vgl. Fr. Rolle a. a. O. S. 32.

gründen, aber wahr, unbedingt wahr muß es dennoch sein, und um mit „jener Bescheidenheit, wie sie (nach Schleiden) dem Naturforscher vor Allem eigen ist," zu reden, kann nur thörichter Unverstand ihre unbedingte Wahrheit noch leugnen.

Doch wir wollen uns nicht an diesen von naturwissenschaftlicher Seite zu erhebenden und erhobenen Bedenken genügen lassen, sondern das Grundprincip der Lyell'schen Theorie auch logisch-dialektisch noch mit einigen Sätzen beleuchten. Wir haben hiezu volles Recht, da es sich bei demselben, ebenso wie bei dem Grundprincip der Lehre Darwins, in keiner Weise um ein reelles naturwissenschaftliches Ergebniß, sondern um ein rein naturphilosophisches Axiom handelt. Die gegenwärtig in der Natur wirksamen Kräfte, sagt also Lyell, sind ewig und unveränderlich, aus ihrer stetig gleichbleibenden Wirksamkeit muß Alles, was ist, erklärt werden. Wir fragen zunächst, was heißt denn eine Kraft? Sehen wir die Kräfte irgendwie als solche, oder sind sie nur in und an einer stofflichen Materie, d. h. also in ihren Wirkungen, erkennbar? Jedermann behauptet in Uebereinstimmung mit allen Naturforschern das Letztere von der ganzen sichtbaren Erscheinungswelt. Wir reden von einer Kraft, wo wir irgend eine Bewegung materiellen Stoffes wahrnehmen. Wir können diese Bewegungen beobachten, beschreiben und aus ihrer regelmäßigen Wiederkehr oder der (relativen) Stetigkeit ihrer Andauer auf gewisse Gesetze der Bewegung schließen, wir können aber nie und nirgends das Wesen einer Kraft erkennen. Der Begriff Kraft ist daher im Grunde nichts Anderes, als ein X, eine unbekannte Größe, deren Dasein und Beschaffenheit wir nur an ihren Wirkungen inne werden. Wenn die Naturwissenschaft daher, wo sie eine Bewegung des Stoffes sieht, von Kräften spricht, so ist dieß Wort, da sie uns nicht zu sagen vermag, was eine Kraft überhaupt oder was diese hier so und so be-

wegende Kraft ist, im Grunde nichts anderes, als eine Formel
für die unbekannte Ursache einer stofflichen Bewegung oder
Veränderung. Natürlich ist man unter diesen Umständen auch
nicht in der Lage, zu sagen, wie viele Kräfte es denn eigent=
lich in der Welt gibt. Gäbe es nur Eine Kraft, so ist völlig
unbegreiflich, wie eine Mannigfaltigkeit der Erscheinungen, ja
wie überhaupt Materielles, dessen Entstehung nur aus der
Spannung zweier (oder mehrerer) Kräfte gedacht zu werden
vermag, entstehen kann.*) Gibt es aber eine Vielheit von
Kräften, so muß auch nach einer verborgen über allen Kräften
waltenden Ordnung ein Spiel und Streit der Kräfte in der
Natur vorhanden sein, so daß eine Kraft, von anderen ge=
bunden, jetzt ruht, dann wieder zur Wirksamkeit und damit in
die Erscheinung kommt. Eine, wie Lyell will, in absoluter Ste=
tigkeit und gleichmäßiger Energie wirkende Summa von Kräften
ist ein Unding und hebt jede Möglichkeit einer Entwicklung,
ja überhaupt eines Werdens vollkommen auf. Das Axiom
Lyells erscheint schon um deßwillen durchaus unhaltbar.

*) Ueber Kraft und Stoff wird in gelegentlichen, aphoristischen Be=
hauptungen von heutigen materialistischen Naturforschern zwar Manches
gesagt, eine zusammenhängende, auch philosophisch begründete Darlegung
dieser Begriffe aber überall vermißt. Und doch steht und fällt der neuere
Materialismus mit der Behauptung der absoluten Identität von Kraft und
Stoff. Aber nicht nur für den Materialismus, für jede Weltanschauung
ist die Bestimmung des Begriffes der Materie und ihres Verhältnisses
zum Geiste von entscheidender Bedeutung. Nach der biblischen Anschauung
ist die Materie, die ganze Erscheinungswelt, ein Phänomenon, dessen Wesen,
wie bildendes Princip geistige Potenzen sind. Alle Kräfte, in und an der
Materie wirksam, sind demnach hypermaterieller Art, aber durch einen
Alles umfassenden und durchdringenden göttlichen Weltplan in der Weise
und Kraft ihrer Wirkung geordnet und gegenseitig gebunden. So binden
und bedingen sich gegenseitig die Attraktions= und Repulsionskraft und er=
zeugen den Lauf der Gestirne. Wir müssen uns hier an diesen und den
obigen Andeutungen genügen lassen. Vgl. oben den 9. Brief.

Wir sehen hier auch, daß man der Cuvier'schen Theorie
mit völligem Unrecht den Vorwurf macht, sie nehme zu Wun=
dern ihre Zuflucht. Man braucht durchaus nicht anzunehmen,
daß bei den Umwälzungsperioden, die die Erdoberfläche erfahren,
andere Kräfte, als die noch heute wirksamen, thätig gewesen
seien, man braucht nur die doch im Grunde unleugbare That=
sache, daß die Intensität der noch wirksam sich zeigenden Kräfte
eine zu verschiedenen Zeiten verschiedene sei und gewesen sei, fest=
zuhalten, um auch Umwälzungsperioden in der Bildung der Erd=
oberfläche anerkennen zu können. Aber freilich muß man dann alle
diese geologischen Bewegungen irgendwie einem ordnenden Welt=
und Schöpfungsplane unterordnen, und das eben ist der unver=
zeihliche Frevel, daß Leute wie Cuvier und Agassiz, solche Thor=
heiten in die moderne Naturwissenschaft wieder einführen wollen.

Doch auch Lyells Theorie hat ihren dunklen Schatten der
Thorheit, und indem sie uns verspricht, alle irrationalen Ele=
mente und jede leiseste Erinnerung an Wunder oder ähnliche
Ungeheuerlichkeiten ferne zu halten, fordert sie von uns den
blindesten Glauben an ein absolutes Urwunder. Ewig stetig
wirkende Kräfte sollen es sein, welche alle geologischen Erschei=
nungen hervorgerufen haben. Hiemit ist ein Princip ausge=
sprochen, das sich nicht auf die geologischen Erscheinungen be=
schränken läßt, sondern das mit Nothwendigkeit als Princip
der Schöpfung von uns anerkannt sein will. Und wirklich
geben, wenigstens unter der Hand, die Vertreter des Lyell'schen
Arioms ihm diese Bedeutung. Ewig stetig wirkende Kräfte
— versuchen Sie es, diesen Gedanken auszudenken, und Sie
werden staunen über die Tiefe dieses wunderbaren Arioms.
Soll der Ausdruck ewig nicht so ernstlich gemeint, sondern etwa
nur für einen dem Menschen unausdenklich langen Zeitraum,
also etwa für 2,000,000,000 Jahre gewählt sein, so fragt
sich, wie und wo waren diese stetig wirkenden Kräfte vor dieser

Zeit? Hat damals wenigstens etwa ein lebendiger Gott sie
als schöpferische Principien alles geschöpflichen Werdens gesetzt?
Mit nichten, denn dann müßte ja ein schöpferischer Grundplan
ordnend und einend alle ihre Wirkungen leiten und durchdringen,
und dieß leugnet man eben; denn eine Assistenz, eine Ein= und
Bewohnung des Schöpfers in dem von ihm Geschaffenen will
man um jeden Preis ferne halten. Nun denn, so müssen jene
ewig stetigen Kräfte wirklich ewig sein und nicht erst vor zwei
Milliarden Jahren, sondern in der That vor aller Zeit sich
selber gesetzt haben. Leider erheben sich aber auch bei diesem
kühnen Gedanken=Griffe nach allen Seiten die triftigsten Be=
denken und Widersprüche. Eine Mehrheit, ja eine Unzahl
von Kräften ist es, die von Ewigkeit sich selber gesetzt haben
soll. Haben sie sich alle zumal gesetzt, sind sie alle gleich
mächtig, oder sind sie einer Primordialkraft entsprungen und
dieser untergeordnet? Letzteres kann nicht sein, es würde immer
wieder auf einem Umwege zu dem Begriffe eines Schöpfers
zurückführen. So müssen diese Urkräfte denn gleich ewig, gleich
mächtig sein, und sich durch eine Art vorzeitlichen contrat
social zur Schöpfung der Welt entschlossen haben, um nun
an der Materie und schließlich an dem armen Menschen ihr
Spiel zu treiben und ihren Muth zu kühlen. Nebenbei be=
merkt, haben Sie auch hier mit Hülfe der modernen exakten
Wissenschaft ein Resultat, das genau den Grundgedanken heid=
nisch=mythologischer Götterbildung wieder entspricht. Sie sehen
aus diesem, wie bei der Lehre Darwins, so ist auch bei der
Theorie Lyells ein blindlings wirkender Zufall die oberste Ur=
sache alles Werdens und Seins. Wer bei diesem Gedanken
sich beruhigen will, der mag es thun. Denkende Menschen
haben aber eine auf den blinden Zufall gebaute Theorie der
Schöpfung zu allen Zeiten als ein aller Logik spottendes, kin=
disches Raisonnement betrachtet.

Schließlich müssen wir auch hier noch ausdrücklich auf einen eigenthümlichen Kunstgriff, der in Lyells Lehre wiederkehrt, aufmerksam machen. Es sind die unausdenklich langen Zeiträume, die als erklärendes Moment den geologischen Perioden untergelegt werden. Wir haben bereits früher bei Besprechung der Lehre Darwins darauf hingewiesen, daß die Zeit, wie lang oder kurz sie gedacht werde, nie und nimmer ein Moment der Erklärung für einen in ihr geschehenen Bildungsproceß bieten kann. Sie bietet wohl die (abstrakte) Möglichkeit, daß Bildungsprocesse sich in ihr vollziehen, sie kann aber in keiner Weise die Art ihres Vollzuges bestimmen oder erklären. Diese ungeheuren Zeitbestimmungen sollen, wie man sagt, die geologischen Bildungsvorgänge dem Verständniß näher bringen, in der That aber vernichten sie jedes wahre Verständniß derselben.*) Doch freilich scheinen sie dieser Theorie dafür eben auch einen wesentlichen Vortheil zu bringen. Hundert, tausend, auch mehrere tausend Jahre ist eine Zeitvorstellung, die der Gebildete, weil er sie als von der Geschichte der Menschheit erfüllt weiß, im Ueberblicke sich geistig gegenständlich machen kann. Bei 100,000 Jahren fehlt uns schon jedes klare Gedankenbild; eine Million, oder eine Milliarde von Jahren ist aber für unser Vorstellungsvermögen ein pures X, eine völlig ungekannte Größe. Nun sollte man meinen, es wäre schon aus diesem Grunde erakter, statt dieser geologischen Zahlenreihen, deren Berechnungen nicht selten um Millionen, ja Hunderte von Millionen Jahren differiren, sich einfach auf die Behauptung wahrscheinlich sehr langer Zeiträume für die geologischen Bildungsepochen zu beschränken. Doch große Ziffern imponiren Vielen, und daß vor ihnen den Leuten die Gedanken ausgehen, ist eben Manchen gerade erwünscht. Be-

_____

*) Vgl. oben den 9. Brief, S. 195.

denket, ruft man den Leuten zu, 2,000,000,000 Jahre wird,
wie wir aufs klarste beweisen können, die Erde schon von ewig
und stetig gleichbleibenden Kräften ohne irgend welche göttliche
Assistenz regiert! Wer kann diesen Zeitraum sich vorstellen!
Ach Niemand, Niemand, antwortet erschrocken der Laie. Zwei
Milliarden Jahre! spricht er für sich wieder. Und in diesem
unendlichen Zeitraume ist wirklich keine Spur von einem Schöpfer zu finden gewesen! Nun dann muß ja doch wahrlich
die Erde selber ewig sein, und ich muß lernen, mich des Gedankens eines Schöpfers zu entschlagen. Und der Mann hat
Recht. Dann wenn die Erde wirklich seit 2,000,000,000
Jahren sich schlechthin durch in ihr ruhende, ewig=stetige Kräfte
zu dem, was sie jetzt ist, metamorphosirt oder transmutirt hat,
so ist in der That kein Bedürfniß mehr, von einer Schöpfung
und von einem Schöpfer zu reden, sondern man sagt dann
lieber sogleich geradezu: Die Erde und die ganze Schöpfung
mit Allem, was in ihr ist, ist überhaupt nicht geschaffen, sondern sie ist, und so wie sie ist, von Ewigkeit zu Ewigkeit.
Und ein deutscher Naturforscher, der aufrichtigste und unter
unseren modernen Materialisten am folgerichtigsten denkende,
Herr Dr. Czolbe hat auch diese Consequenz offen ausgesprochen — er hat damit auch die richtige und äußerste Folgerung der Lyell'schen, wie Darwin'schen Theorie im Voraus
gezogen.*) Was nun aber weiter gegen diesen Standpunkt zu
sagen ist, das bitte ich, wenn es Sie interessirt, in meinen
„Briefen gegen den Materialismus" vergleichen zu wollen.

Ueberblicken Sie die hier in gedrängter Kürze besprochenen

---

*) Freilich muß nach Czolbe's Darstellung des Sensualismus auch die
Transmutations=Hypothese aufgegeben werden, da derselbe jede Entwicklung
und Verwandlung leugnet. Die Axiome Darwins und Lyells tendiren
aber mit Nothwendigkeit dahin, den Begriff der Schöpfung (und damit
auch den der Entwicklung) überhaupt aufzugeben.

Principien der neuesten, durch Lyell vornämlich repräsentirten
geologischen Schule und vergleichen Sie dieselben mit den Principien der Lehre Darwins, so sehen Sie, daß dieselben sich
nicht nur nahe berühren, sondern in Wahrheit sich vollständig
decken. Nur daß Darwin die Principien der geologischen Lehre
Lyells in das Gebiet der organischen Schöpfung, in welcher
freilich die Ungeheuerlichkeit dieser Lehre noch schärfer hervor-
tritt, übergetragen hat. Hier, wie dort, ist ein blindlings wirkender Zufall das oberste Princip alles geschöpflichen Werdens;
was bei Lyell Metamorphismus ist, heißt bei Darwin Transmutation; leugnet dieser einen feststehenden Unterschied der Arten
der Organismen, so auch Lyell eine feste Umgrenzung geologischer Bildungs-Epochen, und bei Beiden muß die Annahme
unendlich langer, alles menschliche Vorstellungs-Vermögen übersteigender Zeiträume die Evidenz der Lehre vollends mit schla-
gender Beweiskraft erhärten. Kein Wunder, daß die Uebereinstimmung zweier in ihren Gebieten so hervorragender und
verdienter Naturforscher auf Viele unserer ohnedieß materialistisch gerichteten Zeitgenossen, die zudem an ein gründlicheres
Denken meist wenig gewöhnt sind, einen überwältigenden Eindruck macht, und wir von allen Seiten die Bewunderer jener
Männer geschäftig sehen, die Resultate dieser neuesten Lehre
dem größeren Publikum mundgerecht zu machen. So muß
diese auf einem und demselben Grundprincip ruhende Doppel-
lehre in ihrer Consequenz nothwendig dazu dienen, den Materialismus mächtig zu fördern. Es gilt daher auch gegenüber
diesen unter der Firma rein naturwissenschaftlicher Untersuchungen und Ergebnisse auftretenden Theorien zu zeigen, wie
schwach und ungenügend, wie logisch unhaltbar die Principien
dieser Lehre sind. Haben wir aber in unserer hier gegebenen
Kritik nicht gänzlich fehlgegriffen, so wird es erlaubt sein,
auch auf die neueste geologische Theorie das Urtheil Agassiz

über Darwin anzuwenden: „Diese Lehre ist ein wissenschaftlicher Mißgriff, unwahr in ihren Thatsachen, unwissenschaftlich
in ihrer Methode, verderblich in ihrer Tendenz."

Doch es ist Zeit, daß wir dem zweiten Theile unserer Betrachtung, der Frage nach dem Alter des Menschengeschlechtes, uns zuwenden. Bei den wenigen mir noch ge-
statteten Augenblicken muß ich mich freilich auf eine sehr flüchtige Skizze des für diese Frage thatsächlich Wichtigsten, und
auf wenige begleitende Bemerkungen beschränken. Bedauern
Sie vielleicht im Interesse für diese Frage, daß meine vorausgegangenen Erörterungen über die Principien der modernen
Geologie so lang geworden, so war es doch eben auch im
Blick auf die Frage nach dem Alter des Menschengeschlechtes
ganz unerläßlich, uns vor Allem über die Grundgedanken der
modernen Geologie zu verständigen. Denn die neuesten Aufstellungen über das Alter des Menschengeschlechtes ruhen wesentlich auf der Voraussetzung, daß die namentlich von Lyell
vertretene Lehre richtig, und sein Maaßstab zur Berechnung
geologischer Zeiträume unanfechtbar sei. Haben wir uns überzeugt, daß nach beiden Seiten Lyells Lehre großen Bedenken
und Einreden unterliegt, daß sie auf einem unhaltbaren naturphilosophischen Axiome ruht und auch ihre naturwissenschaftlichen Beweisführungen die ihnen zugeschriebene Evidenz noch
lange nicht besitzen, so ist damit für uns auch das Fundament,
auf welchem die neuesten geologischen Aufstellungen über das
Alter des Menschengeschlechtes ruhen, erschüttert. Wenn nun
auch eine Reihe neuerdings erschlossener Thatsachen ein unausdenklich hohes Alter des Menschengeschlechtes beweisen soll,
so tritt uns doch sofort ein Umstand entgegen, der von vorneherein, wo nicht gegen diese Funde, so doch gegen die auf sie
gebauten Schlußfolgerungen Zweifel erweckt. Wenn Sie nämlich die Theorien Lyells und Darwins durchdenken, so finden

Sie, daß die Hypothese, auf welcher beide ruhen, von vorneherein auch ein unendlich hohes Alter des Menschengeschlectes
mit Nothwendigkeit verlangt. Namentlich Darwins Lehre von
dem Wechsel der Generationen in unausdenklich langen Zeiträumen, von der in einem dieser Zeiträume erfolgten, allmäh-
lichen Transmutation des Affen in den Menschen macht es
zum Beweise seiner Theorie absolut nothwendig, auch einen
die bisherigen Annahmen nicht um Jahrtausende, sondern um
Hunderttausende von Jahren übersteigenden Zeitraum für das
Vorkommen des Menschengeschlechtes zu postuliren. Schon die
Nothwendigkeit dieses Postulates, und der in diesem Postulate
liegende, treibende Stachel, Thatsachen zu finden, welche für
jene apriorisch feststehende Folgerung eines sehr hohen Alters
des Menschen Beweise zu geben vermöchten, macht es, —
und ich denke gerade im Sinne der exakten Forschung — zur
Pflicht, diese angeblichen Thatsachen mit der vorsichtigsten
Kritik zu prüfen. Auch in den Naturwissenschaften ist die
durch eine mit Beifall begrüßte Theorie erzeugte Voreingenommenheit, wie die Geschichte der Naturwissenschaft auf vielen
ihrer Blätter zeigt, gar nicht so selten als meistens gemeint und
behauptet wird. Und wenn nun gar eine Theorie mit solchem
Beifall begrüßt wird, wie die Lyells und Darwins, so darf
man sich nicht wundern, zahlreiche Forscher auf allen Gebieten
nach den der Theorie entsprechenden Thatsachen eifrig suchen
zu sehen. Was man aber eifrig sucht, wird bekanntlich leicht
gefunden. Wie denn auch jetzt von Lyell, Hurley und Anderen
die Wahrscheinlichkeit, daß der Homo sapiens miocen und
pliocen*) sei, behauptet und von Schleiden „fast mit Gewißheit"

---

*) Die sog. Tertiärgebilde werden neuestens in eocene, miocene und
pliocene eingetheilt. Da die Entfernung der Gegenwart von den jüngsten
(den pliocenen) Tertiärbildungen auf 300,000 Jahre berechnet wird, so
sagt die Behauptung, der Mensch sei pliocen, das Menschengeschlecht

vorausgesagt wird, daß über kurz oder lang auch in den ter=
tiären Schichten Menschenformen, vielleicht von den bis jetzt
gefundenen in manchen Punkten abweichend, (d. h. Darwin'sche
wahrscheinlich geschwänzte Uebergangsmenschen) werden entdeckt
werden, bei welchen wir mit der Annahme von dreimal hun=
derttausend Jahren kaum das Zeitalter ihres Lebens erreichen.
Doch solche naturwissenschaftliche, „fast gewisse" Prophetien ge=
trost unsern Kindskindern überlassend, fragen wir: welcher Art
sind die für die Annahme eines Hunderttausende von Jahren
umfassenden Alters des Menschen, bis heute geltend gemachten
Funde? und welche Beweiskraft besitzen dieselben für die Be=
hauptung eines so hohen Alters?

Wir stellen die in dieser Beziehung gegenwärtig aufge=
führten Thatsachen in der Kürze in zwei Gruppen zusammen
und verweisen diejenigen, welche über dieselben sich näher zu
unterrichten wünschen, vornämlich auf zwei Werke, welche die
fraglichen Thatsachen erschöpfend besprechen, auf Charles Lyell:
The geological Evidences of the Antiquity of Man.   London 1863. („Die geologischen Beweise für das Alter des
Menschengeschlechtes") *) und auf Carl Vogts „Vorlesungen
über den Menschen, seine Stellung in der Schöpfung und in
der Geschichte der Erde" (Gießen 1863). Vornämlich diese
beiden Werke sind in zahlreichen populären Abhandlungen und
Vorlesungen während des letzten Jahres dem deutschen Publi=
kum im Auszuge mitgetheilt worden.

Als erste Gruppe der betreffenden Thatsachen betrachten
wir die fossilen Menschenreste, als zweite die aus der soge=

---

existire schon über 300,000 Jahre; wäre er sogar miocen, so wären dem
Alter desselben noch einige Hunderttausende von Jahren zuzusetzen.

*) So eben in deutscher Bearbeitung von Louis Büchner (Leipzig
bei Thomas) erscheinend.

nannten Steinzeit und den Pfahlbauten herrührenden Spuren menschlicher Thätigkeit.

Homo testis diluvii, oder die Frage, ob das Menschengeschlecht antediluvianisch sei? ist ein schon lange verhandeltes Thema. Schon zu Anfang dieses Jahrhunderts machten zwei auf der westindischen Insel Guadeloupe in einer Tuffsteinbildung gefundene menschliche Skelete großes Aufsehen, bis schließlich nachgewiesen wurde, daß dieselben sammt der sie umschließenden Tuffsteinbildung sehr jungen Datums seien und wahrscheinlich zwei vor Jahrhunderten verunglückten Schiffbrüchigen angehörten. Aehnliche Irrthümer ließen sich manche aufführen. Anders ist es nach den Versicherungen von Naturforschern, wie Schmerling, Spring, Lund u. A. mit etlichen Kalksteinhöhlen in Brasilien, in Südfrankreich und in den Tropfsteinhöhlen der Provinz Lüttich, wo fossile Menschenreste mit Knochen ausgestorbener Thiere zusammengefunden wurden. Schmerling erklärte die in den Lütticher Höhlen gefundenen Menschenknochen für gleich alt mit den Diluvialthieren, d. h. nach der neuesten geologischen Berechnungsweise über 100,000 Jahre alt, Spring unter Beistimmung Bucklands die unter wesentlich gleichen Verhältnissen gefundenen Reste der Höhle Chauvaur für nicht über 4000 Jahre alt. Früher in den Höhlen von Gailenreuth und Köstritz gefundene, mit den Resten urweltlicher Thiere vermischte Menschenknochen sind nach den Angaben der Forscher, die dieselben allerdings vor Aufstellung der Theorie Lyells untersucht haben, erst später in dieselben gerathen. Ob diese Annahme nicht auch auf die obigen Höhlenfunde noch immer anwendbar sei, müssen wir hier dahingestellt sein lassen. Höhere Beweiskraft noch wird einem neuerlichen Funde bei Aurignac im Departement Haute-Garonne zugeschrieben. Hier fand man vor mehreren Jahren beim Abräumen der Erde eine Steinplatte in einer Kalkfelswand, welche eine nischenartige

Höhle verschloß, in der man Schädel und Knochen von un-
gefähr 17 menschlichen Individuen einer kleinen Raſſe, meiſt
Frauen und Kindern angehörig, fand, nebſt einigen Zähnen
von Säugethieren und durchbohrten Scheibchen aus einer Herz-
muschel, die wahrscheinlich aufgereiht als Hals- oder Armband
dienten. Später wurden noch ein Rennthiergeweih, Knochen
und Zähne von Höhlenbären, Pferd und Auerochs, sowie be-
arbeitete Feuersteine gefunden. Vor der Grabhöhle fand
sich eine ausgedehnte Feuerstelle mit viel Kohlen und Aschen-
reſten, mit Knochen von Mammuth, Rhinoceros, Edelhirsch,
Reh, Auerochs u. s. w. Ein Theil der Knochen war zur Ge-
winnung des Markes der Länge nach gespalten, andere am
Feuer geröstet, andere Knochen von Hyänen angenagt. Feuer-
steinsplitter, sowie zu Pfeilen, Pfriemen und Glättwerkzeugen
verarbeitete Knochen lagen umher; auf einem Bärenzahn fanden
sich Thiergestalten roh gravirt. Diese ganze Beschreibung
deutet darauf hin, daß es sich hier um eine alte Begräbniß-
ſtätte, vor welcher Todtenschmäuße ſtatt hatten, handelt. Was
beweist nun aber dieser vielberufene Fall für ein ungeheuer
hohes Alter des Menschengeschlechtes? Die in der Höhle ursprünglich gefundenen Menschenknochen ſind nicht weiter untersucht, sondern auf einem benachbarten Kirchhofe vergraben
worden; ihre eigentliche Fossilität — ein Begriff, der übrigens
neuestens selbst schwankend geworden ist*) — ist also nicht

---

*) So sagt Huxley a. a. O. S. 152: „Da wir die Vorwelt nicht
mehr wie einen ganz anderen Zustand der Dinge betrachten können, aus
dem kein Uebergang in das organische Leben der Gegenwart ſtattfand, so
hat die Bezeichnung der Fossilität eines Knochen nicht mehr den Sinn,
wie zu Cuviers Zeit. Es sind der Gründe genug vorhanden für die Annahme, daß der Mensch schon mit den Thieren des Diluviums gelebt hat,
und mancher rohe Stamm mag vor aller geschichtlichen Zeit mit den
Thieren des Urwaldes verschwunden sein, während die durch Bildung ver-

nachgewiesen. Es bleibt daher nur die Thatsache, daß Mam=
muth= und Rhinocerosknochen vor der Grabhöhle mit den anderen
Resten gefunden wurden. Angenommen, daß alle Umstände
so sind, um die Gleichzeitigkeit dieser Mammuthe und dieser
Menschen annehmen zu müssen, daß auch die Knochen jener
zur Markgewinnung künstlich gesprengt sind, — was ergibt sich
aus diesem Thatbestande? Jedenfalls kein Beweis für ein
hunderttausendjähriges Alter jener Menschenknochen, sondern
nur der Beweis, daß wenigstens zum Ende der sogenannten
Diluvialzeit der Mensch schon auf Erden erschienen war. Wir
sehen aber auch keinerlei culturgeschichtlichen (am wenigsten
einen biblischen) Grund, die Möglichkeit dieser Thatsache zu
bestreiten, da die Annahme, daß etwa 100,000 Jahre uns
von der Diluvialzeit trennen, eine rein auf die Lyell'sche Hy=
pothese basirte Meinung ist. Nehmen Sie zu dem Angeführten,
daß man bei Le Puyen Velay in Mittelfrankreich Reste von
Menschenknochen in einer vulkanischen Breccie gefunden hat,
den sogenannten „fossilen Menschen von Denise", dessen Schädel
ganz die Gestaltung und Dimensionen eines Kaukasiers zeigt,
und dessen Lagerungsverhältnisse nicht mit völliger Sicherheit
wieder zu bestimmen waren, daß bei Maestricht in einer Löß=
schicht ein fossiler, menschlicher Kinnbacken gefunden wurde, so
habe ich Ihnen im Wesentlichen bereits alle auf fossile Menschen=

---

edelten Rassen das Geschlecht erhalten haben." Eine hübsche Summe
willkührlicher Behauptungen. Wer betrachtet denn „die Vorwelt als einen
ganz anderen Zustand der Dinge?" Wo lehrt uns denn das hundert=
tausendjährige Steinzeitalter einen Unterschied „roher Stämme" von „durch
Bildung veredelten Rassen?" Mit Erwartung sehen wir dieser Bildungs=
geschichte der Steinzeitaltermenschen entgegen. Aber in Einem hat Hurley
hier recht. Wie die Darwin'sche Theorie jeden specifischen Unterschied der
Arten aufhebt, so verlangt die Lyell'sche Lehre auch das Aufgeben eines
bestimmten Begriffes der Fossilität, eine Errungenschaft, für welche zu
danken wir den Paläontologen überlassen müssen. —

knochen bezügliche Funde, welche Lyells neuestes Buch über das Alter des Menschen als Hauptbeweisgründe anführt, mitgetheilt. *) Doch Sie corrigiren mich vielleicht in Gedanken, indem Sie sich an einen schon aus Lokalpatriotismus uns besonders interessirenden Fund, den von Dr. Fuhlrott im Neanderthale (ohnweit Elberfeld) gemachten, erinnern. Und ich muß billig auch auf diesen mit einigen Worten eingehen, um so mehr, da Huxley u. A. aus diesem Funde eine besondere und neue Menschenspecies, den Homo Neanderthalensis, zu machen nicht übel geneigt scheinen. Dieser in einer leicht zugänglichen Höhle des Neanderthales unter einer 4—5 Fuß dichten Lehmschicht (nebst einigen Knochen) gefundene Schädel hat allerdings eine höchst merkwürdige Bildung und ist für das Studium der menschlichen Schädelbildung, vorausgesetzt, daß er eine Klasse von Menschen und nicht nur ein einzelnes abnormes Individuum repräsentirt, ohne Zweifel ein höchst interessantes Objekt. Für die Behauptung eines außerordentlich hohen Alters des Menschen aber ist derselbe durchaus beweisunkräftig. Seine Fossilität wird weder von Schaafhausen, noch von Lyell behauptet, und die dendritischen Krystallisationen, die sich auf demselben finden, sind von v. Meyer auch auf den Gebeinen alter Römer nachgewiesen worden. Ja die betreffenden Knochen enthalten sogar noch den größten Theil ihrer organischen Substanz. Irgend welche organische Ueberreste, etwa von Thieren aus der Diluvialzeit, haben sich aber in der Höhle neben den betreffenden menschlichen Knochenresten, wie überhaupt in den Höhlen des

---

*) Lyell selbst hat bis zum Jahre 1859 die obigen hauptsächlichen Funde nicht für genügend erachtet, um das Alter des Menschengeschlechtes bis in den Anfang der Diluvialzeit oder gar bis in die letzten Tertiärepochen zu versetzen. Erst die Untersuchung der Feuersteinfunde im Sommethal haben ihn veranlaßt, den Menschen um Hunderttausende von Jahren vorrücken zu lassen.

Neanderthales, nicht gefunden, es fehlen demnach alle geologi=
schen Anhaltspunkte, um ein besonders hohes Alter der be=
treffenden Menschenreste zu behaupten.*) Der sel. Liederdichter
Joachim Neander, von dessen Aufenthalte das uns benachbarte
liebliche Thal seinen Namen empfangen hat, ist also bis auf
Weiteres nicht in Gefahr, mit seinem Namen (neuer Mensch)
auf eine in dem nach ihm genannten Thale zu entdeckende
Species eines neuen (antediluvianischen) Menschen geweissagt
zu haben. Schließlich — und damit sind alle wirklich oder
angeblich fossile Beweisführungen im Wesentlichen erschöpft
— erwähne ich noch, daß Bennet=Dowler in Louisiana, im
Ueberschwemmungsgebiete des Mississippi 16′ tief im Boden
unter der Wurzel eines Cypressenstammes einen Schädel von
amerikanischem Typus fand. Nach Dowlers Berechnung haben
die zehn dort über einander gelagerten Cypressenschichten (natür=
lich nach Lyells Axiom) 158,400 Jahre erfordert, welcher
ganze Zeitraum nach ihm der Neu= oder Alluvialzeit zuge=
hört. Er berechnet also selbst die Alluvialzeit um fast 60,000
Jahre länger als Lyell und Andere. Da nun der betreffende
Schädel zwischen der dritten und vierten Schicht gefunden
wurde, so stellt sich ihm das Alter desselben auf netto 57,600
Jahre. Es ist kaum nöthig, ein Wort zur Kritik solcher Auf=
stellungen weiter zu sagen. Sie sehen, daß diese ganze Art
von angeblich exakten Beweisführungen sich in einem reinen
Cirkel bewegt. Wer freilich erst die Hypothese, auf der Alles
ruht, in blindem Glauben angenommen hat, wird die Rech=
nung, die auf einfacher Multiplikation beruht, sind anders die
Schichtenbeobachtungen richtig und genau, auch probat finden.

*) Interessant ist zu sehen, wie Hurley a. a. O. trotz alledem sich
dreht und wendet, um dem betreffenden, für die Darwin=Lyell'sche Theorie
wegen abnormer Bildung gut zu verwerthenden Schädel ein, wo möglich,
hunderttausendjähriges Alter zuzuwenden.

Wir erlauben uns aber die ganze Basis dieser geologischen Rechenerempel entschieden zu bezweifeln. Und ich denke die Besprechung der ersten Gruppe von Thatsachen, die angeblich das ungeheure Alter des Menschengeschlechtes evident beweisen sollen, wird auch Ihnen keinen Eindruck ihrer Sicherheit und Evidenz gemacht, Sie vielmehr überzeugt haben, daß noch ganz andere Beweismittel für jene Behauptung beigebracht werden müßten.

Doch vielleicht ist die zweite Gruppe von Beweisen stärker. Wir fassen hier zusammen die verschiedenen Spuren einer auf hohes Alter deutenden, menschlichen Thätigkeit, welche in den letzten Jahren neu entdeckt oder doch neu beobachtet worden sind. Hieher gehören vornämlich das sogenannte Steinzeitalter, die Pfahlbauten und die sogenannten Kuchenabfälle.

Was die sog. Steinzeit betrifft, so bezeichnet man mit diesem Begriff die Annahme einer unendlich frühen und langen Periode der Existenz des Menschengeschlechtes, in welchem das= selbe auf dem allerniedersten Zustande der Cultur stehend, nur Werkzeuge und Waffen von Stein kannte und gebrauchte. Auf dieß Steinzeitalter folgte dann das den Alterthumsforschern längst bekannte Bronce= und auf dieses das Eisenzeitalter. Vornämlich der französische Gelehrte Boucher de Perthes ist es, der schon vor Jahren das Vorkommen roher, angeblich an= tediluvianischer Kunstprodukte behauptet hat. Er hatte nämlich im Sommethal unweit Abbeville in diluvianischen Schichten neben Knochenresten von Pachydermen viele artartig gestaltete, zwar nicht polirte und auch des Stielloches entbehrende, aber doch dem Anscheine nach durch Absprengung absichtlich geformte Kiesel= oder Feuersteine gefunden, und in ihnen die ersten Werkzeuge einer sehr alten Bevölkerung erkannt. Seine Vermuthungen wurden lange von allen Seiten bestritten, die betreffenden Schichten für viel jüngeren Datums und die angeblichen Steinärte für bloße Na=

turfpiele erklärt. In den letzten Jahren hat aber auf Grund
wiederholter Untersuchungen Bouchers Meinung bei vielen Naturforschern Eingang gefunden, und ist von Lyell und Anderen
namentlich in Beziehung auf den Diluvialcharakter der betreffenden Bänke kräftig unterstützt worden. So wenig sich
bezweifeln läßt, daß auf gewissen niederen Culturstufen steinerne
Waffen und Geräthe von Menschen gebraucht worden sind und
theilweise noch gebraucht werden, so wahrscheinlich in manchen
Gegenden der Erde dem Gebrauche der Bronce oder des Eisens
eine längere Zeit des Gebrauches steinerner Geräthe und Waffen
vorangegangen ist,*) so ist immerhin eine etwas lebhafte Phantasie nöthig, um in diesen jeder eigentlichen Bearbeitung ent-
behrenden, scharfkantigen Abbeviller Feuersteinen menschliche
Werkzeuge zu erkennen. Da diese Steinärte in Gemeinschaft
mit Elephantengebeinen 16—17 Fuß tief in Kies und Sand
auf Kreideschichten vom jüngsten Datum der Tertiär-Formation,
freilich ohne irgend welche sonstige Spuren von Menschen, gefunden wurden, so wäre nach der oben gezeigten Grundlage
der Berechnung anzunehmen, daß die Menschen, welche die betreffenden Aerte geschwungen haben, vor bald 300,000 Jahren
gelebt haben müssen. Andere Forscher aber haben in den letzten Jahren sowohl die Behauptung, daß die betreffenden Lager-
stätten keine bedeutenden Störungen erlitten hätten, wie den
Kunstcharakter der betreffenden Steinärte ihrerseits wieder bestritten. Nach neueren Angaben sollen bei St. Acheul, wie auch

---

*) Daß Steinwaffen auch in der Bronce- und Eisenzeit noch vor-
kamen, läßt sich nicht bezweifeln, denn die Formung vieler Steine und
ihre Stiellöcher deuten auf gleichzeitiges Vorhandensein metallener Geräthe.
Daß ein Zeitalter vorausging, in dem die Menschen sich n u r der Steinwaffen bedienten, ist eine wahrscheinliche Annahme, die aber zu ihrer
Sicherung noch weiterer Beweise bedürfen wird. Die Abbeviller Steinärte reichen hier zum Beweise jedenfalls nicht aus. —

in einer englischen Höhle wirkliche menschliche Knochenreste zu=
sammen mit jenen Steinärten gefunden worden sein. Jedenfalls
wird, auch wenn man den Kunstcharakter der betreffenden Feuer=
steinärte zugeben müßte, diese ganze Summe von Funden noch
einer weiteren Kritik bedürfen und für das Alter des Men=
schengeschlechtes, im Falle jene Aufstellungen sich bestätigen, eben
nur mit Hülfe der Lyell'schen Hypothese zu verwerthen sein.
Wie große Vorsicht es bei derartigen Funden bedarf, und wie
völlig zweifelhaft die ganze jetzt übliche Basis geologischer Be=
rechnung ist, dafür lassen Sie mich noch einen interessanten
Beleg aus allerneuester Zeit anführen. Dewalque, Mitglied
der königlich belgischen Akademie der Wissenschaften, hat soeben
Folgendes mitgetheilt: „Kürzlich ist abermals ein Fund ge=
macht worden, der ganz dazu angethan ist, uns zu erinnern,
mit welcher äußersten Umsicht man in Betreff alles dessen vor=
gehen muß, was man in diesen Arten von Ablagerungen findet.
Ich habe bei dem Advokaten Clochereur in Lüttich einen Men=
schenschädel von weißem Bildhauer=Marmor oder, vulgär ge=
sprochen, einen marmornen Todtenkopf gesehen. Dieses Kunst=
werk rührt sicherlich erst aus der Zeit nach der römischen Herr=
schaft und der Einführung des Christenthumes in unseren Ge=
genden her. Man hat es bei den Fundations=Ausgrabungen
der Brücke von Esneur in den Kieseln des sogen. Ourther
Diluviums, in einer Tiefe von mindestens 6 Fuß gefunden.
Der Kopf ist übrigens kaum fortgerollt. Mich für meinen
Theil hat eine derartige Begrabung in den der unsrigen so
nahe liegenden Zeiten sehr überrascht." Jedenfalls eine interes=
sante Warnung für die den fossilen Menschen suchenden Geolo=
gen. Denn hätte sich statt des marmornen der Schädel irgend
eines ehrlichen Römers oder Galliers in der erwähnten Dilu=
vialschicht gefunden, so würde alle Welt in ihm einen neuen,

schlagenden Beweis für ein mehr denn 100,000 Jahre be-
tragendes Alter des Menschengeschlechtes gefunden haben.

Diesen Proben aus dem sog. Steinzeitalter reihe ich noch
die Erwähnung einiger Ausgrabungen an, die neuestens unter
den Beweisen für das ungeheure Alter des Menschengeschlechtes
stets angeführt werden. Unter den Aufschwemmungen des
Flusses Tinière bei seiner Mündung in den Genfer See wurden
einige Töpfer-Geräthschaften zusammen mit einer broncenen
Pincette gefunden, deren Alter auf 8000, wo nicht auf 12,000
Jahre bestimmt worden ist. (Sonach müßte im Widerspruch
mit sonstigen Berechnungen selbst das Bronce-Zeitalter so hoch
hinaufreichen). Im Alluvialboden des Nilthales (u. A. bei
Memphis) wurden neben Ueberresten jetzt noch lebender Thierarten Krüge, Töpfe, ein kupfernes Messer, Stücke von ge-
brannten Steinen u. s. w. in Tiefen bis zu 60 Fuß gefunden,
was, (unter der Annahme einer Anschwemmung von 6 Zoll in
einem Jahrhundert), sofort zu der Behauptung verwerthet wurde,
die ägyptische Kultur sei mindestens 12,000 Jahre alt. Freilich
wurde nachgewiesen, daß die Ablagerungen des Nilschlammes
in sehr unregelmäßiger Weise stattfinden, daß gerade bei Memphis zahlreiche Erdspalten und tiefe Cisternen von 50—100
Fuß Tiefe vorkommen, ja daß gebrannte Backsteine ein den
alten Aegyptern unbekanntes und erst etwa seit dem Beginne
der römischen Herrschaft in Aegypten in Anwendung kommendes
Baumaterial gewesen ist, da sie vordem nur aus Lehm und
Stroh bereitete und an der Sonne getrocknete Backsteine gebraucht haben. *) Der Memphis-Fund figurirt nichts desto-

*) Vgl. u. A. die Abhandlung: „Der gegenwärtige Stand der Con-
troverse über das Alter des Menschengeschlechtes" in der Neuen Ev. K. Z.
Nr. 15, 1863; ferner: The Genesis of the Earth and Man, London 1860,
p. 291; auch M. Uhlemann, Handbuch der ägyptischen Alterthümer,
Bd. 2, S. 153 ff.

weniger auch in den neuesten Beweisen als ein besonders starker Beleg für das hohe Alter des Menschen. Endlich reihen sich hier noch an die Reste einer an der schwedischen Ostküste gefundenen Fischerhütte mit Stücken verarbeiteten Eisens, mit Heerd, Holzkohlen, Reisigbündel u. s. w. Nach Lyell ist diese Oertlichkeit erst gesunken, dann gehoben, natürlich Alles hübsch langsam, genau nach den Zeitmaaßen der quietistischen Hypothese Lyells, wobei sich dann mit Sicherheit ergibt, daß die betreffende Fischerfamilie vor mindestens 12,000 Jahren ihre Netze ausgeworfen hat *), freilich auch der allen sonstigen Be-

---

*) Schleiden, der Alles, was er aus Lyell, Darwin und Hurley=Vogt in den oben erwähnten drei Abhandlungen anführt, für zweifellos sicher erklärt, auch da wo noch die namhaftesten, selbst von den genannten Forschern zugegebenen Bedenken vorliegen, der nie eines dieser Bedenken nennt, der, was etwa nicht paßt, verschweigt, und stets zu den höchsten Zahlen greift, läßt die Töpfergeschirre und die Backsteine bei Memphis 24,000 Jahre, die schwedische Fischerhütte „wenigstens 80,000 Jahre" alt sein. Am interessantesten ist, daß, fast zu gleicher Zeit, wo er alle Darwin=Lyell= Hurley'schen Behauptungen in blindem Glauben als unzweifelhafte Wahrheiten verkündet und die wesentlichsten Positionen des Materialismus sich angeeignet hat, er in einer eigenen kleinen Schrift den modernen Materialismus mit Kant=Fries'schen Sätzen bestreitet. So spricht er auch hier in der dritten Abhandlung „über die Stellung des Menschen in der Natur" vollkommen, wie Carl Vogt und Hurley. Plötzlich tritt, wie ein deus ex machina, eine Expektoration über transcendentalen Idealismus und über die Subjektivität der Raumvorstellung ein. Unmittelbar darnach aber wird der Unterschied zwischen Thier und Mensch dahin bestimmt, „daß das Gehirn des letzteren so entwickelt ist, daß er sich seiner selbst bewußt werden und damit gleichsam sich selbst in Besitz nehmen kann. Der Unterschied zwischen Thier und Mensch besteht aber auch nur in dieser Möglichkeit. Sobald eine Körperform, die vom Affen, wenn auch in langen Generations= reihen abgewandelt ist (ein Darwin'scher Uebergangsmensch), gerade in dieser Beziehung begünstigt wurde, daß das entwickeltere Gehirn das all= mählig aufdämmernde geistige Selbstbewußtsein möglich macht, so ist damit gleichsam die Schöpfung des Menschen vollendet; zu der Entwicklung der

rechnungen widersprechende Umstand, daß auch die Eisenperiode bereits vor jenem Zeitraume begonnen hatte.

Endlich sind hier noch zu erwähnen die sehr interessanten Entdeckungen über alte Pfahlbauten. Sie wurden im Winter 18⁵³/₅₄ zunächst im Züricherfee, dann in fast allen Schweizerseeen und auch in anderen Gegenden, wie in Irland, Dänemark, und Mecklenburg gemacht. Man fand ausgebreitete Reste von Pfählen, die unverkennbar menschlichen Wohnungen zur Unterlage gedient hatten, und ziemlich deutlich noch heute die Grundrisse der Wohnungen und der an das Ufer führenden Brücken erkennen lassen. Wie sich noch heute auf Borneo, Guinea, an den Mündungen des Euphrat, am Tsadsee u. s. w. solche Pfahlbauten finden, so ist auch bei den irischen Pfahlbauten nachgewiesen, daß sie noch im Mittelalter bewohnt waren. Ohnzweifelhaft sind aber diese schweizerischen Pfahlbauten sehr alt und reichen nach den jüngsten Schätzungen

körperlichen Form tritt nun plötzlich der göttliche Odem, die Fähigkeit, sich seiner geistigen Wesenhaftigkeit bewußt zu werden, und damit die Möglichkeit der Zwecksetzung und der Selbsterziehung, damit zugleich die unendlich viel vortheilhaftere Stellung im Vergleich mit den nächst verwandten Thieren, welche dem Menschen seine Dauer und seine Herrschaft über die anderen Geschöpfe sichert." Es ist dankenswerth, daß Schleiden die von Darwin u. A. bisher umgangene Aufgabe, die Transmutation des Affen in den Menschen näher zu beschreiben, hier gelöst und namentlich die Entstehung des Selbstbewußtseins in exaktester Weise beschrieben hat. Das Bewußtsein dämmert mit der Entwicklung des Gehirnes allmählig auf, „und zu dieser gleichsam vollendeten Schöpfung des Menschen tritt plötzlich der göttliche Odem!" Materialismus und Christenthum können, wie es scheint, beide mit dieser Schöpfungslehre sich befriedigt erklären, doch in der That werden beide von solch widerspruchsvollem Gerede sich abwenden. Zum Schlusse versichert Schleiden: „Weit entfernt, materialistisch auszulaufen, gibt uns auch diese naturwissenschaftliche Untersuchung (!) einen neuen Eingang in das Gebiet des Geistes." Doch wir kennen bereits diese „Höhenpunkte geistiger Erhebung", siehe vorne den sechsten Brief.

mindestens in die Zeit um 500 v. Chr., aus welcher Zeit uns Herodot in anschaulicher Weise die erfolgreiche Vertheidigung einer solchen Pfahlfestung durch thracische Päonier wider die Heeresmacht des Perserfeldherrn Megabazus berichtet. Wahrscheinlich sind die schweizerischen Pfahlbauten, bei denen sich zwei Epochen unterscheiden lassen, noch beträchtlich älter und den älteren, meist tiefer in den See gerückten Bauten wird nach den in gründlichster Weise geführten Untersuchungen ein Alter von etwa 2000 Jahren v. Chr. nicht abzusprechen sein. Die um die Pfahlreste gelagerten Schichten enthalten außer aus Knochen, Thierklauen, Hörnern, Holz und Thon verfertigten Geräthen theils steinerne, theils broncene, ja theilweise sogar noch eiserne Geräthschaften und Waffen. Die gefundenen thierischen Knochenreste gehören alle der Neuzeit und jetzt noch vorkommenden Arten an, und die in den Denkmälern der Steinperioden gefundenen menschlichen Reste weichen namentlich in der Schädelbildung von denen der Bronce- und Eisen-Periode, ja selbst denen der jetzigen Schweizer nicht wesentlich ab. Das Ende der schweizerischen Pfahlbautenzeit stimmt genau mit den Zuständen überein, die Cäsar bei seinen Kriegen in Gallien gefunden. Bei alledem wird es Sie nicht wundern, daß die ältesten dieser Pfahlbauten von Anhängern Lyells auf 10,000 bis 13,000 Jahre geschätzt worden sind. Wenn irgend wo, wird aber bei der fortgesetzten Untersuchung dieser interessanten Funde die Unhaltbarkeit dieser Ziffern sich immer klarer herausstellen. Sie wird auch schon dadurch widerlegt, daß die Anzahl der Ueberreste von Knochen, Geräthen u. s. w., die man in den einzelnen bereits erschöpften Pfahlbauten gefunden hat, für eine so lange Dauer gänzlich unzureichend sind. Eine Einwendung, der Lyell neuestens dadurch zu begegnen sucht, daß er diese Pfahlbauten nicht für Wohnungen, sondern für Magazine und Vorrathshäuser erklärt, eine Behauptung, welcher die höchste Unwahrscheinlichkeit auf die Stirne geschrieben ist, und auch mit Lyells sonstigen Beschreibungen des Menschen aus dem Steinzeitalter seltsam contrastirt. Bei welcher Gelegenheit noch erwähnt sei, daß die Pfahlbauten auf einer dünnen Lehmschicht über dem Diluvialgerölle errichtet sind. Das Alluvium soll nach Lyell eine Periode von 100,000 Jahren umfassen, die Pfahlbauten sollen wenigstens 10,000 Jahre alt sein, so müßte jene dünne Lehmschicht 90,000 Jahre zu ihrer Bildung gebraucht haben.

Schließlich erwähne ich noch der mit dem dänischen Ausdruck: Kjöffenmöddinger, d. h. Kuchen=Abfälle, neuestens bezeichneten Funde. An den Ostküsten der dänischen Inseln haben sich nämlich große Bänke von zum Theil geöffneten Austern und anderen Muschelschaalen mit Knochenresten und Werkzeugen von Stein, Holz, Horn und Knochen, und Resten von Töpferarbeit gefunden. Die thierischen Knochenreste gehören allen Arten an, die in historischer Zeit Europa bewohnt haben. Da aber auch Reste von Kiefernholz, einer jetzt aus Skandinavien verschwundenen Baumart, hiebei sich fanden, hat man berechnet, daß diese Reste uns die Geschichte einer Bevölkerung erzählen, welche wenigstens vor 10,000 Jahren unter mächtigen Kiefernwäldern an dieser Küste gelebt hat. Diese Berechnung ruht auf der Annahme eines vierfachen, je mehrere Jahrtausende beanspruchenden Vegetationswechsels (Kiefern, Steineichen, Sommereichen, Buchen), welche Aufeinanderfolge namentlich in den dänischen Torfmooren deutlich zu Tage tritt. Die gegenwärtige Ruheperiode bildet bei vorstehender Berechnung den Maaßstab. Wenn aber in der Diluvialzeit Skandinavien aus Gletschern und Eismeeren bestand, und der Uebergang zur Neuzeit ziemlich rasch, wie angenommen wird, erfolgt ist, so werden mit der fortschreitenden Erwärmung auch die Baumvegetationen, welche bei einer Erhöhung der Wärme um wenige

Grade sich in ihren bisherigen Zonen rasch verschieben konnten, sich wohl schneller und in einer Weise, für die die gegenwärtige Zeit kein sicherer Maaßstab ist, entwickelt haben. Ist die Neuzeit, die Zeit des Alluviums, wie behauptet wird, 100,000 Jahre alt, so ist auch nicht einzusehen, warum jene Kjöffenmöddinger nur 10,000 und nicht etwa 90,000 Jahre alt sein sollen. Wie durchaus zweifelhaft diese auf den namentlich in den Torfmooren sichtbaren Vegetationswechsel gebauten Berechnungen sind, zeigt ein sehr interessanter Fund, welcher an der Ostküste Schleswigs in einem Torfmoore des Sundewitt kürzlich gemacht wurde, wo man unter einer Torf=Moorschichte von etwa fünf Fuß ein Muschellager und unter demselbigen ein 36 Schritt langes Schiff mit vielen Antiquitäten entdeckte; auch Pferdegerippe wurden gefunden, aber Menschen=Skelete bis jetzt vergeblich gesucht. Eine Anzahl Münzen, die ältesten aus der Zeit von 160 n. Chr., sowie Geräthe aus der Carolingischen Zeit stellen nach Dr. v. Ledebur's Angaben das Alter der betreffenden Funde zwischen das dritte und neunte Jahrhundert. Nach der Lagerung dieser Antiquitäten hätte man auf ein geologisches Alter von vielen Jahrtausenden schließen müssen. *)

----

*) Der vor Kurzem entschlafene, leider zu frühe der Wissenschaft entrissene Hofrath Rudolf Wagner hat am 5. März dieses Jahres in der Königl. Gesellschaft der Wissenschaften in Göttingen in einer Abhandlung über den Nutzen von Schädelsammlungen sich auch über die hier von uns verhandelte Frage ausgesprochen. Wagner hält keinen der bisher beobachteten Funde, wo Menschenknochen mit Resten von ausgestorbenen Thieren der Tertiärzeit vereinigt getroffen wurden, für völlig tadellos und für beweiskräftig für das neuestens in Anspruch genommene hohe Alter des Menschen. Er äußert überhaupt gegen jedes Abschätzen der vergangenen Zeiträume ernste Bedenken. Den Neanderthal=Schädel hält Wagner für den Schädel eines alten Holländers, nur daß er etwas stärker abweiche von dem Typus der Schädel, welche von der Insel Marken im Zuydersee

20

Hiemit habe ich Ihnen im Wesentlichen das vollständige Beweismaterial, durch welches die Behauptung eines mehr denn 100,000jährigen Bestehens der Menschheit auf Erden neuestens evident bewiesen sein soll, vorgeführt. Die bisherigen Annahmen aller Geschichts- und Alterthums-Forscher, sowie die biblische Zeitrechnung sollen durch diese Beweismittel für alle Zeiten über den Haufen geworfen sein. Ich überlasse es getrost Ihnen allen, den Werth dieser Behauptung zu würdigen. Vielleicht sind Sie mit mir der Ueberzeugung, daß keines der wirklich exakten Ergebnisse der bezüglichen neueren Forschungen uns nöthigt, den Anfang des Menschengeschlechtes über die 4000 (oder 6000) Jahre,*) welche die biblische Zeitrechnung

stammend, in der Blumenbach'schen Sammlung sich finden. Ebenso findet derselbe den vielbesprochenen Engisschädel gar nicht besonders abweichend von dem allgemeinen europäischen Schädeltypus. Den Schädelfunden der Pfahlbauten weist Wagner ein Alter von etwa 2000—3000 Jahren zu. An diese und andere kritische Einwendungen, die zu unserer Freude die von uns oben ausgesprochenen Bedenken in allen Theilen unterstützen, reiht der verdiente Gelehrte seine Vorschläge zu einer archäologischen Classificirung der Schädel und zur Entwerfung von Schädel-Karten. Wer die Wagner'sche Abhandlung liest, wird, mag er mit dessen kritischen Bedenken einverstanden sein oder nicht, wenigstens des Eindruckes sich nicht erwehren können, daß es noch langjähriger, systematisch geordneter Untersuchungen bedarf, ehe von evidenten Beweisen für ein außerordentlich hohes Alter des Menschengeschlechtes gesprochen werden kann. Das bis jetzt hiefür geltend gemachte Beweismaterial ist noch durchaus aphoristisch und, was das Bedenklichste, sofort tendentiös ausgebeutet worden.

*) Bekanntlich finden zwischen dem hebräischen, dem samaritanischen und griechischen Texte des A. Test. in Bezug auf die Länge der biblischen Zeitrechnung nicht unerhebliche Differenzen statt, sowie auch sonst die biblische Chronologie manche verwickelte und schwierige Frage bietet. Die Berechnungen der Zeit von Adam bis auf Christus schwanken daher bei den biblischen Chronologen seit lange, und zwar zwischen 6000 und 4000 Jahren. Vgl. Gustav Rösch, die biblische Zeitrechnung in Herzogs theol. Real-Encyclopädie und Chronologia sacra von G. Seyffarth, Leipzig 1846.

vor Christo annimmt, hinaufzurücken; ja, daß nur so, und nicht bei einem 100,000jährigen Steinzeitalter, eine Entwicklungsgeschichte der Menschheit behauptet werden kann. Hat der Mensch hundert-, ja mehrere hunderttausend Jahre in der allerkümmerlichsten Verfassung auf Erden vegetirt, welches Wunder hat ihn dann in den letzten Jahrtausenden diesem bruten Zustande plötzlich enthoben und in so kurzer Zeit zu der Höhe des gegenwärtigen Culturzustandes hinaufgeschnellt? Nach diesem allem werden Sie vielleicht mit mir auch der Ueberzeugung sein, daß in nicht langer Zeit, wie die Darwin'sche Lehre, so auch diese neueste Theorie vom Alter des Menschengeschlechtes als ein großartiger, auf eine falsche und verstandlos ausgebeutete Hypothese basirter Irrthum betrachtet werden wird. Es wäre nicht das erstemal auch im Gebiete der exakten Naturwissenschaft. Wie der Darwin'sche Uebergangsmensch, so wird wohl auch der Lyell'sche Steinzeitalter-Mensch, der 100,000 Jahre und mehr mit Feuersteinen und Bachkieseln sich beholfen und mit diesen Waffen in wunderbarer Weise sein ärmliches Leben zwischen allen Ungethümen und Thieren des Feldes gefristet hat, vielleicht in nicht langer Zeit den naturwissenschaftlichen Fabeln beigezählt werden.

Mit zwei allgemeineren Bemerkungen lassen Sie mich schließen. Die erste ist diese. Bei dem von Jahr zu Jahr fundamentaleren Gegensatze, in welchen die neuere Naturwissenschaft in vielen ihrer hervorragendsten Vertreter sich zu der christlichen Weltanschauung, als der Basis unserer ganzen culturgeschichtlichen Entwicklung, stellt, ist vor Allem Eines noth. Nämlich den gegnerischen Aufstellungen auf den Grund zu gehen und zwischen exakt thatsächlichen, naturwissenschaftlichen Ergebnissen und den zeitweise aufgestellten und mit großem Beifall begrüßten Hypothesen scharf zu unterscheiden. Thun Sie das, so werden Sie finden, daß eben diese hypothetischen, von den Allermeisten ohne Prüfung in blindem Glauben angenommenen Axiome es sind, welche den scheinbar klaffenden Riß zwischen unseren kulturgeschichtlichen und religiösen Traditionen und den angeblich exakten Ergebnissen der neueren Naturforschung bewirken.

Das Zweite ist Dieses. Ueberblicken Sie Alles in diesen beiden Vorlesungen Mitgetheilte, so sehen Sie, daß die Lehre Darwins, wie die Lyells in ihren Ausgangspunkten, wie in ihren Endresultaten durch und durch materialistisch ist. Beide gehen davon aus, daß sie für's Erste die völlige Abwesenheit eines lebendigen Gottes voraussetzen, ja überhaupt den Schöpfer und die Schöpfung leugnen, und diese Leugnung Gottes als oberstes Axiom ihrer Erklärung der Schöpfung zum Grunde legen. Von diesem obersten und absoluten Dekret aus finden sie natürlich nirgends eine Spur Gottes in der Schöpfung, nirgends aber auch einen Schöpfungsplan, nirgends eine nach vernünftigen Zielen sich entfaltende Entwicklungsgeschichte der Natur und des Menschen. Alles löst sich in ein verstand- und zielloses Spiel zufälliger Erscheinungen auf. Wir sehen auch an diesen Lehren wieder: Der Mensch kann Gott leugnen, aber nur um einen hohen Preis; um den Preis, sich selbst und den Adel seiner Geistesnatur auf's tiefste zu entwürdigen.*) Paulus ruft einst auf dem Areopag zu Athen mit den Worten eines griechischen Dichters aus: „Wir sind göttlichen Geschlechtes"; die moderne Gottesleugnung vollendet sich in der Proklamation unserer Zwillingsbruderschaft mit dem Affen. Fürwahr eine tragische Ironie göttlicher Nemesis!

---

*) Siehe den folgenden Anhang.

Anhang.

Wie begegnen die Vertreter der hier bekämpften, naturwissenschaftlichen Richtung dem naheliegenden und auch von
uns mehrfach erhobenen Vorwurfe, daß ihre Anschauungen
den Menschen und die Menschheit in ihrer Würde auf's Tiefste
herabsetzen? Carl Vogt, der kein Bedürfniß fühlt, dieser Ent-
würdigung entgegenzutreten, ruft uns mit Wundt zu: „Die
Thiere sind Wesen, deren Erkenntniß von der des Menschen
nur durch die Stufe der erreichten Ausbildung verschieden ist.
Zwischen Mensch und Thier besteht keine tiefere Kluft als
innerhalb des Thierreiches selber. Alle beseelten Organismen
bilden eine Kette gleichartiger Wesen, die fest zusammenhängt,
in der nirgends eine Lücke bleibt. Eine veraltete Seelenlehre
mit ihren mannigfachen geistigen Fakultäten und Kräften mochte
Grenzlinien ziehen, hier diese, dort jene Vermögen austheilen;
nachdem es uns gelungen ist, das gesammte geistige (!) Leben
als ein großes Ganzes darzuthun, müssen wir auch zugeben,
daß alles Beseelte auch Theil hat an diesem Ganzen." Das
ist deutlich geredet; wobei es freilich ein komischer Widerspruch
bleibt, daß dieser crude, allen Geist leugnende Materialismus
uns versichert, „das gesammte geistige Leben als ein großes
Ganzes dargethan zu haben." Doch da Carl Vogt von vorneherein verzichtet, dem oben erhobenen Einwande zu begegnen,
so wollen wir eine andere Autorität aus dem Heerlager des
modernen naturwissenschaftlichen Materialismus hier reden

laſſen. Der engliſche Profeſſor F. H. Hurley ſucht dem obigen
Vorwurfe in folgender Weiſe zu begegnen:

„Von allen Seiten höre ich ausrufen: ‚Wir ſind Männer
und Frauen, und nicht bloß eine beſſere Art Affen mit etwas
längeren Beinen, etwas compakterem Fuße und größerem Gehirn, als eure thieriſchen Tſchimpanzes und Gorillas. Die
Kraft der Erkenntniß, das Bewußtſein von gut und bös,
die mitleidsvolle Zartheit menſchlicher Gemüthsſtimmungen erheben uns weit über alle Genoſſenſchaft mit den Thieren, wie
nahe ſie auch an uns heranzutreten ſcheinen.‘ Hierauf kann
ich nur entgegnen, daß dieſer Ausruf äußerſt gerecht wäre
und meine ganze Sympathie beſäße, wenn er nur irgend erheblich (!) wäre. Ich bin es gewiß nicht, der die Würde
des Menſchen auf ſeine große Zehe zu gründen ſucht, oder
der zu verſtehen gibt, daß wir verloren wären, wenn ein Affe
einen Hippocampus minor hat. Ich habe im Gegentheile
dieſe eitlen Fragen zu beſeitigen mich bemüht. Ich habe zu
zeigen verſucht, daß zwiſchen uns und der Thierwelt keine ab-
ſolute Linie anatomiſcher Abgrenzung gezogen werden kann, die
breiter wäre, als die zwiſchen den unmittelbar auf uns folgenden Thieren; und ich will noch mein Glaubensbekenntniß hin-
zufügen, daß der Verſuch eine phyſiſche Trennungs-
linie zu ziehen, gleich vergebens iſt, und daß ſelbſt
die höchſten Vermögen des Gefühls und Verſtands
in niederen Lebensformen zu keimen beginnen.
Gleichzeitig iſt Niemand davon ſo ſtark überzeugt, wie ich,
daß der Abſtand zwiſchen civiliſirten Menſchen und den Thieren
ein ungeheurer iſt, oder ſo ſicher deſſen, daß, mag der Menſch
von den Thieren ſtammen oder nicht, er zuverläſſig nicht eins
derſelben iſt. Niemand iſt weniger geneigt, die gegenwärtige
Würde des einzigen bewußt intelligenten Bewohners dieſer
Welt gering zu halten, oder an ſeinen Hoffnungen auf das

Künftige zu verzweifeln. — Es wird uns allerdings von
Menschen, die in diesen Sachen Autorität beanspruchen, gesagt,
daß die beiden Ansichten nicht zu vereinigen wären, und daß
der Glaube an die Einheit des Ursprungs des Menschen und
der Thiere die Verthierung und Erniedrigung des ersteren mit
sich führe. Ist dem aber wirklich so? Könnte nicht ein einigermaßen verständiges Kind mit nahe liegenden Beweisen die
seichten Redner zurückweisen, die uns diesen Schluß aufnöthigen
wollen? Ist es wirklich wahr, daß der Poet, Philosoph oder
Künstler, dessen Genius der Ruhm seiner Zeit ist, von seiner
hohen Stellung erniedrigt wird durch die unbezweifelte historische Wahrscheinlichkeit, um nicht zu sagen Gewißheit, daß er
der direkte Abkömmling irgend eines nackten und halbthierischen
Wilden ist, dessen Intelligenz gerade hinreichte, ihn etwas
verschlagener als den Fuchs, dadurch aber um so mehr gefährlicher als den Tiger zu machen? Oder ist er verbunden, zu
heulen und auf allen Vieren zu kriechen — wegen der außer
aller Frage stehenden Thatsache, daß er früher ein Ei war,
das keine gewöhnliche Unterscheidungskraft von dem eines
Hundes unterscheiden konnte? Oder muß der Menschenfreund
und Heilige den Versuch, ein edles Leben zu führen aufgeben,
weil das einfachste Studium der menschlichen Natur auf ihrem
Grunde alle die selbstsüchtigen Leidenschaften und die heftigen
Begehrungen der gewöhnlichen Vierfüßer offenbart? Ist Mutter-
liebe gemein, weil sie eine Henne zeigt, oder Treue niedrig,
weil ein Hund sie besitzt? — Der gesunde Menschenverstand
der großen Masse der Menschheit wird diese Fragen, ohne sich
einen Augenblick zu besinnen, beantworten. Eine gesunde
Menschlichkeit, welche sich hart bedrängt fühlt, wirklicher Sünde
und Erniedrigung zu entfliehen, wird das Brüten über eine
spekulative Befleckung den Cynikern und den „Allzugerechten"
überlassen, die, in allem Uebrigen verschiedener Meinung, in

ter blinden Unempfindlichkeit für ten Adel ter sichtbaren Welt und in ter Unfähigkeit, tie Großartigkeit ter Stellung tes Menschen tarin zu erfassen, sich vereinigen. — Ja noch mehr: haben sich tenkende Leute einmal ten blindmachenten Einflüssen traditioneller Vorurtheile entwunden, tann werten sie in tem niedern Stamm, tem ter Mensch entsprungen ist, ten besten Beweis für ten Glanz seiner Fähigkeiten finten unt werten in seinem langen Fortschritt turch tie Vergangenheit einen vernünftigen Grunt finten, an tie Erreichung einer noch etle= ren Zukunft zu glauben."

So ter gelehrte englische Anatom. Die Frage, ob ter Mensch vom Affen abstammt, ist nach ihm „nicht erheblich". Doch schmeichelt er sich nachgewiesen zu haben, taß ter Mensch physisch, wie psychisch in ter That von Thieren abstamme. Das beeinträchtigt ten Adel tes Menschen aber ebensowenig, als wenn man einem Shakespeare nachweisen würte, taß sein Urahn ein nackter Wilter gewesen sei. Ein Beweis, bei tem Thier unt nackter Wilte a priori als gleich gesetzt, tas zu Beweisente also gemüthlich vorausgesetzt wirt. In ter That hat Hurley recht, taß tiesen Beweis wohl ein Kint finten würte. Doch ter eigentliche Beweis tes großen Physiologen für ten Adel tes Menschen unt seine Stellung in ter Natur folgt nach. Niemand, lautet terselbe, kann ein Menschen=Ei von einem Hunte=Ei unterscheiten; Hunte=Ei unt Menschen= Ei ist also gleich. Ei! Ei! wie toch tiese Herren tie Logik tes „gesunten Menschenverstantes" auf ten Kopf stellen! Bisher hieß es: Gleiche Ursachen, gleiche Wirkungen. Hier werten wir belehrt, taß aus gleichen Ursachen Wirkungen, tie selbst Hurley noch als einigermaßen ungleich anerkennen wirt, hervorgehen, einmal nämlich ein Hunt tas antermal ein Mensch. Statt taß tie Thatsache ter ununterscheitbaren Gleichheit tes Menschen= unt tes Hunte=Eies tiese Herren Physiologen, so zu sagen, mit

Gewalt darauf führen sollte, einzusehen, daß bei der Bildung eines Lebewesens es eben nicht bloß auf die stoffliche Zusammensetzung und Struktur des Eies ankommt, sondern auf ein dem anatomischen Messer völlig unzugängliches, obwohl dem Ei immanentes, geistiges Bildungsprincip, — proklamiren sie ohne alle Besinnung den neuen logischen Kanon: gleiche Ursachen — ungleiche Wirkungen! Wir müssen es „dem gesunden Menschenverstand der großen Masse der Menschheit" überlassen, diese neue Logik anzuerkennen. Der Kanon: gleiche Ursachen — ungleiche Wirkungen zeigt auf's Neue·, daß der Materialismus in dem verstandlosen Zufall (d. h. im Grunde in der Hexerei) das einzige oberste Bildungsprincip erkennt. Hurley meint, daß eben diese Erkenntniß eine Bürgschaft „für den Adel der sichtbaren Welt und für eine noch eblere Zukunft des Menschengeschlechtes" gewähre. Auch der Materialismus hat eben seine frommen Redensarten. Leute aber, die ein bischen logisch denken gelernt haben, werden sich durch dieselben wohl nicht bestechen lassen. Der physiologische Beweis für die materialistischen Anschauungen Hurley's fehlt einstweilen noch, und er fehlt so lange, bis Hurley zeigt, daß aus einem Hunde-Ei ein Mensch geworden sei. Erst mit diesem Beweise wird der Materialismus und die Transmutations-Hypothese als exakt bewiesen anzuerkennen sein. Bis dahin sagen wir mit dem alten Aristoteles: „Nicht, weil der Mensch Hände (und andere „kleine vortheilhafte, organische Veränderungen") hat, ist er vernünftig, sondern weil er vernünftig ist, hat er Hände."

—⚹—

Uebersicht des Inhalts.

Erster Brief.

Die gegenwärtige Spannung der modernen, naturwissenschaftlichen Grundanschauungen und derer des religiösen Bewußtseins. Der Materialismus und seine Bekämpfung. Aehrenlese aus Ludwig Feuerbach, Carl Vogt, Jakob Moleschott und Louis Büchner. (S. 1.)

Zweiter Brief.

Die zeit- und weltgeschichtliche Bedeutung des heutigen Materialismus. Seine breite Basis in der Gegenwart. Die bedauernswerthe, herrschende Vernachlässigung des philosophischen Studiums. Zur Kritik der Grundprincipien des Sensualismus. Perspektivische Consequenzen. (S. 20.)

Dritter Brief.

Die nothwendige Freiheit der wissenschaftlichen Forschung. Die Uebergänge zum reinen Materialismus. Kritik der wissenschaftlichen Principien Rudolf Virchows. Verwahrung gegen dessen Bestimmung von Empirie und Transscendenz. Burmeister und die behauptete Ewigkeit der Materie. Nachtrag. (S. 48.)

Vierter Brief.

Die Atomistik als Stütze des Sensualismus. Principienstreit der Materialisten unter einander. Heinrich Czolbe's: „Neue Darstellung des Sensualismus." Cosmogonie oder Stabilität? Die Stabilitäts-Lehre als das wissenschaftliche Ultimatum des Materialismus. (S. 74.)

Fünfter Brief.

Die Macht der Stichworte. Kritik der Erörtungen Eduard Zellers „über Glauben und Wissen“. Die klare Unklarheit. Die Hinneigung des pantheistischen Standpunktes zum Sensualismus und seine Impotenz in Bezug auf die letzten höchsten Fragen. (S. 97.)

Sechster Brief.

Die Popularisirungsseuche unter den Naturforschern. Kritik des naturwissenschaftlichen Rationalismus an Schleidens: „Studien“. Der „nothwendige Aberglaube“, und die religiösen Dichtungen des Unglaubens. Das „Nachtgebiet der Natur“. (S. 126.)

Siebenter Brief.

Ein Botum aus der römisch-katholischen Kirche. Besprechung von Fr. Michelis': „Der kirchliche Standpunkt in der Naturforschung“. Beistimmung. Wissenschaftliche und confessionelle Verwahrungen. (S. 149.)

Achter Brief.

Der behauptete Gegensatz des Glaubens und Wissens. Geschichtliche Skizze. Gegen Rudolf Wagners Dualismus. Verwahrung gegen „Köhlerglauben“. Alles Wissen ist bedingt durch Glauben. Nachweis dieses Satzes. Der Gegensatz des religiösen und des irreligiösen Wissens, oder des Glaubens und des Unglaubens. (S. 164.)

Neunter Brief.

Das Verhältniß der Naturwissenschaft und der Theologie. Die wissenschaftlichen Voraussetzungen der Naturforscher, und die naturwissenschaftlichen Resultate. Die Grenze der Naturforschung und der religiösen Wissenschaft. Humboldts Kosmos. Die nöthige Scheidung. Ringseis' System der Medicin. Eritis sicut Deus, scientes —. (S. 191.)

Ueber den Ursprung des Menschengeschlechtes.

Bedeutung der Frage. Die Kosmogonien der Alten. Die biblische Schöpfungslehre. Der specifische Unterschied der Arten. Linné. Die

Ueber die Principien der modernen Geologie und über das Alter des Menschengeschlechtes.